江戸東京《奇想》徘徊記

新装版

種村季弘

朝日文庫

本書は二〇〇六年七月、朝日新聞社より刊行された文庫の新装版です
（単行本は二〇〇三年十二月刊）。
文中に出てくる名称、年代等は、単行本当時のままとしました。また、今日では差別や偏見を助長・容認すると考えられる言葉や表現も含まれています。しかしながら、著者が故人であること、作品の時代背景、文学性などを考慮し、改変はせずに原文のままといたしました。

江戸東京《奇想》徘徊記　新装版　目次

写真＝三好弘一　他
地図制作＝ヨシザワ・スタジオ

江戸東京《奇想》徘徊記

新装版

1　碑文谷の蓮華往生

碑文谷《ひもんや》にはいまでも旧家の広い竹藪が「すずめのお宿公園」として残っている。目黒区が管理していて、周囲の住宅街の中でそこだけ竹林のたたずまいがひんやりと涼しい。そこで昔の、といってもつい昭和十年代の目黒風景に材した随筆に、当時の碑文谷の閑寂ぶりが書かれているのを思い出した。東京郊外の都市開発がようやく目にあまるようになった時代のことである。

「その頃は、圓融寺《えんゆうじ》からかけて三谷《さんや》、柿の木坂、祐天寺《ゆうてんじ》あたり、そこにも此処にも、（中略）大竹藪が、黒々と小山のやうに聳えてゐた。」（礒萍水《いそひょうすい》『武蔵野風物志』）

そう書いている目黒生まれの礒萍水という作家は別の随筆集『ひなたぼつこ』では、もう柿の木坂も散歩の場所ではなく、わずかに圓融寺の道だけが昔の面影を留めているのを慨嘆している。

「だが、変つた。（中略）小学校の建てられなかつた以前、此あたり一面は大きな竹藪で、雨の朝の露のすがすがしさ。夕陽が斜に御光のやうにさし込んで、葉のひとつひとつが金色に輝く美しさ。何百羽とも知れぬ雀の群が、耳も聾《ろう》するばかりに哢《さえず》り合つて飛び交ふのが、如何にも夕暮れらしい思ひをさせたのだつたが……」

その、わずかに昔の面影を留めているという圓融寺に行った。

東横線学芸大学駅から目黒通りを横断してしばらく行くと、閑静な住宅地に囲まれて目当ての古刹、経王山文殊院圓融寺がある。平安前期慈覚大師の開基。釈迦堂は室町初期の建立とあって、重要文化財指定。現存する東京都区内最古の寺院建築である。

鎌倉時代に日源上人によって日蓮宗に改宗され、以後は法華寺と称して慶長の中頃から元禄十一年（1698）まで、広大な寺域を抱えて繁昌した。繁昌は一旦ある不祥事のために途絶したが、また江戸中期に復活してしばらくは前にも勝る大盛況。しかしそれもまもなく突然廃《すた》って、天台宗寛永寺末寺の圓融寺に舞い戻る。以下の碑文谷歩きはそのあたりの消息にいくらか関係がなくはない。

圓融寺が日蓮宗法華寺として栄えた江戸の寛永年間、同寺は三万七千余坪の寺域に十八の坊舎を擁し、末寺は七十五を数えた。現在でも往時の面影がいくらか残っている。庫裏の裏手にうっそうと竹藪が茂り、木像金剛力士像がにらみをきかせる名物の仁王門がある。この仁王様がいわゆる「碑文谷仁王」で、法華寺のにぎわいを伝えた山東京伝《きょうでん》の『通気粋語伝《つうぎすいごでん》』（天明九年・1789）にも顔を見せている。

「このごろ碑文谷仁王尊はやり給ひて。七日のだんじき（断食）。はだかまいり。ねこもしやくしも。まいらざるはなく。」

この碑文谷仁王尊のおかげさまをもって、生まれついてのせむしがなおり、手のない人に手が生え、と、キリストの按手《あんしゅ》そこのけの奇蹟が起こった。たちまち参詣人が怒濤のように押し寄せた。江戸市中から見れば竹藪だらけのド田舎の碑文谷が突如として大繁昌しはじめる。そしてこの一帯ににわか成金が続出した。

「きん所の百せう（百姓）もこうさく（耕作）をやめて酒屋水茶屋。あるひはならちゃみせ（奈良茶店）。などしておもひがけなき銭もふけするも。ありがたき利生《りしょう》なるぞかし。」

百姓が農作業をやめて、にわかづくりの飲み屋や茶店をはじめ、思いがけないあぶく銭にありついた。これも仁王様のご利益か。なァに、ついこの間までの地上げブームと同じこと、そういうふれこみで狐に木の葉をつかまされたのである。

京伝の『通気粋語伝』は題名からして『水滸伝』のもじりである。いかにも『水滸伝』のもじりらしく、のっけから花和尚という豪傑が碑文谷に登場してくる。花和尚、このあたりに弟の武太郎が住んでいるのを訪ねがてら法華寺のにわか繁昌を見物しにきたのである。その道すがら、たまたまさる色男がやり手婆アに付け文を言づけているのを耳にする。そして弟の家に着いてみると、その付け文の相手というのが、なんと、弟武太郎の女房その人だったではないか。とまれしろうとの人妻が色を売るのが不思議ではないほど、にわか盛り場＝法華寺門前は繁昌していたのだった。

それにしても碑文谷仁王尊のご利益はそれほどまでにあらたかだったのだろうか。仁王尊は表向きの口実で、裏の内情はまた違ったものだったのではないか。

法華寺には女性の参詣人が多かった。なんでも住職の日附《にっぷ》が評判の美男とかで、とりわけ若い女性の参詣客がわんさと押しかけた。一目でいいから日附様を見たい、日附様に見られたい。美男僧日附の評判が評判を呼び、法華寺は女客で連日のように押すな押すなの大人気。

そういえば江戸時代の日蓮宗の寺には美男住職がやたらに多い。なかでも有名なのが谷中の延命院騒動の首謀者という日潤《にちじゅん》上人だ。この日潤上人に昔の悪党仲間の柳全《りゅうぜん》が取り入った。日潤・柳全は延命院に大奥の御女中連を引っぱりこみ、秘密の地下室までこしらえて淫楽のかぎりを尽くしたとか。

巷説では、日潤上人の前身は初代尾上菊五郎の遺児丑之助とされている。菊五郎の血を引くだけに、折り紙付きの美男はいうまでもない。

法華寺もその伝《デン》で美男の日附が女たちのアイドル化したのが繁昌の秘密だったのだろうか。そうかもしれない。しかしどうもそれだけのことではなさそうだ。ここに浮かび上がってくるのがかの怪しげな「蓮華往生《れんげおうじょう》」というアトラクションだ。

では、蓮華往生とは何か。

信者に即身成仏を願うものがあるとしよう。まず希望者を募ったうえで、その人に経帷子《かたびら》を着せ、唐金《からかね》の八葉《はちよう》の蓮華の台にすわらせて花を閉じる。坊主どもが蓮華台を囲んで木魚や鉦《かね》をジャンジャンたたき、耳を聾《ろう》せんばかりに読経の声を上げる。と、そのすきに蓮華台の下にもぐりこんだ黒衣の男が、犠牲者の肛門を槍先（焼け火箸とも）でエイヤッとばかりに刺しつらぬくのである。

ギャ、ギャッーと断末魔の叫びもものすごく。と思いきや、読経の合唱にかき消されて叫び声は周囲を取り巻く信者たちの耳には届かない。やがて蓮華の花がおもむろに開くと、往生した信者がうっとりと安らかな死に顔を浮かべているという寸法。

ありがたや。これぞ蓮華往生、極楽往生。並みいる信者たちはコロリとまいって、財産をありったけ寄進してしまう。往生志願者は死にぞこないのおばあさんか、それとも長患いの病人か。まあ一種の安楽死にはちがいない。それにしても往生際が少々あっけなさ過ぎるきらいがなくもない、とは申せまいか。

それで思い出すのは、ピエール・ド・マンディアルグの小説『大理石』だ。この小説には、死にかけているおばあさんが、死を見世物にしてえんえんと見せる場面がある。なかなか死なない。これでもかこれでもかと死を長引かせ、死ぬことの実演を観客に長々とひけらかす。カフカの『断食芸人』も断食を長々と見世物にしながら死んでいく物語だが、こちらもやはり死を何日も何日もかかる長丁場の見世物に仕立てている。死はとびきりの見世物になるのだ。

蓮華往生なるアトラクションについてはいろいろな説がある。まず碑文谷法華寺の蓮華往生をはじめたのは寛政時代の日附ではなく、それから約百年をさかのぼる元禄時代の住職の日奥《にちおう》だったということだ。この日奥が寺の境内に涅槃堂《ねはんどう》なる建物を建て、一段高く蓮華の台を据えつけた。蓮華の花は機械仕掛けで花弁を開いたり閉じたりする。蓮華往生の志願者が白装束を着て蓮華台にすわると花弁がするすると閉じ、成仏するとまたするすると花弁が開いてホトケの死顔が拝める。この殺人装置を発明したのは、まず日奥が初代だった。

往生料金は一人、というか一体につき百両ないし二百両。死人に口なしだから、下から槍で突き上げの黒子の存在は誰にも伝わらない。大判小判ざっくざく。濡れ手で粟の蓮華往生稼ぎに笑いがとまらない。

一方、どうも涅槃堂のなかになにか仕掛けがあるらしいとの噂が世間に広まった。お上の手がのびて、ついに悪事露見。日奥は遠島処分になったが、寺は依然として法華寺のまま続いた。そこに約百年後、二代目蓮華往生興行を思い立ったのが日附であり、圓融寺の蓮華往生事件は百年を隔てて二度に及んだというのである。先ほども引いた、日黒風景の随筆の作者礒萍水の説でもそういうことになっている。

もっとも、大方の蓮華往生物語は元禄の日奥にはあまり注目せず、もっぱら寛政時代の法華寺に集中している。そしてその中心人物日附も、創始者日奥と同様死罪にはならずに遠島処分に終わったらしい。そのせいで当局の処分の生ぬるさに憤慨する向きもあるが、そうでなければ今日のまだ武蔵野の面影を残す圓融寺はとっくに消滅していただろうと幸運をよろこぶ人もいる。

さて、以下に異説を二、三。

白石實三『武蔵野から大東京へ』によれば、法華寺の蓮華往生を考えついたのは養道《ようどう》という悪僧で、美男僧日附を看板にして人集めをしたうえで、蓮華往生をアトラクションにしてしこたま稼いだという。

これにも異説がある。同じテーマの伊東潮花の講釈『蓮華往生鮮血臺《ちしおのうてな》』（柳葉亭《りゅうようてい》繁彦筆記）では、白石説とは逆に養道というのが美男僧ということになっている。これが見かけとは反対の血も涙もない極悪人。その手足となって働くのが、日附《にっぷ》ならぬ日托《にったく》という名の小悪党だったということだ。

蓮華往生事件は矢田挿雲《そううん》『江戸から東京へ』でも話題になっている。しかも例の延命院騒動の柳全がらみである。ただし挿雲は、柳全と悪党仲間の小林平兵衛がつるんで房州三原の妙光寺でやらかした蓮華往生と延命院騒動とでは、柳全の悪行が共通するだけで別々の事件だという。

それにしても以上のどの事件も日蓮宗系の寺で起きているのは、さあ、偶然の一致だろうか。

日蓮宗はこの当時、女人救済の教義を唱えて熱狂的な女性信者を獲得していた。なかには延命院の女性信者のように大奥の有力な御女中方もいる。当然のことながら幕府は日蓮宗、それもとりわけ不受不施派《ふじゅふせは》を危険視した。不受不施派とは、他宗からの喜捨を一切受けず、こちらからも布施をしないのを信条とする、日蓮宗のなかでももっとも過激なセクトを指していう。

くり返しになるが、蓮華往生騒動は二度あったのである。まず下総上総の寺々でこれが行われた。上記房州三原の妙光寺のそれもこの類だろう。元禄年間の日奥がこれを踏襲した。

日奥の仕掛けはかなり凝ったものだったようだ。下から槍で肛門を突くと、蓮の花弁が往生の当人をくるくると包むようにして隠してしまうのである。日奥はこの手でざっと三万両稼いだ、と先の目黒随筆『ひなたぼっこ』の作者礒萍水先生は書いている。三万両という数字の根拠は何か。

「十四五年前（注・『ひなたぼっこ』は昭和十一年刊なので、逆算して大正の半ば頃か）に、仁王門のがさ藪を掘りかへすと、焼いた人骨の入つた壺が、それこそ何百と、数も数へきれないほど出たさうである。云ふ迄もなく、一件ものである。仮りに一つの壺を百両としても、三百壺があれば、三萬兩である。」

いささか強引な計算ながら、これが日奥の稼ぎだった。あげく、日奥は遠島処分になった。

一度うまい汁を吸いなれた悪僧どもはそんなことではひるまない。また始めた。それが日附だった。日附の悪行もバレて、今度も遠島。日奥の前例にならったのかもしれないが、どうしてバッサリやってしまわなかったのかと儀先生は切歯扼腕する。

しかし法華寺の蓮華往生興行は現実に行われたのかどうか。

法華寺の死の見世物も、延命院の美男僧と女人との淫楽という話も、当局が不受不施派をつぶす口実の、根も葉もないフレームアップだったとも考えられはしないか。フレームアップなら、証拠が残らぬように、法華寺をめぐる記録はすべて湮滅《いんめつ》され、怪しげな風評がデッチあげられたことだろう。そしてその直後に、法華寺は日蓮宗から天台宗に宗旨替えし、その名も後に圓融寺とあらためて今日に至っている。蓮華往生という残酷な宗教詐欺が実際に行われたかどうかは、首尾よくうやむやになった。もみ消された。とまあ、そんなところではあるまいか。

帰途は、ほど近い祐天寺に寄ってみた。増上寺第三十六世大僧正の祐天上人が高弟祐海をして創建せしめた寺だ。祐天上人といえば、累《かさね》という女の怨霊を調伏した、浄土宗系の高僧である。累の物語は歌舞伎の『法懸松成田利剣《けさかけまつなりたのりけん》』として舞台化された。そのせいで祐天寺の境内には、いまもって歌舞伎役者が寄進した「かさね塚」があり、歌舞伎役者や邦楽関係者の寄付寄進があちこちに見られる。

絵馬もその種の関係者のものが多い。仏舎利殿の壁面には、祐天上人が累の怨霊を調伏する場面の極彩色の大絵馬が大々的に描かれている（月岡栄貴画）。

累の怨念を鎮めるくらいだから、祐天上人の神通力があれば元法華寺の悪僧どもの呪いを調伏するくらいは朝飯前だろう。祐天寺の開基は正徳年間で、第二期法華寺繁昌の寛政年間より七十年ばかり早いが、第一期の日奥法華寺時代から数えると二十年後のことになる。まさか第二期蓮華往生を予想して開基したのではあるまいが、江戸時代の浄土宗系と日蓮宗の死闘の歴史を考えに入れるなら、なるほど、祐天寺は法華寺（現圓融寺）の怨念を封じるには絶好の場所にあるようだ。

2 目黒の近藤富士

遠景に富士の白嶺《しらね》がそびえ立ち、中景は江戸郊外の青々とした田園風景。ところが画面の近景左半分にぬっとたちはだかるように大きく、ふしぎなものが見える。もうひとつの富士山だ。ただし遠景の富士のように白雪をかぶってはいない。浅葱《あさぎ》色で、山頂にかけてやや青黒い。

なんだかおかしい。が、山にはちがいなくて、山腹をらせん状にぐるぐる巻く登山道を行く人や、もう頂上にたどり着いてあたりを眺めている人、かと思うと麓《ふもと》の、たぶん目黒川らしい川の岸辺に、毛氈を敷き弁当をひろげて花見を楽しんでいる男女や子供連れも見える。

どうなってるんだ、これ。富士山が二つ？

永いこと、この二つの富士山が気にかかっていた。絵は広重『名所江戸百景』のうち「目黒新富士」。近景の偽物くさい富士山のほうが題名にある目黒新富士で、人の手で造った富士山である。そして遠景に見える富士のほうが天然自然のホンマモノ。

江戸市中からは富士がよく見えた。富士山を霊峰と仰ぐ山岳信仰が、はやくも開府以来行われていた。享保年間（1716～36）に身禄《みろく》と称する行者が現れた。本場の弥勒菩薩は、釈迦入滅後五十六億七千万年後にこの世に現れて衆生を済度する。五十六億七千万年は、待つ身のこちらにするといささか永過ぎる。身禄行者はこれを富士の霊力によって短縮しようと思い立った。そして享保十四年、富士山烏帽子岩の傍らで断食して往生を遂げた。

以来、富士信仰が爆発的に広まった。富士講という講中ができた。でも、本物の富士山に登れない病人や足弱、特に不浄の者として富士登山を禁止されている女性はどうすればいいか。方便として安永期（1772～81）頃から江戸市中のあちこちに人造富士が造営された。これに登れば本物を登頂したのと同じご利益がある。人造富士は江戸時代に十六基、明治になってから十三基、昭和にさえなお八基が残っていたという（岩科小一郎『富士講の歴史』）。

目黒には目切坂《めきりざか》上にもうひとつ人造富士があった。こちらのほうが造営年文化九年（1812）と古い。本家はこちらだという気合いで、その名も「目黒元不二」。これも広重『名所江戸百景』に描かれている。目黒新富士の造営は文政二年（1819）。「元」不二に数年遅れているので「新」富士なのである。

目黒新富士は、広重の絵で見ると俯瞰図が絶妙だ。おそらく高台からの眺望なのだろう。調べてみるとそのありかは、目黒三田（現中目黒二丁目）。芝の三田ではない。しかし昔はこちらの三田のほうがむしろ本場だった。三田は目黒から芝にかけて広がっていた地名だったのである。

地図で見ると目黒三田は東横線中目黒駅から坂をかなり登ったあたりと見当がついた。中目黒駅から目黒学院という学校が両側に立ち並んでいる道に出る。しばらく行っていい加減に角を曲がると、「別所坂」の標識のある坂道に出る。胸突き坂といっていいほどの勾配だ。長い。きつい。

地図の上ではたしか新富士はこの坂の上にあるはずなのだ。途中の家の玄関から年配の男の人が顔を出したので、「あの、新富士は――」と訊いてみた。

「ああ、近藤富士ね。上がりきって、電電公社があるところ。あれが近藤重蔵《じゅうぞう》の屋敷跡ですからね」

「電電公社」なるものは、今はこの世に存在しない。ご近所の方は、それがいまをときめくKDD研究所に代替わりしているのを百も承知で、そんなIT革命後の舌を噛むような物件の名は口にしたくもない、といった気色がなくもなかった。ことほどさようにITグローバリゼーションの今時には愛想が悪いが、古きお江戸には「ああ、近藤富士ね」とピンときた。

申し忘れたが、目黒新富士は近藤重蔵が造築したので「近藤富士」ともいう。富士講の熱狂的な信者だった近藤重蔵は、講中の人びとを集めて突貫工事のたった二ヶ月間で元富士をしのぐ人造富士を造らせた。

ここで近藤重蔵守重（1771〜1829）という人物のポートレートに寄り道しておきたい。この人は寛政十年（1798）に極寒の千島《ちしま》に渡り、エトロフ島に会所を設けて日本の漁場を拡張し、魚運上金を年間十万両にまで増大せしめた功労者として名高い。前後十二度に及び前人未到の北海道、樺太、千島を探検し、その後、功によって一介の与力から一躍御書物奉行に抜擢された。禄高も八十石とあがったが、これは禄高としてはさしたるものではない。

御書物奉行に抜擢されただけあって、この人、勇猛果敢もさることながら好書家として知られていた。日に一時間しか睡眠時間をとらず、自分の管轄する徳川家の図書蔵《ぐら》の紅葉山文庫所蔵の書物の整理と読書に明け暮れ、自宅に帰ってまでこれという書物の書写に徹夜することがしばしばだったという。自宅の書庫を「擁書楼」と名づけ、大学頭《だいがくのかみ》林述斎、亀田鵬斎《ほうさい》、大田南畝《なんぽ》（蜀山人《しょくさんじん》）、山崎美成のような名だたる文人墨客が、稀書を一覧せんがために腰を低くしてその私宅を訪れた。

愛書家たちが重蔵の周囲を囲んだ。森銑三《せんぞう》『おらんだ正月』四十「北海の探検家で書誌学者だった近藤重蔵」には、「徳川時代に出来た書物で、今の学者に一番役に立つのは、新井白石と近藤重蔵の著述だといった人さえあります。」とあり、学者としても「近世第一流」とされている。知友であった南畝は、重蔵が御武具奉行（お弓奉行）として大坂に左遷されているあいだに、人造富士を狂歌に詠んでいる。新富士は二年間の大坂左遷のあいだ主人不在のまま造営された。それなのに、南畝はどういうわけか、主人が現場に居合わせない新富士築造の山開きの祝いに歌を詠んで贈ったのである。

　もののふのあらたに築く富士の根は
　一番鎗《やり》ヶ崎《さき》といふらん

重蔵の本宅は王子滝野川にあった。目黒の別宅は書家。つまり書を読み、茶を煮る閑居の場である。地名は正式には三田鎗ヶ崎別所坂上といった。このたびあらたに鎗ヶ崎に（人造）富士の根が築かれた。そこで南畝としては、鎗ヶ崎と一番鎗とをひっかけ、おそらく探検家として千島・エトロフ島に一番鎗の壮挙を果たした武士《もののふ》としての功績をたたえての贈答歌のつもりだったのだろう。

近藤重蔵の人となりについては毀誉《きよ》褒貶《ほうへん》の別がかなりはなはだしい。『江戸近郊道しるべ』の村尾嘉陵《かりよう》によるなら、近藤重蔵にはかねて「傲放不《ごうほうふ》拘《こう》の聞こへ」があったという。横紙破りの強引な行動が目にあまったのだ。

小身から出た身でありながら千種大納言の息女を妻に迎えた。いくら貧乏貴族でも、相手が大納言家ともなれば半端な金では婚儀は成立しない。大金が要る。あげくに日光御門主や細川家を相手取って、河内山宗俊《こうちやまそうしゅん》ばりの詐欺恐喝をやらかした。簡単にいえば、裏で金貸し業を営んでいた日光御門主を強請《ゆす》って借金をパーにしたのみならず口止め料にかなりの大金をモノしたというのだ。

当局としても日光御門主がらみの醜聞は避けたい。事はうやむやのうちに終わって、そのかわりに重蔵大坂左遷のことがあった。もともと小身からの異例の抜擢とあって、ただでさえ武家社会の評判は芳しくない。そこへ持ってきて筆頭老中水野忠成と紅葉山文庫改築に際して事を構えたあげくの左遷となった。旧派の武士たちからいわせれば、ザマァミヤガレである。

だから大坂出立のみぎりも武家の見送り人は一人もおらず、富士講の信者が十数人、純白の浄衣を着て品川まで見送った。そして留守中に自分のいわば身代わりとして築造させたのが新富士だったのである。

新富士はしかし重蔵の思惑通りにはならなかった。富士信仰の象徴とはならず、見世物にされた。留守を預かっているはずの隣家の百姓半之助一家が、本物の富士の借景と人造富士の組み合わせの妙を利してそば屋を開業、まずいことにこれが当たった。

文化文政時代の武家の家中はどこも火の車だった。金がない。しかし広大な屋敷の庭園だけはある。これが活用された。大して根拠のない神仏を屋敷内に祀り上げて、小金があって迷信深い町人たちに屋敷を公開した。

なかには押すな押すなの活況を呈したところもあって、濡れ手に粟のお賽銭がごっそり。代表格が人形町移転以前の三田有馬屋敷の水天宮で、永井荷風の『日和下駄《ひよりげた》』には明治におけるその凋落の相が記録されている。人びとは季節毎の神仏信仰を口実に、物見遊山がてら大名屋敷、武家屋敷見物に押しかけたのである。

さて、そば屋で当てた百姓半之助は図にのって両家の境の垣根を取っ払い、人造富士をさも自家の庭の置物に思わせる体裁に仕立てた。

重蔵が大坂から帰ってきた。しかもこのたびは小普請役に降格されている。ただでさえおもしろくないのに、これを見て激怒した。半之助もかねてこれあることを察して、よせばいいのにゴロツキ十数人に竹槍を持たせ、一族郎党全員が武装して重蔵を出迎えた。一触即発である。

このときは事なきを得た。しかし文政九年（1826）、両家の仲はついに決裂。重蔵の長男が、まず半之助を一刀の下に血祭りにあげ、半之助の長男林太郎、次男忠兵衛を次々に斬り捨てた。さらに通りすがりの百姓と女一人（女二人と子供二人とも）をばっさり斬《や》った。またたくまの一家皆殺しであった。

凶行の当事者富蔵はこのとき二十三歳。罪により八丈島に流され、島に永世監置された。彼は殺人犯であるとはいえ、重蔵の長子として高度の教養を身につけていた。これが島で生かされた。今でいう文化人類学者として『八丈實記』という厖大な民俗誌を書き残した。これが柳田国男の手に渡り、今では「庶民生活資料」などに活字化されている。なかでも鳥島に漂着した漂流民一行の実録などは、なまじの冒険小説を読むよりおもしろい。しかしこの話は別のところ（『日本漫遊記』）に書いたことがあるので、いまはくり返さない。

富蔵は島で現地の女を娶り子供もこしらえて、『八丈實記』の執筆三昧のほかやることがない。ぶらぶらしているうちに明治維新は終わり、島の流人は明治元年の大恩赦であらかた解放された。ところが富蔵だけはなぜか恩赦にリストアップされていない。どうも当局が忘れてしまったらしい。それでも明治十一年頃、富蔵は一度東京に帰ったらしいが、そこはもう武家（士族）が特権的に振舞っていられたかつての江戸ではなかった。富蔵は住み慣れた八丈島に帰り、八十数歳で天寿を全うした。

一方、父親の重蔵のほうはどうなったのか。事件後、江州《ごうしゅう》の分部家《わけべけ》お預かりになったが、日々の食事を切りつめてその分を島の息子に送金したい、と申し出て金をため、蓄えた金が逃走資金として充分になったところで、分部家の共の者数人を斬り殺して逃走した。しかしまもなく播州あたりで捕縛されたと『道聴塗説《どうちょうとせつ》』にある。ただし『道聴塗説』は鯖江藩江戸留守居役の大郷《おおごう》信斎が国元の殿様のために江戸市中の聞き書きをいかにも面白おかしく書き立てたニュース速報なので、あんまり信用は置けそうにない。げんに重蔵は身体強健で学問にも精力的だったが、武芸のほうはからきしダメだったという人もいる。人が斬れるはずはない。

斬り殺し説はむろん誤伝だろう。重蔵は分部家の家来を斬り殺したのではなく、欺《あざむ》いて、開拓のことを説いて同行させ、途中で脱走してまた逮捕され、今度は日向国飫《お》肥《び》城主伊東修理大夫に預けられ、まもなくそこで獄死したというのが真説らしい。

ちなみに森銑三の『おらんだ正月』の近藤重蔵小伝によれば、「獄中（ここは分部家の獄中だろう）で、『江州本草《ごうしゅうほんぞう》』というような書物を著したりしていたのですが、文政十二年の六月九日についに病死しました。歳は五十九でありました。」

近藤重蔵という人は七歳で荘周の夢を思わせる夢の詩を賦すなど神童ぶりを発揮し、大坂の御武具奉行（お弓奉行）に八百俵の微禄で左遷させられたとき、優に一万両の借財があったのをよろこんだという。波瀾万丈の生涯を送った人だが、後の委細は略す。

そんなわけで目黒新富士は本来なら血染めの富士のはずが、昭和三十四年に取り壊されて今は跡形もない。昭和三十四年は皇太子御成婚の年、日米安保条約騒動の一年前、ということは高度成長経済が離陸したばかりの年である。もののふが血槍血刀を構えて守護した人造富士も、成長経済、列島改造を前にしてあっけなく崩壊したのである。

折からKDD研究所の車寄せ越しに西空に目をやると、曇天にまぎれてほの白く、本物の富士山がぼんやりとかすんでいた。

別所坂を下り、お次は目黒不動尊に足を延ばした。山手通りを直進して不動尊参道交差点を右折する順路だが、いつもはこのコースを行かない。JR目黒駅から行人坂を下り、大鳥神社前を経て油面《あぶらめん》に出る。ここらは元競馬場といって、古い競馬場のあったところだ。バスの目黒消防署停留所の裏手にかれこれ四十年前にちょくちょくきた場所がある。

その場所というのは教会の裏にひっそりと建っている、夭折した天才舞踏家土方巽《ひじかたたつみ》の本拠「アスベスト館」。六、七〇年代にここによく暗黒舞踏の舞台がかかって観にきた。その往き帰りに近くの目黒不動尊まで足を延ばした。しかし今度来てみると旧アスベスト館の面影はない。外資系の銀行に買い取られたとかで寂《さび》れ果て、観客が長蛇の列を成した六、七〇年代の活況はみごとに消えていた。

そういえば、無名時代の土方巽その人が不動尊境内でカキ氷店を出し、炎天下にねじり鉢巻きで子供相手にカキ氷をサービスしていたものだ。

油面からは落ち着いた住宅街を通って不動尊の境内に出る。そうすると横合いから入ることになるので、大本堂前の大階段を下りてから独鈷《とっこ》の滝の前に出る。木々は鬱蒼として、竜頭から落ちる水は清冽をきわめるといいたいところだが、環境劣化のために、飲むのなら煮沸してから飲むようにとの注意書きがかかげてある。ほかに三代将軍家光公が当地で鷹狩りをしたという記事も見える。

鷹狩りといえば、先程も引いた大郷信斎の随筆集『道聴塗説』に、文政十二年（18

29）にここらで大規模な鷹狩りが催されたことが記録されている。

「二月二日、内府公御放鷹《ごほうよう》とて、目黒、品川筋へ成せ給ふ。」

ただしこのときの御内府は、家光ではなく十一代将軍家斉であった。ところが前代の五代綱吉の生類憐《しょうるい》みの令の後遺症か、江戸郊外には野犬がのさばっている。そこでこの度の御放鷹に先立って、目黒・品川筋に大規模な野犬狩りが行われた。数日前からせっせと大穴を掘り、「数百の犬を其中に匿《かく》し養う。一奇といふべし。」

目黒不動尊は、車社会の喧騒のなかの静けさを久方ぶりに満喫させてくれた。帰途はまた中目黒に戻り、むかし行きつけだった目黒川沿いのモツ屋「ばん」で喉をうるおした。

3 品川逍遥

八ツ山の高台から東海道品川の宿《しゅく》へ下る道は「坂」と呼ばれて、昔はここに「これより東海道」と書いた棒杭が立っていた。宿場に入ると、引手茶屋、旅籠《はたご》がずらりと並び、宿場女郎・飯盛女が旅人・遊客に嬌声を浴びせた。幕末の風俗史家喜田川守貞《もりさだ》『守貞漫稿』によれば、弘化（1844〜48）頃、南北品川の娼妓四百九十九人、娼家九十五軒を数えたという。

志ん生の声色で落語『品川心中』を語らせてもらえば、「昔、江戸時代は、品川とくるてえと、吉原の向こうを張ったような威勢でございました」というわけだ。

もうひとり、桔梗屋のお丸さんという幕末の名妓に往時を思い出してもらおう。「八ツ山橋から『坂』に出るとっつきあたりから、江島屋、遠州屋なぞという引手茶屋が並んでいました。それからが貸座敷で、島崎、土蔵相模《どぞうさがみ》、阪本楼、港屋太田楼などは大きなお店でしたが、岩槻《いわつき》というのが私の若い頃は大したもので全盛を極めました。」（『品川古話』）

ほかに化け伊勢などという大店《おおだな》も連なる。例の『品川心中』の舞台は白木屋、『平七捕物帖』の「張子の虎」の舞台は伊勢屋だ（お化けが出る「化け伊勢」とは別の伊勢屋）。なにしろ百軒ほどもある妓楼のことだから、店名までダブッてしまう。その廓の家並みが、今の京急北品川駅から青物横丁駅までの海道筋をみっしり埋めつくしていた。ついでにいっておくと、明治中期寅の年の火事（うずや火事）というのがあって、品川宿は丸焼けになり、海道も京急側（北側）に移されたが、それまでは建物のすぐ下が海岸だった。火事の前は東海道の往来から見ると二階建てなのだが、往来から下に一〜二階分あった。『品川心中』の金蔵が階段を下りてすぐの店の裏手から、海へどんぶり飛び込むのもそんな構造だったからである。

海道を西へ向かう途中に、目黒川にかかる境橋（中之橋）がある。文字通り境の橋で、その手前までが北品川、先が南品川と分かれる。

東海道四百年とやら——。往時の面影をしのんで町おこしという魂胆か、二〇〇二年の今年は旧東海道の長い商店街のいたるところに「東海道四百年」の赤や青のワッペンがへんぽんとひるがえっている。商店街の途中に勘亭流で黒々と看板を書き上げた「新《しん》宿《しゅく》お休み処」があり、ご近所のお年寄りがお茶を飲みながらコンビニ弁当を使っている。その真ん前が品海《ひんかい》公園で、昔はここを南へ下ると目の前が波の寄せる浜だったのだろう。今は乳母車を引いたお母さんやご老人がのんびりと木陰に憩うている。

品川は横丁が多い町だ。品川宿生まれの国文学者岩本素白《そはく》は、少年時代を過ごした明治期の横丁の町をなつかしんで語り草にしている。

「今も残って居る江戸時代の宿場町というものは、たいてい細く長く狭く（中略）大通りの左右には幾つも横丁があり、さらにその横丁々を細い裏町がつなぎ裏町・横丁・路地・抜け裏と、特殊な形態を持って居るのが常である。」

「宿《しゅく》の入り口から、北品川だけを数えて行っても、清水横丁、大横丁、台場横丁、更にまた虚空蔵《こくうぞう》横丁、陣屋横丁。そのほか横丁の名はなくても、新宿、本宿《ほんしゅく》の境をなす黒門と呼ぶところも横丁であり、北馬ン場《ばんば》と称するものも実は大きな横丁である。」（『東海道品川宿』）

記憶の薄れるのを避けるためか、現在では各横丁の出入口に横丁名の由来因縁を記した木の立札が立っている。迷路のように入り組んだ横丁、抜け裏のたたずまいはいまだにおおむね保存されており、横丁の奥は大概、江戸時代から続いている寺か神社で行き止まりになる。

海道筋の寺社仏閣には無縁仏の墓がつきものだ。東海道をようやくここまで下ってきて、無念にも行き倒れになった旅人や病人、身寄りのない宿場女郎、それに品川沖の難破船や津波の被害者を葬った無縁墓のある海蔵寺。遊行《ゆぎょう》上人が廻ってくる時宗の寺。目黒川沿いの荏原神社。

目黒川を境とする北本宿と南本宿とでは、北のほうが格上であった。

品川住まいだった明治の作家江見《えみ》水蔭《すいいん》の奇談「大男と大女」では、蔵前十八大通のひとり樽萬の流れを汲む当代の主人金茶《きんさ》が、網打ちの帰りに、屋根船三隻、大伝馬船一隻、それに漁師船三隻を連ねて八ツ山下に乗り着ける。後に従うのは、当時の江戸に名高い芸者、太鼓持ち、太鼓絵師、太鼓医者、太鼓宗匠。それに殿《しんがり》について異色なのは誰あろう、身の丈六尺五寸（197㎝）、体重四十九貫（184㎏）の天下の大関雷電為右衛門。

これだけの顔触れがそろって登楼するなら相模屋か港屋か、ともかく北の大店《おおだな》とてっきり胸算用していた取巻連に、まずは海中の州に小判を蒔いて潮干狩りに擬した金茶、大方の胸のうちをすいとかわして、「さあ行列だ。橋向こうまで練って行こう。」

取巻連がおどろいた。南本宿に名代の店はないはず。まさか「立場茶屋へこの人数で押掛けて、雲助や馬方と一緒に濁酒《どぶろく》を引掛けるのでもあるまいが」、と江見水蔭。幕末明治の品川をくまなく知る人のいうことだけにリアリティがある。ところが大通金茶は南本宿の鶴屋というのを指名した。そこでまた取巻連がびっくり。ここから先は水蔭の筆を借りよう。

「えッ、鶴屋？　それは大人《たいじん》、お情けない。名もない小さな店で……」と半ベソの太鼓持ち。

「話せねえ奴だなう。鶴屋には名代の大女、お蔦というのがいる筈だ」

「なる程、大仕掛けだ。着物の丈が六尺七寸で、それでも裾は一二寸は引いているという、評判のそれでげすね」

「その大女お蔦を、大男雷電と見合わせて、婚礼ごっこをさせて見ようという趣向なんだ」

「これは恐れ入った。大通々々」

残念ながら、金茶の趣向は失敗に終わった。大女と大男の双方ともがいやいやをして、見合いの末は仕切りとまでいかなかったのだ。

面目をうしなった金茶は次の趣向を仕掛けた。当代の名女形《おやま》、瀬川仙女《せがわせんじょ》（路考《ろこう》）をお蔦と引き合わせたのだ。「大女対変性男子。面白い恋の取組は成立した」そうだ。それから金茶は、お蔦を自分が身請けする形にして、大金を与えた上で故郷の静岡（信州とも）に帰したという。

江見水蔭の「大男と大女」は大正十四年作。これは実話で、原話は文化年間の出来事にさかのぼる。『武江《ぶこう》年表』文化四年（１８０７）の条《くだ》りに次のようにある。

「品川宿橋向の鶴屋某といへる驛舎の抱へ飯盛つた（蔦）と云ふあり、今年二十歳、駿河府中の産、衣類對六尺七寸、容色よし（中略）後二年過ぎて巳の春に至り、名を淀瀧《よどだき》と改め浅草柳稲荷の向《むこう》へ大女の力持と號《ごう》し見世物へ出す。碁盤を以て蠟燭の灯を消し、四斗俵へ筆を結びつけて文字を書きなどしける。又両国廣小路へも出でたり。」

　喜多村信節《のぶよ》『嬉遊笑覧』には「文化の末、大女淀瀧と名をつけて見世物に出づ」と、後半の見世物の記録だけ。これで見ると、お蔦はいったん駿府に帰ってから再度江戸に出て、見世物に出たことになる。ところが同じ話を扱った馬琴編『兎園小説《とえんしょうせつ》』の「品革《しながわ》（品川）の巨女《おほおんな》」では後日談の淀瀧と、お蔦は別人だという。

「品革の巨女」の話者は琴嶺《きんれい》である。これは馬琴の息子の宗伯瀧澤興継のこと。宗伯によれば、大女お蔦は物好きに通う嫖客《ひょうかく》たちにもてあそばれて瘡毒《そうどく》（梅毒）に感染し、「いく程もなく、その病にて身まかりにきといふものありしが、さなりやよくはしらず。」

「さなりやよくはしらず」というからには、梅毒死亡説もあやしい。問題はその次の記述だ。「又その翌年（文化五年）の冬のころ、湯島なる天満宮の社地にて、おほおんなのちからもちというのを見せしことあり。」

　宗伯は「浅草の年の市のかへるさ」に立ち寄ってみた。しかしどうも様子がちがう。以前、お蔦の手形というのを見たことがあるが、それにくらべると見世物の力持ちのそれはだいぶ見劣りがする。品川の巨女を騙《かた》る紛《まぎ》らしものに相違ない。「……贋物いで來たる。油断のならぬ世にこそありけれ。」

　淀瀧は、品川のお蔦を騙る真っ赤な贋物だったという裏話である。

　おそらく原話を『兎園小説』に拠ったらしい江見水蔭「大男と大女」も淀瀧贋物説で締めくくっている。しかも贋物は実は歴とした男子であり、これを看破したのは、往年の見合い相手雷電為右衛門だったという眉唾くさいオマケつき。ここまでやると『兎園小説』の原話も文字通りには受け取れなくなる。げんに江見水蔭「大男と大女」にも琴嶺の曲筆をほのめかして、「金茶は又瀧澤琴臺に頼んで、兎園小説の中に書き込んで貰ひまでした」とある。

お蔦を身請けして「さすが大通」の名をほしいままにした金茶が、評判を無にしたくないばかりに、あるいは琴嶺に手を回して「かくかくしかじか」と書かせたのではないか。

疑いは尾を引いて、随筆「近世巨人考」（『文藝と醫事』所収）のなかで巨女お蔦の考証をしている田中香涯（歴史随筆家）は、「（淀瀧が女装した男だったかどうか）果たして然うであつたか否かは判らないにしても、兎に角、文化年代に身長六尺七寸もある大女の現はれたことだけは事實である」といっている。まあ、そんなところなのだろう。

思わぬ回り道をしてしまった。

もっとも、品川漫歩ともなれば、東海道の本道をわき目もふらずに通過するのでないかぎり、横丁から横丁へと徘徊するのが一番まともな歩き方と観念するほかはない。何もかもが横丁の世界にひそんでいる。ことに徳川の瓦解以後は、江戸の中心から都落ちしてきた旧幕の武士のアジール（避難所）のような観を呈した土地であった。

岩本素白《そはく》の「板橋夜話《はんきようやわ》㈡」に、会津藩士崩れらしい赤貧に耐えている小学校教師が出てくる。素白は品川宿の人たちが「屢々《しばしば》智巧に長けた中国西海の武士達を白眼視して、剛直な東北の武士達に青眼を送って居るのを見て居」たそうだ。ちなみに青眼とは、「喜んで人を迎える目つき」。

しかしそれは直接水商売の余沢《よたく》に与《あずか》らない住民のいうことで、お女郎衆にとっては勝ち組の長州侍は上客だった。「いったいに長州の方はなんかすることが粋でした」と、前記桔梗屋お丸はいっている。維新前後の宿場の遊びは激しかった。お大尽によっては、お盆の上に一朱銀を山盛りにして、つかめるだけつかんだものをご祝儀にした。掌の大きい人は一度に五両くらいの一朱銀をつかみ取りした。

絹貿易で大儲けした八王子の絹問屋の旦那がきた。得体の知れない死神のような浪人が、盆の上に切餅（まとめて封をした小判）を積み上げ、抜き身をギラつかせて相手をせよとスゴむ。インド商人なのか、当時は「黒ン坊」といった異人さんとのあいだに行き違いが生じて、鉄砲で追い回されたこともある。お丸さん（昭和初年の聞き取り当時七十六歳）の回顧談は波瀾万丈の世相を映して尽きない。

維新の決着がつくと、品川は失業した武士のたまり場になった。気の利いた連中はとっくに再就職して東京市中に居を構えていた。残ったのは旧弊な武士気質からついに抜け出せなかった佐幕派の残党である。

陣屋横丁に隠棲した江見水蔭も勤王派ながら、父は元備前岡山藩の武士だった。岩本素白の父親は旧丸亀藩士。瓦解後は「海軍に入り、将校階級に進んだが、薩州閥の頤使《いし》（あごでこき使う）に耐えず、乞うて兵曹に降り、その位置に終始したという。」（窪田空《うつ》穂《ぼ》）かつては函館五稜郭に立てこもって官軍を迎え撃った硬骨漢だった。

明治の文明開化で品川は大きく変化する。新橋―横浜間の鉄道敷設がかつての宿場町を無用の長物とする。鉄道は宿場を素通りして行った。廓だけは残ったがさびれる一方。地付きの名物男たちも、時代の波にさらわれて次々と消えていった。

宿場町としては時代遅れとなり、茶屋町としてはさびれる一方の品川に最後に残ったのは「寺」だった。横丁の奥にはかならずといっていいほど寺がある。またしても素白に拠れば、「品川宿は表通りこそ賑やかな宿場町であるが、（中略）ひどく寺のある所で、謂わば大きな寺町でもあった。」茶屋の遊客は来なくなっても、故人を偲んで品川の墓を訪ねる人びとはいなくなりはしない。

山手通り沿いには沢庵和尚や賀茂真淵の墓がある東海禅寺があり、第一京浜沿いにはかつて紅葉の名所だった海晏寺《かいあんじ》がある。東海禅寺には漢詩人服部南郭《なんかく》の墓もあり、作家の石川淳が「南郭の墓の傍に行くと落ち着く」といって掃苔《そうたい》しては帰りに銀座の「はち巻岡田」で飲んで陶然としていたという逸話を加藤郁乎《いくや》氏がさる座談会でなつかしげに紹介している（氏は江戸通の俳人。座談会は「江戸の詩史を書き換える」〃ユリイカ２００１

年1月号》）。

そういえばハンガリー学者の徳永康元先生の『黒い風呂敷』という豆本エッセイ集に、素白随筆を読んで品川宿を訪ねる一文がある。二度目にはお孫さんを連れて行かれたそうだ。そして大きな禅寺の寺域は鉄道・道路で分断されたが、小さい寺の侘びたたずまいが裏通りにまだ残っているのをご覧になってこられたという。

しかしいまはもう一度海道筋に戻って、品川寺《ほんせんじ》に向かうとしよう。

ここには、大仏と見まごうばかりの大きなお地蔵様がましましている。銅仏一丈六尺の坐像で、江戸六地蔵のひとつとしても知られている。これは、高輪の如来寺の通称「芝の大仏」とよく間違えられる。

大田南畝《なんぽ》『調布日記』に「高縄（高輪）をへて、品川大佛の前なる酒樓にのほ《ボ》りて」、房総の山々、筑波山、行きかう船の帆影を遠望し、「山の手に住む目うつしには、これに過ぎたることあらじ」とあるが、これも高輪と品川とを混同した間違いのようだ。

南畝もいうように、山手から来ると品川は景勝の地だった。妓楼のすぐ裏手がもう海だった。はじめにもふれたが、落語の『居残り左平次』と『品川心中』を取り合わせた『幕末太陽傳』（川島雄三監督）という映画で「品川心中」の金蔵役を演じた小沢昭一は、妓楼裏手の桟橋からどぼりと飛び込んだが遠浅のために死に切れず、桟橋の「雁木を伝わって、八ツ山から這い上がって、家へ帰ろう」（志ん生）なんて算段をしたのだっけ。

金蔵が飛び込んだ浜はとうの昔に消えている。『品川心中』の白木屋はむろんのこと、有名な土蔵相模の跡地も、嘆かわしや、どこにでもありそうなコンビニに変身した。吉原と張りあった往年の南駅の面影はもはやどこにもないように見える。

それでいて変わっていないものもある。たとえば「品川浦舟溜《ふなだ》まり」。品川がかつては漁師町で、今の品川駅のすぐそばで鰻を捕っていたという昔がまだそのあたりには残っている。屋形船がぎっしりと並び、まわりを何軒かの船宿が囲んでいる。ここまでくると、新幹線品川駅乗り入れ建設現場とインテリジェント・ビル乱立の品川駅界隈とは別の世界に迷い込んだ気がする。東京にもまだ海があるんだと、ほっと安堵するのである。

また「坂」のほうに戻った。すると商店街のとっつきの角店の横に「問答河岸の碑」というのが目に留まる。碑の脇に「問答河岸由来記」が板書《ばんしょ》してある。なんでも三代将軍家光が東海禅寺の沢庵和尚の法話を聞いての帰り、河岸まで送ってきた和尚と別れ際に交わしたという問答の由来を記したものだという。

将軍は江戸城へ還る船に乗船する間際に沢庵に問うた。「海近くして如何か東（遠）海寺」と。和尚答えて、「大軍を指揮して将（小）軍というが如し」。

雄大な海景を前にした応酬がいかにも気宇壮大だ。ちなみに板書の文はなかなかの名文で、筆者は宇都宮徳馬とある。どなたもご存じのように、元自民党代議士でありながら反戦雑誌を発行していて、数年前に物故した特異な政治家である。

この碑からちょいと下ったところに「荒井」（新井、荒井家とも）がある。『品川心中』にも出てくる老舗の鰻屋だ。先程来耳学問させてもらっている桔梗屋お丸によれば、「鰻屋の新井など古い方でしょう。あそこはもとは小さい店でした。その時分には松屋というのが大きな鰻屋で、なかなかいい家でした。」

荒井は当時はマイナーなお店だったらしい。が、松屋のような大店はどのみち今はないだろう。お店というものはマンモスがいい例で、定向進化（一定の方向に進化すること）すると滅亡しやすい。時流の変化につれて小回りが利くのでなければ生き残れない。

品川散策となると、わたしは常々、岩本素白『東海道品川宿』をガイドブック代わりにさせてもらっている。その十二章に荒井が出てくる。素白先生曰く。店の小体なわりにうお（魚《うお》＝鰻のこと）の質がよかった。「荒井という店は宿の入口、『坂』といわれたところの鰻屋である。どうせあぶくぜにを儲ける妓楼が常得意ではあろうが、価は高く、高いだけに良いうおを使っていた。」

朝から旧東海道商店街を半日も往復したので、いささかばてた。昼飯もまだだ。そこで荒井家に入り、常連らしい老夫婦と相客で、居残り左平次の名を染め上げたのれんを眺めながらお銚子を一本、蒲焼き定食をおいしくいただいた。

4 川崎・大師河原の「水鳥の祭」

六郷の渡しは子供心にもはっきり記憶がある。羽田の穴守《あなもり》稲荷のほうから渡船で川崎の船着場にあがった。渡船を後にして土手を下りる。と、方々からいきなりにょきにょき手が伸びてきた。赤い地の上に煤をまぶしたような異様な色の顔、どろどろに汚れた着物。川崎大師の参詣客目当てのお菰《こも》さんの群れだ。

それをどうかき分けて、どこをどう通って大師までたどり着いたのかもうおぼえていない。きっと母の袖にすがりついて泣いていたのだろう。幼児の頃の、いまもって忘れられない恐怖の記憶だ。

東京方面から大師詣でをする道順は、まず陸路で川崎大師まで行き、それから大師《だいし》河原《がわら》発の渡船で穴守稲荷にまわって東京市内への帰路につく。このコースが順当だったようである。

だがわたしの記憶は逆だ。なんだか羽田のほうから赤い鳥居と赤い幟《のぼり》がどこまでもどこまでも続いている恐ろしい迷路を通ってから、穴守稲荷の渡船場にたどり着いたような気がする。

大正末期に川崎側から穴守に渡った田山花袋《かたい》の案内記には次のようにある。
「穴守に行くには、電車の終点の少し手前に、穴守行渡船の札がかかっているから、それをしるべに右に曲がり、六郷川の岸に出て、渡船を見付けてそれに乗る。対岸は羽田の漁師町で、ちょっと特色に富んでいるところである。ここから、五、六町田圃の中の路を伝うと、穴守稲荷の赤い鳥居が十百千と数えるほど重なり合って立っているのを見る。」(『東京近郊一日の行楽』)

ついでに大町桂月《けいげつ》『東京遊行記《ゆぎようき》』から。桂月は学生時代、見渡すかぎりあたり一帯田圃ばかりで、まだ市街地の様相のかけらもなかった穴守稲荷近くの鉱泉宿に逗留していたことがある。

「十年前、稲荷に近接せる鉱泉宿の要館《かなめかん》に数日滞留して、著作に従事したることもありしが、その時は、二三の鉱泉宿が出来て居りしのみなるに、十年の後には、かくまでに市街が出来るものかと、茫然として、しばし祠前に彳立《てきりつ》す。」

『東京遊行記』の発行は明治三十九年(1906)。その十年前というから明治も二十年代末までは、鉱泉宿が二、三軒あるだけで、あとはいちめんに田圃だったということになる。のどかな話ではないか。

余談になるが、いまでもJR東海道線の上りが多摩川を渡るとすぐ右側に六郷温泉と大書した煙突が見える。桂月の書いている穴守鉱泉(いまは消滅して羽田空港に)に泉脈が地続きになっていると思われる蒲田・六郷温泉をいつか一度は訪ねたいと思っていて、いまだに思いを遂げないでいる。
閑話休題。今回の大師詣では正調を重んじてまずJR川崎駅から出発した。それから旧東海道をたどって、旧六郷の渡しから少し上流の六郷橋の袂に出た。六十年前の記憶はぬぐいさったように影もない。海パン一丁の男の子たちが奇声を上げながら川に飛び込んでいる。土手を下りた岸辺では小学生とホームレスらしき中高年が肩を並べて釣り糸をたれている。羽田方面にゆったり湾曲しながら河口へ出ていく多摩川。その上のぽっかり抜け上がった紺碧の空。

土手から引き返す途中で江戸の大師詣での道中案内らしい看板が目についた。看板といっても現代製のコピーだ。ふつうの集合住宅の駐車場の隅にそれとなく立っている。絵入りである。よくよく見ると『江戸名所図会』で見たことのある万年屋の図だ。

万年屋といえば明和年間に十三文均一の一膳飯屋からはじめ、やがて海道の輻輳《ふくそう》とともに割烹料理や奈良茶飯で名をあげて、宿泊もまかなうようになったお茶屋である。『東海道中膝栗毛』にも弥次さん喜多さんが万年屋で飯を食う場面がある。――「これより六郷の渉《わたし》をこへて、万年屋にて支度せんと、腰をかける。」と、万年屋の女が「おはようございやす」。喜多八がうけて、「コウ弥次さん見なせへ、いまの女の尻《けつ》は去年までは、柳で居たつけが、もふ臼《うす》になつたァ。どふでも杵《きね》にこづかれたと見へる。」「去年までは」云々といっているところをみると、喜多八は毎年のように道中この店に立ち寄っているらしい。ことほどさように東海道の旅人なら一度は立ち寄って奈良茶飯を口にした。ちなみに奈良茶飯とは、古くは炒豆や焼栗などを混ぜて茶汁で煮た茶飯のことをいったが、後には簡単な惣菜を付けて一膳飯にしたもの。

万年屋は東海道を往還する外国人にも知られていた。これは茶飯を食べるためではなく、宿舎として利用したのである。

駐日総領事ハリスは安政四年（1857）に江戸へ向かう途中、川崎の本陣があまりにも荒廃しているのを目にして万年屋に宿を移した。幕末に来日したスイスの外交使節アンベールの『幕末日本図絵』（文久三年・1863）にも、アンベールがともなってきた画家E・バヤールの克明な絵で紹介されている。バヤール画では藁葺屋根の広い座敷に客がぎゅうづめになって飲み食いしており、海道の立ち木に馬がつながれ、画面左には客待ち顔の駕籠。

構図に簡略化のあとが見られるが、おそらくバヤールは、『江戸名所図会』の図を参照したのではあるまいか。お店の軒に掲げた看板には右読みで「万年」とあり、もうひとつ引き戸の戸袋にも縦字で「万年」とある。万年屋は通称で、正式な店名は「万年」だったのだ。

万年屋は大田南畝《なんぽ》『調布日記』にも出てくる。幕吏として多摩川堤防巡検の旅に出た折しも文化六年（1809）一月九日、南畝は川崎の対岸の「八幡塚村のやどりにつかんとす、よる宿 腥《なまぐさ》しといひけんむかしに似て、あまりにいぶせければ、にはかにやどりをうつして、六郷の川をわたり川崎宿の萬年屋《ママ》かもとにやとる《ガ》。」

南畝も万年屋がお気に入りだったのである。任地についた翌日の文化五年二月十七日、早くも「川崎萬年屋の前に出て、やどりに帰る。」ほかにも「南河原村堀之内村より川崎村にいり、萬年屋の奥にいこふ」（六月十日）、「監使は八幡塚に、己は川崎宿萬年屋の高とのにやどる」（四月二日）と、ごひいきの程が知れる。もちろん今はないので万年屋見物は案内板の絵図を見るだけでパス。

さて土手を下りると、六郷橋から南は川崎競馬・競輪場のテリトリーだ。どうかすると民家のあいだに競馬の厩舎があって、騎手が発走前の馬を調教している光景にぶつかる。ここまでくると京急大師線の港町駅が近い。港町駅から二つ目が川崎大師駅だ。

そこでまた記憶がよみがえる。目のあたりに大師の金色の宝塔がキラキラ光っているのが見える。門前町に入ると、タンタンタタンタンとタン切り飴を刻むリズミカルな包丁の音。久寿餅《くずもち》や団子を売るお店の招き声。だるま屋のまばゆい赤と金。

折から川崎大師(金剛山平間寺《へいけんじ》)の境内は七五三シーズンとあって、ひしめくように並んだ屋台が子供連れでにぎわっている。もうもうとたちこめる線香の煙。白衣の占い師が競輪客らしい仕事師(土木建設業者)風になにやらささやいている。こればかりは六十年前とほとんど変わらない情景だ。

大師境内の横手を抜けてしばらく行くと、道端でフリーマーケットを開いてる一郭があった。そこになにやら人だかりがしている。じつは先ほど駅前でも同じような人だかりを見かけた。なんだろう。

見れば道路の真ん中にざっと八畳間ほどの畳敷き舞台がしつらえてある。その一方に、裃《かみしも》に袴といったいでたちの、元禄頃の能役者のような絢爛たる衣装の一団が控える。反対側からは、これを迎え撃つようなかっこうで、豊漁祝いの絵模様をあしらったどてら姿の漁師の一群。

両者が向かい合って、ドーンと積み上げた酒樽からなみなみと汲んだ酒を、顔面の三倍くらいある大盃で飲んでいる。傍らにはおのおの名前を書き込んだ幟《のぼり》、それに「水《すい》鳥《ちょう》の祭」と大書した赤旗白旗が林立している。

「水鳥の祭」とはなにか。水はサンズイ、鳥は干支の酉《とり》に通じるから、要するに「酒」だ。つまりこれは酒呑み合戦らしい。しかしどうして、よりによって川崎大師の町中で昼日中からそんな酒合戦をやらかしているのか。

由来をたずねる前に、ひとまず参加者がめいめい手にしている幟の名前を見てみよう。

片方の、どうやら江戸から来たらしい大将の名が地黄坊《ぢおうぼう》樽次《たるつぐ》。迎え撃つ地元の大将は、大蛇丸底深《おろちまるそこふか》こと池上太郎右衛門。双方の部下の酒将の名前も凝りに凝っている。地黄坊方の主だったところで、毛蔵坊鉢呑《はちのみ》、鈴木半兵衛呑勝《のみかつ》、木下杢兵衛飯嫌《めしぎらい》、甚鉄坊常赤《つねあか》、来見坊樽持《たるもち》、三浦新之丞樽明《たるあけ》。

一方の池上勢は、四郎左衛門底廣《そこひろ》、米倉六左衛門吐次《はきつぐ》、藪下勘解由左衛門早呑《はやのみ》、朝腹九郎左衛門桶呑《おけのみ》。それに池上の一族郎党——底成《そこなり》、底平《そこひら》、底安《そこやす》など。名前からして、いずれも呑ませたら底無しとみえる面々だ。

この酒合戦は実際に慶安二年（1649）三月某日に川崎・大師河原で行われた。一方の大将の地黄坊樽次は、もともとさる大名の小姓だったのが武士をきらって酒井雅楽《うたの》頭《かみ》の侍医となり、酒井家の大塚下屋敷に住んでいた。

地黄坊の名は、地黄散という漢方薬が鉄分を忌むところからきた。つまりは鉄で打った刀をきらうの意。もはや刀が幅を利かす時代ではなく、それゆえに文章詩歌の道に入って国学者として名を成した。同時にすこぶるつきの大酒呑みだった。

この男が池上勢の大酒の評判を聞いてなぐり込みをかけてきたのである。地黄坊は俳人でもあったので、事の次第を『水鳥記《すいちょうき》』と題して三巻の仮名草子にまとめた。

一方、迎え撃つ側の池上勢は、池上本門寺の寄進者として名高い池上一族。北条氏の臣下として小田原の攻防に敗れ野に下り、池上から六郷川河口の土地を開拓して莫大な財を蓄えた。一族はかねて日蓮の熱烈な崇拝者で、日蓮が身延から常陸《ひたち》へ病気療養におもむく途中、池上宗仲の家で病が篤くなり、そのままみまかったので宗仲は自宅を日蓮を弔う寺として寄進。これが現在の池上本門寺の基となった由緒はどなたもご存じの通り。

池上一族は酒呑みとしても天下にその名はとどろいて、池上太郎右衛門幸廣（水鳥名＝大蛇丸底深）をはじめ、息子の底成、孫の酔翁亭三世底成等、それぞれ水鳥名を名乗るつわもののその後の消息は古江亮仁『川崎大師興隆史話』に詳しいので、興味のある方はそちらを参照していただきたい。

ちなみに慶安の酒合戦から百六十年後、大田南畝が先にもいった多摩川堤防検地中、四郎左衛門底廣の末裔の家でたまたま『水鳥記』を読む機会を得た。彼はその後、千住宿で「千住の酒合戦」を企画し、そのいきさつを『後水鳥記』としてまとめた事の次第は、後ほど「北千住往来」の章に述べるであろう。

南畝は検地中のこのとき、大師河原の池上四郎左衛門底廣の子孫の屋敷まわりも見ている。酒合戦の慶安の昔は屋敷内の庭に築山や池があり、池の橋には「下戸の輩不可渡《やからわたるべからず》」の制札が立っていたという。酒徒相集って、呑みながら庭園の風致を楽しんだのである。

ことのついでに南畝は、酒合戦の一方の雄、底深こと池上太郎右衛門の旧宅をも訪ねた。そして、名にしおう大盃「蜂龍の盃」を見せてもらっている。「盃中に蜂龍蟠の描金あり、蜂はさし、龍はのみ蟠は肴をはさむなるべし」と南畝は注している。ちなみに「さす」は酒を勧めること。

右の「蜂龍の盃」については、『骨董集』の山東京伝《きょうでん》も、『遊歴雑記』の十方庵敬順も、ほぼ同じような趣旨の考証をしている。以上は南畝の『調布日記』の記述によっているが、この盃のことは同じ南畝の『玉川披砂』にも絵入りで紹介されている。なるほど巨大な龍のまわりを小さな蜂が一匹ブンブン飛びまわっている構図である。

池上家ではふだん「蜂龍の盃」は墨染の箱に納めてみだりに人には見せることをしなかった。それでも春の頃には酔客がやってきて、ぜひとも拝見させて頂きたいとからむ。仕方なく、「別にそのかたをうつせる盃をつくり置てかはりとすると、あるじのいふ。」ダミーを作っておいたのである。

おそらく現在の「水鳥の祭」に持ち出されている二升二合入りという大盃も、蜂龍の大盃や、南畝が四郎左衛門底廣の末裔宅で見たという「七合入程にして猩々《しょうじょう》の蒔絵あり」の大盃の、ダミーのそのまたダミーとして晴れの舞台に登場しているのではあるまいか。

さてまたタイムスリップして、こちらは慶安酒合戦から三百五十年を経た二十一世紀平成の酒合戦。目の前で大蛇丸底深に扮した初老の御仁は、池上太郎右衛門直系の子孫かもしれない。面体からしていかにも当地名門《パトリシアン》といった貫禄のある人物だ。片や地黄坊樽次は、ややッ、ナント、花恥ずかしき、といっても中年の、これはまぎれもない美女ではないか。

ご両人が双方の口上役を務めて、呑むほうはもっぱら甚鉄坊常赤とか池上底成とかいった若手の烏天狗《からすてんぐ》役だ。ところがこれにも若い女性が数人扮して呑むは呑むは、いやはや底無しと見た。聞けば新・酒合戦はもっぱら地元有志が演じるのが建前とかで、あるいは人手不足で女性まで駆り出されたのか、それとも川崎の女性はもともとそろいもそろってウワバミ級の大酒呑みなのか。

飛び入りの助っ人もいる。なかで目立つのが、一組の若夫婦と中年のアメリカ人。酒合戦の舞台は町内四ヶ所を持ち回るのだが、どこへ行ってもこの若夫婦と中年アメリカ人の助っ人が登場した。一度に五合は干しているだろう。もうへべれけになったのが、性懲りもなく、まだよたよたと舞台に上がってくる。

最後の〆《しめ》の舞台は若宮八幡宮である。ここは金山《かなやま》神社と合祀されていて、金山神社のほうは子安信仰の神社でもあるのか、境内の地面から何本もの巨大な男根がにょきにょき生えている。絵馬も、一糸まとわぬ人妻があられもない恰好で金精《こんせい》様を抱っこしている絵柄。いっそ悪びれないエロ神社で、これがなかなかうれしい。

それにこの神社、おそらく製鉄神話に関係があるのだろう、本殿左手の金山神社の社殿の内部が鍛冶場の造りになっている。現役で機能できそうな本格的な鍛冶場である。それかあらぬか毎年十一月一日にはここで刀を打つふいご祭りが催されるのだそうだ。

終点の若宮八幡宮までくると、さすがに酒合戦の面々も助っ人も、酒呑童子《しゅてん》のように真っ赤な顔になって足取りもおぼつかない。見物客も朝から大なり小なりきこしめしているから、そこら中が酒臭い。しらふなのは、カメラ担いで酒合戦の撮影に余念のない中高年アマチュア写真家だけときている。こちらも一杯やりたいところだが、二升二合入るというあの大盃にはビビる。

川崎駅前に引き返し、駅前の図書館で池上文庫の『水鳥記』をコピーしてもらった。『水鳥記』には異本が何種類もあるらしく、つい最近も、国学者屋代弘賢蔵の絵巻物の『水鳥記』が発見されて平間寺《へいけんじ》（川崎大師のこと）に蔵されたと聞く。ほかに江戸版は浮世絵の開祖菱川師宣《もろのぶ》画の十一葉の絵入りのものがある。わたしが所持している『水鳥記』は江戸叢書版第七巻。蜀山人が借覧したのはおそらく池上文庫の原本のほうだ。

京急川崎駅近く、競輪負け組のたまっている大衆酒場で、そのコピーを読みながらホッピーで水鳥した。競馬競輪に熱を上げるのもいいが、酒合戦の勝ち負けに目の色を変えるのも悪くない。

5 森ヶ崎鉱泉探訪記

森《もり》ヶ崎《さき》に行ってきた。

森ヶ崎へは、大森からも、蒲田《かまた》からも、川崎からもバスが出ていて、始発駅のどこから乗ってもここが終点である。バスを降りたところに巨大な労災病院がそびえ立っている。病院の真ん前が巨大な下水処理場。病院と下水処理場にはさまれたバス道路のどん詰まりが長い長い堤防で、堤防の向こう側は羽田空港と昭和島が目と鼻の先に見える海である。

海側に出た。空港方向の砂州にカモメの水兵さんがずらりと並んで、どうかするとそれがこちらの頭上すれすれに飛んでくる。砂州のちょい先が空港の滑走路だ。格納庫入りするのか、玩具みたいな旅客機がのろのろ移動している。ほかには何にもない。

森ヶ崎という地名を知ったのは永井荷風『腕くらべ』(大正五年)を読んで以来のことだ。旦那の吉岡が新橋芸者の駒代を森ヶ崎の別荘待合に連れ込む。吉岡は駒代に二日二夜、鎌倉あたりに別荘を建ててやるから新橋芸者を辞めて自分の妾になれと口説く。あげく市中に用事ができて吉岡が帰った後、駒代は誰もいなくなった別荘待合のさびしさをつくづく味わううちに、かねて三角関係にあった歌舞伎俳優の瀬川一糸と廊下でばったり出逢う。あとは云わずと知れたこと。しばらく抱き合って、けだるい昼の夢から覚めるとどこかで鶏の鳴く声。

「どこかで鶏の鳴く声が聞こえた。駒代の耳にはそれが際立って田舎らしく聞こえると、忽ち遠い遠い秋田にいた時の辛い事悲しい事心細い事のさまざまが胸に浮かんで来る。鶏に続いて鴉の鳴く声。縁先には絶えずかすかに虫が鳴いている。」

今時ならよほどひなびたローカル線の鉱泉宿でしか味わえない田園情緒だ。田舎らしさの描写はまだ続く。

「誰もいないと思う広い家の中は一際寂《しん》としたように思われ、廊下の窓から見える裏庭一面、激しく照りつける残暑の日の光に、構内《かまえうち》は勿論垣根の外の往来まで何の物音もなく、只耳に入るのは蟬の声と虫の音ばかりである。」

これが東北の小さな温泉宿ならともかく、蒲田と大森が底辺の逆三角形の頂点に当たるところにあり、お茶屋・カフェー・バアが引けると銀座新橋からここまで遠出ができたのである。

明治大正の熱海箱根はまだ遠かった。げんに吉岡は駒代を修善寺か箱根に連れ込むつもりが、大雨で東海道線が止まったので手近の森ヶ崎を勧められたのだった。

市中から日帰り気分で人力車・円タクで行ける温泉があらまほしかった。そこに森ヶ崎鉱泉が湧き、料理旅館が出現し、芸者置屋ができて新興の二業地がおめみえしたのである。人気観光地にならないわけがない。

客筋は『腕くらべ』の荷風をはじめ文士が多かったようだ。染谷孝哉『大田文学地図』(昭和四十六年)が枚挙している名から拾うと、「いまはなき芥川龍之介、久米正雄、堺利彦、十一谷義三郎、近松秋江《しゅうこう》、徳田秋声《しゅうせい》、広津和郎、尾崎士郎、そのほかいまなお(注・昭和四十六年当時のこと)活躍している丹羽文雄、尾崎一雄、徳川夢声などの人びとが、執筆のためか、あるいは一夜の清遊にやってきたのである。」

関東大震災前後の頃が一番にぎわった。荷風『腕くらべ』の別荘待合はその名も三春園といい、新橋木挽《こびき》町の對月という待合の女将の個人別荘だったのを、空けておいてはもったいないと、確かな筋のひいき客だけに連れ込みを許した、という設定になっている。

そんな特別の高級客ではなく、もっと一般の客相手に繁盛した鉱泉旅館が「大金」だ。近松秋江と広津和郎が二ヶ月ばかり隣り合わせで泊まっていたり、一方の近松秋江のところへ徳田秋声と吉屋信子が遊びにきて、燗冷ましの酒を飲まされて秋江のドケチぶりに吉屋が辟易《へきえき》する話なども『大田文学地図』には紹介されている。

それはともかく、染谷孝哉という作家は森ヶ崎近辺で生まれ育った人らしく、ついこの間まで——といっても一九三〇年代——の森ヶ崎を回想して、少年時代の思い出をこんな風に書いている。

「森ヶ崎はいまでこそ町工場や労働者の住宅がびっしりつまり、薄汚れてゴミゴミした、しかも水はけのわるい町となってしまっている。ついこの間まで——と言っても、(注・一九三〇年から数えて)もう四〇年近い年月が経っているのだが——は、閑静なというよりもたいへんひなびた二業地だったのである。葦の生えた池がいくつもあり、その間に点々と料理屋兼旅館が見えた。私は少年の頃、よく朝露を踏んでその池へ釣りに出かけたものである。獲ものをさげて帰るころ——たいてい正午少し前であった——になっても、夜の遅いこの町は死んだように静まりかえっていた。」

海浜の、別荘さえほとんど見られない、ひなびた漁村だったのである。

森ヶ崎の紙上探訪をもう少し続けてみよう。浮世絵研究家の高橋誠一郎(当時慶応義塾経済学部教授)が大森海岸のM旅館で長逗留していた折の随筆を読んでいたら、どうも森ヶ崎と思しい土地が出てきた。正確な地名は伏せられて「大森の花柳界」とだけあるが、まず十中八九森ヶ崎の二業地のことだと思われる。そうでなくても当時の大森海岸界隈の花柳界の雰囲気はざっとこれに類するものだったろう。

大正三年、まだ大森海岸が埋め立てられる前のことだ。「私の借りた座敷の縁下で、ぢゃぽん、ぢゃぽんと波が打っていた」そうだ。この随筆(『大磯劄記《さつき》』所収「大森海岸」)

には、彼が世話になったM旅館の二代にわたる栄枯盛衰が書かれていて鬼気迫るものがあるが、残念ながらこれは略す。くどいようだがもうひとつ、仲田定之助『明治商売往来』にも森ヶ崎の記事が出てくる。

仲田定之助は日本橋新材木座に生まれ、大正末期にドイツのバウハウスに留学して昭和の新興芸術画壇に活躍したモダニストとして知られているが、この人も大正初期の森ヶ崎の遊客で、いなか田舎した森ヶ崎の光景をなつかしげに回顧している。

「森ヶ崎鉱泉を中心とした小さい聚落の周辺は湿地で、そこら一面、芦荻《ろてき》が生い繁り、葭《よし》切りの声がのどかに聴こえた。すぐ近くの東京湾には篊棚《ひびだな》のつづく海苔場の先に往来する白帆や、汽船が見えた。」

仲田定之助は、森ヶ崎随一の宿は「大新」という割烹旅館だったと記憶しているが、染谷孝哉の上記『大田文学地図』のほうには「大金」が最大の宿とある。「新」と「金」の一字違いだから、たぶんどちらかの記憶違いではなかろうか。それはともかく以上ののどかな田園・海浜風景は、まもなく突如として消えてしまう。

戦争が迫ってきたのである。海浜の湿地帯に中小の軍需工場が乱立した。仲田定之助は書いている。

「最後まで残った大新の建物も軍需工場の寮に利用されることになり、森ヶ崎鉱泉は全滅した。」

そう、森ヶ崎鉱泉は全滅したのである。それでもどこかに往年の栄耀栄華の痕跡が残っているのではないか。というわけで、今回の森ヶ崎探訪を思い立ったのだった。

果たせるかな、往年の「閑静な二業地」の面影はもうどこにもなかった。きれいどころが髪結いに出かけたり、踊り三味線のお稽古に行くのがチラホラするという気配はまるでない。労災病院に通院している車椅子の障害者、ご老人や病人、付き添いらしい人たちの小集団がバス停近くに固まっている。道路がバカに広くてがらんとしている。それだけの場末町だ。

ふと気がつくと、森ヶ崎十字路バス停前に大森寺《だいしんじ》というお寺がある。境内に入ってみると、塀のすぐ裏手のところに鉱泉湧出の由来を記した石碑がさほど目立たない程度のたたずまいで立っている。

どうやらこのあたり一帯がかつての芸者町だったようだ。そう思ってあらためて町並みを見直すと、多少の面影がないこともない。今時こんな場末にはめずらしい呉服屋、帯屋があり、日本舞踊研究所の看板が出ていたりする。表通りから裏手の道に回りこむと「軍需工場の寮」らしき古びた建物がまだアパートとして使われている。こちらは森ヶ崎鉱泉潰滅後にできた戦中の遺物だろう。

ぶらついているうちに商店街の路地奥に風呂屋のものらしい煙突が見えた。もしや現役の鉱泉では。番台の人に声をかけてみると、ここは残念ながら真水を沸かしたふつうの銭湯だった。湯に色が無いという。仲田定之助の記憶によると、森ヶ崎鉱泉の湯は無色透明の真水のそれではなかった。

「メタン瓦斯《ガス》の湧くような原泉をひいてわかすらしく、赤黒く濁った湯がたたえられていて、手拭を持って入るとすぐ醬油を煮しめたような色に染められてしまった。そして浴後はポカポカといつまでも温かだった。」

これでなければ森ヶ崎鉱泉は森ヶ崎鉱泉ではないのである。そうかといって、ここで絶望することはない。

じつをいえばこの種の「醬油を煮しめたような……赤黒く濁った湯」は、東京湾沿岸をぐるりと馬蹄状に囲んで点々と存在している。千葉の養老温泉、浅草の観音温泉、麻布十番温泉、いまはなくなった新橋駅前の海水湯、神奈川県なら藤沢にもコーヒー温泉というのがあったし、鎌倉にもこの種の温泉が出る。

なんでも大昔、東京湾が陥没したとき沃度《ヨード》含有のガスが地下に沈殿したのだそうだ。この種の温泉はそうたくさんはないが、新潟の村上温泉、それにアメリカのサラトガ温泉が同種の温泉と聞いたことがある。東京湾沿岸の温泉水分布図では、千葉県のほうほどガス含有量が高く、神奈川県に近いほど沃度含有量が濃くなるといわれる。つまり、ここらの海岸はどこを掘っても赤黒い湯が出る可能性があるわけだ。

近場の梅屋敷の西に辰巳天然温泉があることは前々から調べがついていた。そこでバスと京急を乗り継いで京急梅屋敷駅に降りた。入りそこねた森ヶ崎鉱泉を、湯質が似たような「天然温泉」で埋め合わせしようという魂胆だ。

第一京浜道路と京急の間には、うねうねと細長く（いや地区改正で細長くされてしまった）延びた、かつての梅の名所をしのぶ梅屋敷公園がある。明治天皇に愛《め》でられて、行幸六度に及んだとか。たぶん当時は第一京浜も京急の線路もなく、梅林にひょうたん池を配した庭園の前面の目のあたりに大森海岸の砂浜がひらけ、そのまま青々とした海に続いていたのだろう。

その大森海岸もとうに埋め立てられて東海道の絶景は消滅した。それでも公園の梅の木はそろそろ実のふくらみかける季節で、ひょうたん池のまわりはゲンゴローやおたまじゃくしをすくう子供たちでにぎわっていた。

そういえば当方にも、遠いうっすらとした記憶がある。三歳かそこらだったから昭和十二年頃のことだったろうか。大森海岸の、いまでいう海の家のようなよしず張りの簡易料理屋に家族で行ったことがある。大人たちがお酒を飲んでいるあいだ下の浜で遊んでいると、ぷんと小水の臭いのする砂浜をおびただしい小蟹が走り回っていたものだ。

そしてあたりは遠くまで一面に海苔の干し場。

さて梅屋敷駅前に戻って、ウナギの寝床のような長い長い商店街をお店がまばらになるあたりまでぶらつき、JR蒲田駅を左手に見ながら踏切を渡った。それから呑川《のみがわ》を越してしばらく行くとお目当ての温泉がある。紺ののれんを白字に染め抜いて、「辰巳天然温泉」。入浴料四百円。料金は銭湯並だが只の銭湯ではない。「赤黒く濁った湯」がどぼどぼ汲み上げられ、仲田定之助ではないが、「浴後はポカポカといつまでも温かだった。」ついでながら、湯質はヒステリー治療に効能があるという。それならじっくり浸かって、ともすればカッとなりがちな人格を改造したいもの。

6 人形町路地漫歩

日本橋人形町には小学生の頃に何度か行った。株屋(いまの証券会社)勤めの父の店が鎧橋《よろいばし》のたもとにあって、忘れ物を届けるお使いなどに行くと、運よくそれがお昼時なら、人形町の洋食屋に連れていってくれた。そのせいか人形町というと、口のおごった兜町の相場師がうまいものを食べに行く町という印象がいまだに抜けない。

その洋食屋がどこだったかはおぼえていない。シャモ鍋の玉秀(玉ひで)、洋食屋の芳味亭《ほうみてい》、お座敷洋食の来福亭。はて、どこだったろう。いずれにせよインティメイトな雰囲気のお店だった。ほとんどのお店が職住一致だったのではないか。

職人もそうだろう。店内を覗くと、職人の主人がいつも一心不乱に仕事に打ち込んでいる。三味線のばち英《えい》、岩井つづら店、楊枝の「さるや」。谷崎潤一郎の実弟の谷崎精二が戦後久しぶりに生地のこの町に帰って、「さるや」のことを書いている。

「芳町《よしちょう》に《さるや》という店があった。この店で売る爪楊枝が有名で、一般の家庭のみならず、全市の料理屋などから電車も自動車もない時代にわざわざ買いに来たものだった。」(「遠い明治の日本橋」)

職場と住まいが同じ場所にあるから、閉店後と開店前にかならず店の前を掃除する。朝方はサラリーマンの出勤時間前に店を開ける。ここが銀座や新宿とちがうところだ。商いがそのまま生活の場なので、浮き足立つことがない。足が地についているから、バブルなんぞで舞い上がらない。この町の深みとゆとりはそこからくるようだ。

江戸草創期の町づくりは、日本橋界隈からはじまった。それはいうまでもない。経済活動の土台からしてそうだった。たとえば貨幣の鋳造所。日本橋人形町には明治二年（1869）まで「銀座」があった。

もともと金座のありかは日本橋、銀座は今の銀座に置かれていたが、その京橋よりの銀座に不祥事があって、一時こちらに銀座を移したのだ。このとき水天宮《すいてんぐう》よりの蠣殻町《かきがらちょう》に銀・銅貨の鋳造所を置いたので、元からの銀座と区別してこちらを「蠣殻銀座」と称した。

両替屋も日本橋が本場だった。銀行の日本橋、株取引の兜町と金融業街的性格はいまもって続いている。殊にも人形町はやや日本橋の中心からズレて葺屋町・堺町の芝居町に近かったので、芝居見物客相手の小銭の金融御用達商人が巣くった。

西鶴『日本永代蔵』巻四の三「仕合せの種を蒔銭《まきせん》」に、武州堺町（現日本橋人形町三丁目）の分銅屋《ふんどうや》の某という分限者《ぶげん》のサクセス・ストーリーが出てくる。

この男、お伊勢参りの終点伊勢山田から折り返すとき、新銭の寛永通宝二百貫という大金を「間《あい》の山五十町のうち蒔き散らしければ、大道は土も見えず」という前代未聞の椀《ママ》盤振舞をやってのけて人々の度肝を抜いた。

それだけの金をどうやって稼いだか。当時の堺町は芝居町。ここに大坂から下ってきた都《みやこ》伝内という芸人の手品・子供芝居の一座があった。分銅屋はその近所にわずか九尺間の小店を出し、芝居見物の客に札を売る小銭の両替から始めた。「銀二匁・三匁のうちにて、五厘・一分の掛け込みを見て」、わずかばかりのことながら「積もれば大分の利を取り、次第に両替屋となりて、これを楠《くすのき》分限、根の揺《ゆる》ぐ事なし。」

『日本永代蔵』には、三井九郎右衛門の名で三井八郎右衛門の有名な現金商いの話も出てくる。三井は日本橋駿河町で越後屋という呉服屋（三井の越後屋でのちに三越）を商っていたが、同時に両替商も兼業していた。上方から下ってくる商品を現金化するための手形割引や両替を扱う店が、お江戸の入口日本橋には必要不可欠だったのだ。いまでも五百円玉のようなコインばかりを、何かの都合で一千万円なら一千万円と大量に必要とする場合、一千万円の高額紙幣と両替してくれる特殊な両替商が、人形町にだけはあるのだそうだ。

吉原《よしわら》の本家本元という由緒もある。江戸開府の頃、甚内という男が京都から遊女を連れてきて、ここに遊郭を開いた。芳町、茅場町と葭《よし》や茅《かや》の名のつく地名が多いことからしても、家康入府以前のこのあたりが葭や茅ばかりがぼうぼう生え放題の野原だったことは見当がつく。だから吉（葭）原かというと、それもあるのだろうが、甚内という男が江戸に来る前に、一時駿河は富士山麓の吉原にいたことがあるのでこの名がついたともされる。

とまれ、それまでは新開地江戸にバラバラに散らばっていた傾城町《けいせいまち》を、吉原が一ヶ所にまとめたのである。幸田露伴『一国の首都』はその経過を記している。

「前に柳町に在りて後に誓願寺前に在りし者らは江戸町一丁目をなし、鎌倉河岸に在りし者らは京町一丁目をなし、京橋角町《すみちょう》に在りし者らは寛永三年にいたりて角町をなし、遊郭新設のことを聞きて大坂および奈良より来たり投ぜし者らは京町二丁目をなし、いわゆる五町はなりたちて、その名称伝えていまに及びて、なお存するに至れるなり。」

このうち生粋の、というよりは土着の江戸女ばかりではじめた遊女屋は、柳町・元誓願寺経由の江戸町一丁目にあった。あとは、大坂、奈良、京都、伏見、駿河の弥勒寺から下ってきた上方勢である。とまれ圧倒的に女の少ない新開地・開拓地の江戸にめでたく遊郭が誕生したのである。この元吉原は明暦の大火で焼けるまで、ほぼ人形町を中心に浪花町、富沢町に集まっていた。そして大火の後、浅草の北の新吉原に移されたのだった。

三越の前身越後屋も京都が本店、遊郭も上方からの出店、芝居も先ほどの都伝内がいい例で上方下りの芸人だった。それに近くの葺屋町や堺町が芝居町だったので、人形町には上方からの芸人、人形浄瑠璃、歌舞伎の関係者が多かった。婦女子向けの人形屋が立ち並んでいたから人形町なのではなく、人形浄瑠璃の人形遣いや頭《かしら》作りの職人が住み着いた町だったので人形町の名があるのである。

ことほどさように人形町は万事につけ上方との縁が深い。谷崎精二は先の随筆のなかで、小学校の友達に廻漕問屋の子がいたことや、小網町河岸に廻船問屋がぎっしり並んで、伊豆あたりから自前の小蒸気船で海産物を運んでいた昔を回想している。しかし廻船問屋は古くから大坂勢が一手に仕切り、江戸の廻船問屋は名ばかりで荷をさばくだけ。開府当時の何もなかったお江戸に、最初に乗り込んできたのは京大坂の冒険的な商人だったのだ。

ある音韻《おんいん》学者から聞いた話だが、生粋の日本橋言葉にいちばん近いのは、天明の飢饉以前の大坂の船場《せんば》言葉だという。そうかもしれない。

かりに地震か何かで東京が潰滅したとしよう。東京弁がどこに残るかというと、東京本社のサラリーマンが単身赴任している、もともとが開拓地で固有の方言のない札幌あたりに残るだろう。

当時のお江戸日本橋も中間を飛ばして、海路で関西経済の中心に直結していた。徳川瓦解後、陸路が発達して、東京の中心は新橋寄りの銀座に移った。ところが、いままた箱崎のターミナルから空路で間を飛ばして諸外国と直結している。もともとそういう土地柄だったのである。

それはそうと、芳（葭）町は永井荷風『日和下駄』第七「路地」にも出てくる古風な路地の町として名高い。荷風によれば、「路地の最も長くまた最も錯雑して、恰《あたか》も迷宮の観あるは葭町の芸者家町である。」

また路地といえば得てしてごみごみした貧民街を思い浮かべがちだが、これまた葭町の路地について荷風は書いている。「路地の内に蔵造《くらづくり》の質屋《しち》もあれば有徳《うとく》の人の隠宅らしい板塀も見える。」

そんな路地の家の室内がどういう造りになっているか覗いて見たい気がする。荷風『日和下駄』はまだ旧幕時代の名残のある東京散策記だが、荷風は麻布市兵衛町の偏奇館《へんきかん》に住んでから、関東大震災による焼失を免れた「路地」の家をたまたま偏奇館の近所に見つけた。そしてそこに愛妾お歌を住まわせて通った。昭和二年十月十三日の『断腸亭日乗』にこうある。

「……間取建具すべて古めきたるさま新築の貸家よりも、おちつきありてよし、（中略）今日となりては昔めきたる下町風の小家の名残ともいふべきものなり、震災前までは築地浜町辺には数寄屋好みの隠宅風の裏屋ところどころに残りいたりしが今は既になし、偶然かくの如き小家を借り得てこゝに廿歳を越したるばかりの女を囲ふ、是また老後の逸興と云ふべし。」

震災前までは築地や浜町辺にあったという理想の隠宅がたまたま芝西久保の路地裏に残っていた。これに老後の逸興（ちょっと変わった楽しみ）を託したというのである。

市島春城《しゅんじょう》の随筆「露地生活」にも「露地の住宅には上等のものも下等のものもある」とある。また「世に名高い割烹店も多くはここに在って、それを知らねば通人ではないと笑わるる。芸人もここに住み、名匠もここに潜む、兎もすると優産を擁するすね者もここに隠れている。」

なるほど、「優産（多くの財産）を擁するすね者」。それがたとえば荷風だったわけだ。ちなみに春城がそういう路地がある場所としてあげているのは浜町の梅屋敷の路地である。

ことほどさように人形町界隈の路地は、明治大正生まれの人たちにとっては過ぎにし日々の思い出が幻灯画のように浮かび上がる夢の環境だったのだろう。そこには一六銀行こと質屋という手軽な金融機関があり、うまいもの屋があって、人間国宝クラスの職人と美人芸者がいて、どうかするとランチエ（金利生活者）のすね者がいたりする。そしてそういう町がそのまま豪勢なサロンのような場になっていて、独立国のようによその土地から隠されている。そんな何でもありの路地横丁パラダイスはもうないが、残り香ぐらいはうっすらと漂っている。

一口に人形町・水天宮という。実際、地下鉄半蔵門線の水天宮前駅と都営浅草線の人形町駅は目と鼻の先。しかし通りひとつ越して水天宮まで行ってみると、ここは人形町とはやはり一味ちがう。

水天宮のお宮本体は階上にあって、ブリヂストンタイヤの創業者の寄進した獅子の石像に護られた石段を登って行かなければならない。そこに行くまでの表通り地上一階に、駄菓子屋だの、おでん屋だの、おもちゃ屋だのが何軒か店を並べている。水天宮というとまずあの小店を思い浮かべ、それから千歳飴の紙袋をぶら下げた七五三の子供たちを思う。つまりわたしの勝手な分類では、水天宮は子供の領分ということになるのだ。

蠣殻町生まれの谷崎潤一郎は戦後になってこの界隈を訪れて「ふるさと」という一文を書いている。「……有馬小学校の前を通って水天宮の裏通りへ出る。この辺は私の青年時代の作『少年』の中に出て来る世界である。」

谷崎の少年時代には、広大な庭のある江戸の武家屋敷がまだいたるところに残っていた。屋敷の中に稲荷があり、今日はそのお祭りだから遊びに来ないか、という誘いからはじまる小説「少年」の、子供の世界のＳＭごっこも水天宮裏のそんな屋敷の密室のなかで演じられたのだった。

近藤信行『谷崎潤一郎 東京地図』によると、屋敷内に稲荷があるような家というと、蠣殻町側の旧松平三河守邸ではなかったかという。「明治十七年の実測図では、広大な屋敷のなかに建物と池と稲荷社がくっきりと記入されている。そこはのちに杉村邸となり杉村倉庫となり、現在、その敷地は有馬小学校、蠣殻町公園、レナウン東京商品センターになっている。」

水天宮の話になると右の引用文もそうだが、「有馬」という名がしきりに出てくる。水天宮はそもそもが、筑後久留米藩主有馬家が幼帝安徳天皇と建礼門院の霊を祀った社である。文政年間に、久留米から三田赤羽橋の有馬藩邸内に分祀した。安徳天皇の霊を祀るだけに幼児に縁が深い。それで安産祈願・出生祝い・七五三でにぎわう。

もっとも、有馬家の水天宮はもとからここにあったわけではなく、明治になって三田から一時赤坂に移し、それから現在地（蠣殻町三丁目）に遷座した。それまで水天宮があった三田の有馬屋敷が明治以後いかに荒廃してしまったかは、荷風の『日和下駄』の「閑地」にも哀切に語られている。しかし現在地に移されてから、水天宮は下町の妊婦・子供たちの守護神としてなじまれている。三田で、ましてや赤坂で、これだけ繁昌するお宮であり続けたかどうかはわからない。遷座にも運不運があるのだろう。

赤ちゃんを抱いた若夫婦でにぎわう水天宮にお参りしてから、大名屋敷跡の蠣殻町公園、有馬小学校をかすめて浜町の明治座前まで戻った。そこからまた人形町一丁目七番地十号塚越ビル脇の「谷崎潤一郎生誕の地」の御影石の碑面のあるところに戻り、旧芳町の黒塀続きの路地をうろついているうちに日が落ちた。

七〇年代に東京にいてこの界隈に遊びにきた頃には、おやこんなところにというような路地奥にご近所の夕食用のおでん屋があった。それが立ち飲みの相手もしてくれたものだが、さすがにいまはもう見当たらない。

今夜は表通りに出て、ひさしぶりに玉ひでのシャモ鍋と行こうか。

7 上野山・寺と公園

上野のお山にはいくつも入口がある。広小路口、鶯谷《うぐいすだに》からの道、公園口、不忍池《しのばずのいけ》から登ってくる道。そのどこから入るかはたぶん年齢別によるのだろう。幼稚園の遠足では、西郷さんの銅像のある広小路の大階段から桜並木を通って動物園に行った。小学生もすこし上級になると、鶯谷駅から長い陸橋を渡り、右手に国立博物館(当時は帝室博物館)の塀を、左側は石灯籠の並ぶ寛永寺末寺前の道を科学博物館へ向かうのだった。

科学博物館の薄茶色の殿堂の地下展示場にはフーコーの振り子がゆっくり弧を描き、各種の鉱物標本と刀剣類、それにミイラがあって、ドームではプラネタリウムを上映していた。少年たちはその人工の星空に熱く頬をそめながら博物館通いをしたものだ。戦前の記憶はそこまで。

戦後は国立博物館の表慶館で何度か泰西名画展を観た。それをきっかけに都美術館の各種団体展や読売アンデパンダンに入りびたる。いまはそれも間遠になり、思い出したように公園口前の西洋美術館や文化会館を訪ねるだけ。

戦後に出来た美術館やホールをのぞけば上野のお山は子供の時分とさほど変わりがない。大震災の折、いやその前の維新騒ぎの際に、思いっきり変わってしまったからだろう。

江戸の上野は、三田村鳶魚《えんぎょ》（江戸学者）によれば、もっぱら「寛永寺の上野」だった。寛永二年（1625）に創建されたから寛永寺。江戸時代もごく初期で元和二年（1616）の家康の死から約十年後のことだ。家康の帷幕《いばく》にあった天海僧正が、これに東の比叡山の意味で東叡山《とうえいざん》と名づけた。東叡山寛永寺建設は着工から六年ほどで、本坊、東照宮、五重塔、大仏、清水《きよみず》観音など主要建築物がほぼ完成し、元禄中期には伽藍中最大の根本中堂《こんぽんちゅうどう》が落成した。根本中堂のありかは、いまの国立博物館の敷地内に当たる場所だったようだ。

宝永期にいたって三十六坊がすべてそろい、山下には門前町が繁昌した。縁日には市が立ち、『江戸名所図会』などにも描かれた「上野山下の見世物小屋」がかかった。

明治の作家斎藤緑雨は、「天然の色は上野に見るべく、人為の声は浅草に聞くべし」といった。まことにいいえて妙だ。上野の森は豊かな自然を背景に物見遊山の客を誘ったのである。

上野という地名の由来にはさまざまな説がある。上野の山に烏が群生していて、これがむやみに糞を落としては森を穢す。そこで烏穢野《うえの》といった。一方、ここに藤堂家の下屋敷があったところから藤堂家の本領伊賀上野にちなんだともいい、十方庵敬順『遊歴雑記』にも「寛永寺の境内を上野といふ事は此地元来藤堂和泉守の屋敷にして、藤堂家は伊賀の上野の城主なりし故也」とある。

藤堂の伊賀上野の城もたしかに上野のそれを思わせる幅広の広小路から出入りするので、地形的には似ていないことはないが、どこかいかつい実戦的な山城のおもむきがある。対するに、はじめから寛永寺という霊域として開発された上野のお山は、やさしく雅《みやび》やかだ。天海僧正のいた京都比叡山よりずっと女性的な山といえよう。いずれにせよ伊賀上野のコピー説もあやしく、低地の下谷にくらべていくぶん高台の森だというので上野と呼ばれたというのが妥当のようだ。

寺ができると山下は門前町になり、市や見世物が人を集めた。近代になっても基本的構造は変わらない。見世物小屋は明治初期の各種博覧会から博物館・美術館に変身し、門前市のほうは広小路商店街やアメ横にさま変わりした。ただしひとつだけ、昔の上野の山にあって今の上野の山にないものがある。金《かね》だ。

　貧乏をしても下谷の長者町
　　上野のかねの唸るのを聞く

という狂歌がある。上野の鐘の音をうなる金にひっかけた。ことほどさように江戸庶民は、上野の山には金がうなっていると思いこんでいた。寛永寺の坊さんたちは諸大名に金を貸しつけて高利をむさぼっている。だからあそこは金がうなっていると。

東叡山寛永寺の寺領は一万七百九十石。浅草寺の五百石、芝増上寺の同じく五百石にくらべれば破格の待遇である。しかし輪王寺宮という皇族を京都から迎えただけに、宮家の面子を支える諸経費が莫大な額に達した。抱えている人間も、僧侶、警護の武士の主だったところだけでも百五十人を超え、しかも役付きの高給取りばかり。禄高のわりに台所は火の車だった。

ところがここに「御府庫金《ごふこきん》」というものがある。朝廷や幕府に何か大礼があると、寛永寺に奉納金が入る。これは小判ではなくて砂金や黄金で納めた。それを小判に引き替えて貸し出す。貸し出す先は諸大名だ。宮家の金貸しだから取りっぱぐれがない。貸し金の利子は積もりに積もってまさしく金がうなった。

ここらで河内山宗俊《こうちやまそうしゅん》（宗春）の出番になる。数奇屋坊主宗俊は、寛永寺随一の顕職を誇る凌雲院の贋の使者になって松江侯をゆする。歌舞伎の『天衣紛上野初花《くもにまごううえののはつはな》』だ。三田村鳶魚によれば、これは河竹黙阿弥の嘘八百のつくり話というが、つくり話にしても、寛永寺の僧の金貸しという周知の事実があればこそのつくり話だろう。

で、坊さんはうなる金を何につかったのか。もちろん寺の拡充や修復につかった。勅使や、朝鮮通信使をはじめとする、さまざまな客の接待費にも充てた。あとは道楽につかった。男色道楽につかった。小姓と称して寺に「孌童《れんどう》」を囲った。湯島の陰間《かげま》茶屋につぎ込んだ。のみならず役者を買った。

役者買いで一生を棒にふった高僧もいる。寛永寺の有力な子院である明王院の執当尚海は美男俳優田之助に入れあげ、師の志常から継いだ莫大な財産の大半を田之助につぎ込んだ。ついに資金が尽きて尚海が上野山を追われるはめになったとき、田之助に憐れみを乞うとニべもなく足蹴にされたという。

ここらでそろそろ徘徊に戻る。素寒貧になった尚海同様ふところがお寒いこちとら徘徊老人としては、明治六年（1873）の公園化以後の近代的設備はお金がかかりそうだからとりあえず敬遠。ロハで歩ける場所となるとさしずめ寺社仏閣か。

そもそも寛永寺の上野のお山を、維新後上野公園と称して公園化したのは、明治三年長崎医学校の教師だったオランダ人ボードインの提案によるものだった。当時、上野は大学東校（東大医学部）の病院の敷地に予定されていた。ところへボードインが長崎から上京してきて、欧米先進国並みに都心部の公園にすべきことを勧めたのだった。

それはさておき徘徊を続けよう。

科学博物館の北東、日本学士院の真向かいに両大師堂《りょうだいし》がある。ここはいつ来ても閑散としている。だが江戸の昔には『江戸名所図会』の「両大師遷座法会《ほうえ》」の図に見られるように、法会の日などは押すな押すなの大活況を呈した。根本中堂《こんぽんちゅうどう》が落成した元禄十一年（1698）には、中堂に掲げる勅額が京都から届くのを一目見んものと一般客がどっと押しかけ、混雑のあまり多数の横死者さえ出たという。その直後、今度は新橋南鍋町から出た大火に見舞われた。江戸の三大火事のひとつ、これを勅額火事といい、根本中堂も焼失したが十一年後に再建された。

朝鮮通信使や琉球使節の徳川霊廟参詣の際にも、外国人のエキゾティックな行列が見物できるというので、両大師堂境内は物見高い群集で埋まった。両大師堂は梅が名物。春先の小寒い日には梅見がたのしめる。しかし暗い記憶も宿している。移築された旧寛永寺表門には、上野戦争のときの生々しい弾痕が食い込んでいる。

両大師堂から北、旧本堂の所在地だった国立博物館の裏手にまわる。すると徳川家歴代の将軍霊廟がある。もとは三代将軍家光の廟墓もあったが火災にあって日光に移葬され、厳有院四代将軍家綱をはじめ、綱吉、吉宗、家治、家斉、家定公の墓所がある。芝増上寺とそのつど将軍霊廟を争いあった。

墓地にはカメラをぶら下げた老若男女がそぞろ歩いているが、墓地内をしばらく行くと、維新戦争で焼失した旧根本中堂の代わりに川越仙波《せんば》の喜多院から移築した現根本中堂に突き当たる。そこから西は上野桜木の閑静な住宅街だ。南には東京芸大の建物が見える。

上野公園はまず博覧会、祝賀会の場としてはじまった。明治十年第一回内国勧業博覧会を嚆矢《こうし》として、第二回は明治十四年、第三回は明治二十三年。第一回博覧会などは今日から見れば子供だましの西洋見世物小屋のようなものだった。しかしそこで現在の上野動物園の原形が生まれ、東京芸大も博覧会の美術部から展開されてきた。国立博物館（旧帝室博物館）また然り。

もともと上野、殊に山下は、両国広小路とならぶ江戸の見世物の名所だった。「上野山下は元来幽閑の火除地なりしが何日の頃よりか両国広小路と等しく綱渡り、放下《ほうか》、操り、踊、狂言などを専らにして雑民市を成す」（『大江戸志』）とあるように、各種の見世物がひしめきあっていた。なかでも文政頃大坂から下ってきた大江宇兵衛という見世物師が評判だったことは、十方庵敬順『遊歴雑記』にも見える。

「縮緬の小切のみにて作りし鳥獣人形、その数都合十種、大きなるあり小さきあり、その国その土地の風景を模し、からくり仕懸を以て人形の自然に動きはたらく様、綺麗にして、晴雨とも日々栄当〳〵と見物群集し……」。

押すな押すなの盛況を呈した。からくり、珍物奇物の見世物の本場だったのである。近代になってそういう好奇心がにわかに消滅するわけはない。からくり好きは博覧会に到来した各種機械から工学研究への道を開き、見世物好きは美術学校創設、各種博物館・図書館の開設にごく自然につながった。ただ近代のその種の諸施設が教育機関ないし教養主義的施設であるのに引きかえ、江戸人はおおむね子供の、または子供っぽい好奇心から驚異を愛でていたのである。

教養主義は柄ではないので、そちらのほうはよけて歩く。そこで国立博物館のほうへ戻ると、右側に旧上野図書館のルネッサンス様式の端正な建物。ここは大工事の末、国際子ども図書館に生まれ変わったばかり。子供たちの入館者でにぎわっている。両大師堂からここまでざっと半時間。静かな散歩が満喫できた。

お山にはまだ静かな界隈がある。東照宮と五重塔から、「お化け燈籠」の異名のある、佐久間勝之の寄進した大燈籠のある一郭だ。子供の頃はこのあたりから不忍池畔に下りて弁天堂脇のお茶屋でお団子を食べさせてもらったものだが、いまさらお団子でもあるまい。

そこで大燈籠前の精養軒に足を向けた。美術館めぐりなどで足が重くなると、昨今とみにここのレストランで、眼下の不忍池を眺めながらビールを干すのがたのしみになった。

上野公園はボードインのような西洋人が立案しただけに、意外にバタ臭いところがある。この精養軒もそのひとつ。精養軒は木挽町が発祥の地だが、こちらが物心つく頃には上野の現在の場所にあり、それが戦災で焼け、建て直された。

赤坂青山に本格的なフランス料理やイタリア料理のお店がいくらでもある昨今、いまさら古き洋食屋でもあるまいが、ロンドンのクラブかウィーンのカフェにでもいそうな、いかにも執事といった風格の初老の給仕が何かのパーティーにきた八十歳くらいの老紳士を応対している光景は絵になる。それをロビーのソファでぼんやり眺めている時間がうれしいのである。

しかし本日は快晴とあって屋上レストランに案内された。眼下に不忍池、池之端がまるごと見える。『上野繁昌史』によると「昭和三十二年六月、上野池之端に良質の温泉が噴出した」というが、それは一体どのあたりだろうと目を細める。

そういえばつい最近読んだ高橋義夫の小説『明治耽奇会』に、福地櫻痴というジャーナリストというか明治政界のフィクサーのような男が、このあたりに池之端御殿なる豪邸を建て、画家や貿易商に珍物奇物を出品させて奇を競う趣向があった。時代が近代に革《あらた》まっても、上野界隈では、相変わらず子供っぽい好奇心が失せなかったのである。

本日の精養軒屋上の相客は家族連れが多い。一見して、何代か続いている客筋とわかる。

池之端の食事処でもこういう客が多い。幸福な日曜日の家族の思い出。そういえば当方にも上野に幸福な日曜日の思い出がもうひとつあった。池之端もう根津よりに「五十番」という中華料理店があった。知り合いのお兄さんがそこのマネージャーのような仕事をしていたせいか、家族で上野に行くと五十番だった。

平土間で丸テーブルを囲んでいると、二階の赤い欄干の上で大きな蟹のハリボテが鋏をちょきちょきさせていたような記憶がある。でも、これは記憶違いで、上海蟹の丸揚げの印象が強烈だっただけのことかもしれない。

今はしかしその五十番もあるまい。ひきかえ精養軒はまだあって記憶につながる。ところであたりを見回すと、どういうわけか本日の精養軒の相客はみなハヤシライスを注文しておられるようだ。それを見ていると猛然とハヤシライスがほしくなった。いつもならハムサラダやサンドイッチをお供に長丁場でビールを飲《や》るところだが、なにしろ一時間あまりの徘徊でお腹がペコペコである。こちらもハヤシライスをお相伴して、スプーンをあやつりながら不忍池を見下ろす。と、鏡のように照りかえす水面に、水鳥がすっと飛ぶ影が見えた。

8 墨堤綺談

墨堤《ぼくてい》の桜は桜橋から吾妻橋まで一列にびっしり続いている。同じ桜の名所でも飛鳥山のように広い山内に散開していない。土手はまっすぐ延びて片側は大川だ。瀧亭鯉丈《りゅうていりじょう》『八笑人』でも飛鳥山の次が向島の花見という段取りだ。しかしなにか趣向を立てるのにも、そんなわけでここは土手をただまっしぐらに歩くしか能がない。そこで八笑人のひとり野呂松がボロ着を着た狂人に仮装し花に酔ったように、ひたすら歩きにあるいた。

墨堤のお花見は存外それがまともなコースなのかもしれない。今は高速道路がズドンと通ってしまったが、上流の多聞寺《たもんじ》、木母寺《もくぼじ》あたりから長命寺、三囲《みめぐり》神社に及ぶ七福神めぐりは、お花見がてら墨堤をほぼまっすぐに歩けば大方まわることができる。もっとも、向島の花見は墨堤の桜見物にかぎらない。秋口なら向島百花園の萩をたのしむ趣向もあるだろう。

そこで桜をたのしむ前に百花園にまわってみた。

馬琴と蜀山人《しょくさんじん》（大田南畝《なんぽ》）が浮世絵師の豊国を連れて、新梅屋敷の秋の七種《ななくさ》を見に舟で乗り出した。新梅屋敷とは向島百花園の旧称。舟が向こう岸に着いたところで豊国が足を取られて川に落ちた。そこで馬琴が蜀山人に狂歌を一首所望する。応じて、

七種ヲ打出《うちいで》見ント向フ嶋へ渡ラヌ先ニストトント落《おっ》

文化文政時代の嘘話ばかりを集めた『文化秘筆』という本に出てくる話なので、たぶんこの話も嘘だろう。もっとも、馬琴はともかく蜀山人は百花園の庭園設計をした一人だ。向島の地理に明るい。それだけに同行が落ちたところですかさず落ちをつけたのはいかにもありそうな話だ。

百花園の創始者は北野屋平兵衛こと佐原鞠塢《きくう》。仙台から出てきて骨董商で財を成した。多少のマガイ物も商ったらしい。旗本多賀氏から三千坪の土地を買い受けて梅千本を植えた。梅の名所はすでに亀戸の梅屋敷がある。そこで新梅屋敷または花屋敷ということにした。

やがて鞠塢は、蜀山人、亀田鵬斎《ほうさい》、村田春海《はるみ》、加藤千蔭《ちかげ》といった文人たちに声を掛けて庭園設計を依頼した。ところがいずれも一家言のある教養人。おらが天下で統一プランがまとまらない。そこでめいめいに一区画ずつ設計してもらった。だから各パートがてんでバラバラなのだ、ともいわれるが、そんな分裂気質的な庭園配置も悪くないではないか。もっとも何度か代替わりしたので、いずれにせよ今の百花園から当時の原形は想像しにくい。

庭園の一隅でたまたま鞠塢の末裔という佐原洋子さんにお会いした。お話をうかがうと、戦時中、三月十日の下町大空襲で焼夷弾が雨霰と降り、ご近所の被災者が園内を逃げまどったなどの思い出になる。名園は火になめられて一夜にして見る影もなく荒廃し、当時の園主の祖父はショックで数日後に亡くなられたそうだ。

早世の俳人石田波郷《はきょう》に『江東歳時記』（昭和四十一年）がある。波郷はそこで大陸召集の四、五日前、百花園芭蕉庵（御成座敷の離れ）で友人たちとささやかな別離の酒宴を開いた日のことを回想している。昭和十八年仲秋雨月。その日はどしゃぶりの雨で園内には人影もなかった。と、その夜「雨が上がった萩薄《はぎすすき》のくさむらに、園主の佐原さんが雪洞《ぼんぼり》をいくつも並べてくれた。なつかしい志だった。その芭蕉庵も、佐原さんも戦災で失われてしまった。」

波郷はその頃新婚早々の身。結婚前は駒場に住んでいた。どうしてわざわざ向島百花園芭蕉庵まで赴いて送別会を開いたのか疑問に思っていたが、最近『島崎翁助自伝』（島崎翁助は画家。島崎藤村の三男）を読んで納得した。島崎翁助は若き日の波郷を回想した『『大足』のころ』にこう書いている。

「その頃、波郷さんは駒場のアパートに住んでいた。わたしは新宿の安宿に泊まって、東京に半年、旅に半年のような、いわば流浪生活の最中だった。東京にいれば、人手不足で草茫々の荒寥たる向島百花園を仕事場にしていた。」

親友の翁助が百花園を仕事場がわりに使っていたので顔が利いたのである。

それはそうと、波郷が上記『江東歳時記』で「戦災で失われてしまった」と回顧している「佐原さん」、空襲のショックで亡くなられたという「佐原さん」こそが、佐原洋子さんの祖父なのだ。御成座敷は現在再建されているものの、芭蕉庵そのものは消えてしまった。

波郷の思い出のなかにあるのは今は無い焼亡前の芭蕉庵である。その頃は佐原家が園内に暮らしていたので、波郷たちは旧芭蕉庵にも、雪洞をならべる奥ゆかしい心遣いをしてくれた佐原老人にもめぐり合うことができたのだ。

若月紫蘭《しらん》『東京年中行事』に登場する百花園の老人というのはそのまた先代だろうか。紫蘭は漱石の英文学の弟子なので、年代的にはそういう勘定になりそうだ。その紫蘭の記憶では、「門をくぐると縁側にお爺さんが控えていて」、その人が向島の七福神詣などのことを「いろいろ愉快そうに丁重に説明してくれた」そうだ。

ちなみに向島の七福神詣というのは、蜀山人、文晁、酒井抱一《ほういつ》、鞠塢等が集まって、谷中七福神にあやかってなかばでっちあげたもの。白鬚の寿老人、多聞寺の毘沙門天などあり合わせのものに、いい加減に数合わせをして七福神を仕立てあげた。

江戸は若い都市である。何かめぼしいものがあればそれを核に、見立ての連想の尻を追って、ここぞとばかりどんどん名所が増えてゆく。時が経てばそれがつながって名所コースになり、言問《こととい》団子や長命寺の桜餅のような名物もできて界隈一帯がにぎわう。文化の浅さがかえって活気を生んだ。

時間の浅さ、新しさがさほど気にならない。百花園の今がいい例だ。焼跡から丹精してそろそろ五十七年。うっとうしい古木がなくて、花咲き乱れる庭はいっそあっけらかんと明るい。そこにご近所のお年寄りや、若い介護士に付き添われた車椅子の障害者がのどかに日差しを浴びている。

百花園には石碑が多い。亀田鵬斎、大窪詩仏《しぶつ》、それになぜか無残絵で名高い幕末の画家大蘇芳年《たいそよしとし》など。なかには戦災時の焼夷弾の痕が痛々しいものもある。

そういえば墨堤の寺にも石碑が多い。長命寺の石碑にしばらくご無沙汰していたのを思い出した。そこで東向島駅から東武線に乗車、業平橋駅で降りると旧水戸藩邸の隅田公園を通って墨堤へ。折からの花見客を見込んで川沿いの遊歩道に売店が並び、青いビニールシートを敷いた花見席には、気の早い連中がもう弁当を広げている。

下町人種は粋なもので、お花見弁当は落語の『長屋の花見』なみに質素なのが相場だ。団子より花なのだ。缶ビール片手に桜吹雪を浴びて、都鳥が川風に舞うのをながめていれば、なまなかな不景気風は吹っ飛んでしまう。

さて長命寺。ここの石碑は洒落ずくめ狂歌ずくめだ。蜀山人や十返舎一九をはじめとする狂歌師五人が生前に辞世を詠んだ五狂歌師辞世之句連碑がある。なかで蜀山人の辞世は、

どのようななん題目をかけるともよむは妙法連歌狂歌師

世の中いくら無理難題を持ちかけられても、狂歌を詠んで難題を極楽のお題目に生まれ変わらせてやろう。向こう意気が強くておっちょこちょいの江戸っ子のお花見気分にはもってこいの辞世だろう。

長命寺のお隣が弘福寺。ここの境内には明治の奇人画家淡島椿岳《あわしまちんがく》の飛雲庵があった。淡島椿岳は一時浅草仁王門の中に住んでいたという奇人。息子の淡島寒月《かんげつ》がこれにまた輪をかけた奇人で、西鶴の発見者としても名高いが、若いときは「身体でも頭髪を赤く染めて見たり、眼の中に青い物を入れたりして居る。」(内田魯庵)、今時の茶髪顔負けのモダニストだった。

この人も墨堤近くの須崎町の梵雲庵に居住して、玩具の蒐集や趣味の絵描きに耽奇して過ごした。最近、著作集『梵雲庵雑話』がいくつかの文庫本(東洋文庫、岩波文庫)から出ているので、若い人にもファンが増えているようだ。

奇人といえば、向島の住人には奇人が少なくない。『梵雲庵雑話』にも、俳優の伊井蓉峰の父親=写真屋へゞライさん(変人のことを変梃来《へんてこらい》な人といったが、それをもう一つ通

り越したのでへゞライ）のような奇人が登場するが、これは対岸の浅草の人。向島の奇人は河野桐谷《とうこく》編『江戸は過ぎる』に何人か紹介されている。明治の初年、向島の三奇人といえば、喜八、野沢梯雨、三浦乾也の三人だった。

なかでもケッサクなのが野沢梯雨。この人、金銭の勘定というものをまるで知らない。川向こうの浅草に買い物に行くというので細君が着物の右の袂に渡銭、左の袂に買い物の金を入れてやる。ところがいざ渡しに乗る段になると、本人が右と左を取りちがえて左の買い物のほうの金を出してしまう。ところが梯雨が相手だと船頭も心得たもので、「これは間違いです。右の袂のを頂きます」。

梯雨に子供ができた。よろこんで子供を懐中に入れて向島の土手を毎朝のようにぶらぶら散歩した。途中で顔見知りに出会う。向こうが、「野沢さんは子供が産まれたそうでお目出とうございます」、と挨拶するので、「イヤ、どうも、子供を御覧下さい」といって、懐中を見ると子供がいない。はてどうしたのかと驚いてよくよく見ると、子供は袂の中に落ちていた。

長命寺、弘福寺から土手のほうに引き返してくる途中で、大丸髷にうぐいす色のお座敷着を着た芸者さんとチャップリンみたいな山高帽に紋付き袴のチョビ髭男にすれちがった。芸者と成金。明治の墨堤ならいくらでも見かけたお二人さんだが、これは仮装だろうか。それとも花見客に呼ばれた芸人かもしれない。

言問橋を渡って浅草に戻った。向島に渡って隅田川をぐるりと輪を描くようにして周遊したので、いい加減腹ペコだ。合羽橋通り近くまで歩いて飯田屋の暖簾をくぐり、熱燗でどじょう鍋を頂いた。

9 深川南北漫歩

深川は川と運河と橋の町だ。もともと永代島《えいたいじま》という島だった。埋め立て地をひろげにひろげて、広重『名所江戸百景・深川洲崎《すさき》十万坪』の大鷲が空に舞いながら俯瞰する雄大な雪景色の図にまでなった土地だ。明治になってからもまだ遠浅の砂浜が開け、潮干狩りの名所として知られた。

その洲崎十万坪の面影はもうとうにない。

地下鉄東西線門前仲町《もんぜんなかちょう》駅を出たところの黒船橋の付近は、ここ数年慢性的に都営地下鉄大江戸線の工事中だったが、どうやら地下も地上もようやく開通したようだ。橋から見ると知らぬまに橋下が江東区水上バスの船着場になっている。

黒船橋を越中島側に渡り、大横川《おおよこ》に沿ってちょいと東へ行くと黒船稲荷がある。お稲荷さんの門前に『東海道四谷怪談』の作者四世鶴屋南北の居宅跡の掲示板が立っている。四谷怪談だから四谷が舞台かというと、さにあらず。もともとは雑司ヶ谷の四谷にちなんだ出来事だし、歌舞伎作者は当局の干渉を憚って地名などはわざとはぐらかすのが常套だ。それにあらぬか『東海道四谷怪談』には、下男小平とお岩が戸板でゆらりと上がってくる砂村隠亡堀《おんぼうぼり》といい、深川三角屋敷といい、南北ゆかりの深川の土地がふんだんに出てくる。

売女長屋の三角屋敷のありかは、現在の江東区深川一丁目にあたる。地下鉄東西線を出て清澄《きよすみ》通りを両国方面に二、三分行ったところの小さな郵便局、小公園のあるあたりだ。しかしいまはそちらを深追いせずに、川岸を東にまっすぐ歩いて洲崎神社（旧洲崎弁財天）に出る。

洲崎神社はいまでこそ北側と東側が運河だが、東京湾に接する南面が埋め立てられる前はそちらも海浜で三方が水に囲まれていた。洪水や高波があるとひとたまりもなかった。洲崎の洪水は寛政の大洪水が有名だが、明治以降になってもたびたび人命にかかわるような出水に襲われた。次に挙げるのは明治四十四年（1911）の出水の記録だ。「七月二十六日午前二～三時の間に洲崎弁天町遊郭の南側堤防約三百間が海嘯《つなみ》のために破壊せられ、約三尺、ないし八尺の高さで海水が人家を襲って死者四十九名、倒壊家屋も相当にあり、廓内の浸水は平均床上二、三尺にして（後略）」（『江東区史』）

神社の東、大横川南支川にかかる弁天橋をわたれば、上記引用文に「廓内」云々とある洲崎遊郭である。もっとも今は「洲崎遊郭跡」。もうひとつ正確には、昭和三十三年まであった「洲崎パラダイス跡」。古い映画ファンならおぼえておられよう。新珠三千代主演で川島雄三監督がメガホンを取った『洲崎パラダイス・赤信号』（日活）のロケ地である。

昭和は遠くなりにけり。いまや当時の面影はまったくない。ただ地形だけはそのまま残っている。洲崎橋跡を渡ると弁天町仲通りがズドンと通った正面に塩浜の防波堤。大通りの両側に現在では八百屋、魚屋、そば屋といった、ごくありきたりのお店が並んでいる。わずかにしもた家や商店の一部にアール・デコ調の窓だの、ベランダだののそれらしい外装が残る。

戦後十数年間は、溝口健二『赤線地帯』でのように、そこらの戸口からひらひら招く白い手が出て、おにいさん、ちょいと寄ってらっしゃいの、ネオンきらめく不夜城だった。それがこんなにさま変わりしたとはちょっと信じられない。

ただし、それはあくまでも戦後赤線時代の「洲崎パラダイス」の話。洲崎遊郭となるともっと由緒は古い。元は根津《ねづ》にあった遊郭だった。根津遊郭は東京帝国大学（東大）の裏手にあり、学生さんの勉学の邪魔になるというので、吉原に次ぐ東都第二のこの遊郭を明治二十一年（1888）、洲崎の埋立地に移したのである。

坪内逍遥が根津遊郭に遊んで、花紫こと坪内センを身請けした話は、後ほど「根津権現裏と谷中」の章で述べるだろう。松本清張は、後年早稲田大学教授になった逍遥がセンの前身を省みて自殺同様の死に方をしたと推理しているが（『文豪』）、さあそれはどうか。そもそもが根津遊郭は、建前の上では娼妓に習字裁縫などの教養を身につけるためにこしらえた明治の即製女学校といった性格もあった。女紅場《じょこうば》という。京都にあったこれと同種の女紅場の跡地は三高（現在の京大教養学部）の敷地になった。だからというわけではないが、文豪や大学教授の妻として恥ずかしくない教育をさずかったのだから、いまさら前身を云々されるいわれはない。

しかし世間の常識では、つい鼻先に白粉くさい誘惑がおいでおいでしているのでは勉学に身が入らないということになる。そこで政府が根津遊郭に移転を命じた。その移転先が洲崎だったのである。

明治二十三年のその筋の調査によれば、娼妓の数千百八十九人。吉原の二千四百四十二人に次いで多かった。そのにぎわいの程を、かなり後のことになるが、大正初年の洲崎が舞台の泉鏡花の小説『芍薬《しゃくやく》の歌』（大正七年）からのぞいてみよう。

「汐見橋を真直《まっすぐ》に、沢海《さわみ》橋を右に曲がって、もうちょっと左へ折れた。赤い牛肉、黄色な蛤鍋、名代のおでん、饂飩《うどん》、蕎麦。時節柄、氷にラムネもそろそろ青い灯を交えて、軒並の提灯に、祭礼のような人通り。十時前後の今時分、帰る足は一つも見えぬ。廓《くるわ》の大門はつい目の前で……」

その「つい目の前」の洲崎新道《すさきじんみち》、通称 囀新道《さえずりじんみち》にある「菊川」という寿司屋から物語の幕は開く。新しい遊郭だけに客は玉石混淆。ロンドン帰りの銀行屋さんも、水兵さんも、地回りも、いっしょの席で飲んでいる。

それはそうと、この小説でおもしろいのは冒頭《のつけ》から救世軍の軍人兵士が出てくることだ。救世軍といっても若い方はご存じないかもしれない。何年か前まで師走になると神田神保町の交差点に救世軍の楽隊が出て、讃美歌を奏しながら社会鍋に醵金《きょきん》（カンパ）を呼びかけていたものだ。救世軍は東ロンドン伝道会から独立し、軍隊組織で伝道や社会事業に打ちこんだ。大正初年当時には娼妓の自由廃業問題に取り組んでいた。

それで思い出すのは子供の時分に鼻歌でおぼえた東雲節《しののめぶし》という歌だ。「東雲のストライキ　さりとはつらいね　てなことおっしゃいましたかね」というやつ。東雲とは洲崎の大きな妓楼のこと。大正期の洲崎遊郭に娼妓自由廃業運動の嵐が吹きまくり、娼妓のストライキや足抜けが相次いだ。そして彼女らの受け入れ先が救世軍だったのである。

だから洲崎に救世軍兵士がうろついていても不思議はなかった。客が救世軍兵士と間違えられて、妓夫《ぎゆう》（妓楼の男衆）や地回りに半殺しの目にあうこともめずらしくなかった。それで鏡花までが、野暮な救世軍に一役買ってもらったのである。それもこれも廓として繁昌をきわめていればこそだった。

洲崎遊郭には一時地下から天然ガスが出て温泉場になる勢いを見せた。大八幡楼という大楼が根津から移ってからすぐに、見世の北側に天然ガスが噴出した。楼主の岡村文吉がガスの源泉を掘削して、あわよくば温泉で一山当てようと試みた。しかし「掘削した井戸は《実に掘り下げる事数百尺におよんだ》（『深川狭斜史』）が、見事に失敗。世間は鬼門の場所を掘ったからだと噂した。」（岡崎柾男『洲崎遊郭物語』）

さしも繁昌をきわめた洲崎遊郭も関東大震災で壊滅。やがて再建したが、太平洋戦争中は石川島重工の社員寮に接収された。それからご多分に漏れず戦災で壊滅。その焼跡に建ったのが洲崎パラダイスだった。

話は変わって、深川の食べ物というと、あさりと葱の深川丼を挙げる人が多い。それも悪くないが、深川はもうすこし由緒のある土地柄である。うなぎを忘れてもらっては困る。

宮川曼魚《まんぎょ》の名随筆『深川のうなぎ』にも出てくる近藤清春筆『江戸名所百人一首』に登場する八幡社頭の屋台のうなぎ屋が記録としてはもっとも早い。

でも深川のうなぎといって思い浮かぶのは、まず山東京伝《きょうでん》『通言總籬《つうげんそうまがき》』の若旦那艶二郎が堀江町の船宿であつらえる「青の長やき」。ただしわたし自身はまだ深川のうなぎ屋に出入りしたことはない。

これに対して、そば屋にはよく入る。深川漫歩にはご当地在住の南北研究家だった中山幹雄さん（故人）の『江戸　深川　華づくし』（読売新聞社）という本をガイドブックにしているが、ここには今も盛業中のお店にいたるまでの深川の耳寄りなそば屋情報が満載されている。

そばといえばざるそば。そのざるそばは深川がはじまりなのだそうだ。同書に曰く、「そばを代表する〝ざるそば〟もまた、深川の洲崎弁天前の《伊勢屋》が発明したものでした。《洲崎の笊そば》として、江戸中に名をはせ、大田蜀山人の『蕎麦の讃』にも《洲崎のざるそば深川のきこえ》とあります。」

もっとも、そばの優先権《プライオリティー》の先陣争いとなるとかなり諸説はやかましい。かけそば（ぶっかけそばの略称）は深川の木場人足や職人があつあつの汁をぶっかけて食ったので深川が本家本元だといわれるが、ざるそばとなると、方々で元祖ざるそばが名乗りを上げそうだ。それはともかく、洲崎弁天前のざるそばが蜀山人の天明頃から名をはせていたことは間違いない。

もちろん現在の洲崎に伊勢屋はない。かわりに中山幹雄さんが紹介しているのは、門前仲町の「宝盛庵」、牡丹町の「浅野屋」、千田町の「喜のした」、千石町の「更科遊山」。ここらは大方荒らしたような気がするが、洲崎の二軒にはまだ足を向けていないのでこれからが楽しみだ。

中山さんが推す洲崎の一軒は明治二十九年（１８９６）創業の「花村」、もう一軒は「やぶ正」。前者はしのだそば、後者は熱燗で合鴨せいろが絶品だそうだ。いずれも旧洲崎パラダイスのあった現東陽一丁目にある。

さて、いつまでも往年の夢を追っていても仕方がない。遊郭跡をひとめぐりすると、永代通りと遊郭跡の間の遊歩道（洲崎川跡）を歩く。この道が好きだ。道は東陽町駅あたりまで続く。車ラッシュでせわしない永代通りからひっそりと身を退《ひ》いている風情がいい。

深川には漫歩に適した場所が少なくない。いうまでもなく富岡八幡宮と深川不動。木場まで足を延ばせば、貯木場跡の広大な木場公園があり、東京都現代美術館がある。清澄庭園から霊巌寺とその隣の深川江戸資料館を見物するのもいい。

その他にもう一ヶ所というなら、横十間川と小名木川《おなぎがわ》との交点に架かる、その名も今はクローバー橋というポスト・モダン風にさま変わりした蜘蛛手の橋上にたたずむのも悪くない。周囲には高層マンションが林立し、『四谷怪談』砂村隠亡堀のモデルという横十間川親水公園の流水には水鳥が泳ぎ、ハンモックみたいな吊り橋があって、傍らのベンチでは女の子とお祖父さんがのんびりひなたぼっこをしている。

ここが隅田川から流れてきた、お岩と小平の死体浮上の場とは到底思えない変貌ぶりだ。南には横十間川をまたいで「岩井橋」が架かる。ほんとうかどうか、橋の名はお岩さんにちなんだものだそうだ。

帰途は門前仲町に出た。路地奥の赤提灯で軽く一杯。深酒にならないうちに地下鉄で大手町に出て、東京駅発の新幹線にうまくつなげれば、わが家まで一時間強。
銀座と並んで深川は、神奈川の西の外れのわが家から一番近い盛り場かもしれない。

10　永代橋と深川八幡

日本橋地区から永代橋を渡ってまず佐賀町、それから門前仲町《もんぜんなかちょう》、東陽町（洲崎）と深川に入って行くと、気のせいかなんとなくうきうきしてくる。

いまは埋め立てで夢の島まで陸地がつながってしまったが、とっつきの佐賀町から門前仲町にかけてのあたりは、もともと隅田川や平川、神田川が運んできた堆積土が海中に形成した永代島《えいたいじま》という島だった。それを開発したのが慶長年間（1600年頃）に伊勢からやってきた深川八郎右衛門という男だったので、深川と地名がついたのだそうだ。

やがて寛永元年（1624）、砂村の海岸にあった八幡宮を現在の場所に移して富岡八幡宮（深川八幡）を開基した。ところが元禄の永代橋開通までは渡しで島へ通ったので、ろくすっぽ人がこない。さすがの幕府も規制緩和を許した。

『紫の一本《ひともと》』という江戸案内記によれば、「永代島、八幡の社《やしろ》有。此地江戸を離《はな》れ宮居《みやい》遠ければ参詣の人も稀にして、島の内繁盛すべからずとて、御慈悲を以て御法度《ごはっと》ゆるやかなれば、八幡の社より手前二、三町が内は、表店《だな》はみな茶屋にて、数多《あまた》の女を置きて参詣の輩《ともがら》の慰《なぐさめ》となす。」

江戸市中から孤立した島だったおかげで万事が大目に見られた。

そういえばトマス・モアの『ユートピア』も島だし、今だって海外レジャー旅行といえば、香港、ハワイ、グアム、台湾と相場が決まっている。陸続きではいまひとつ解放感が足りない。本土がせっせと銭を稼ぐ場所なら、島は散財して、あとくされなく思いきり遊ぶ土地。深川は元漁村の田舎臭さと粋好みの気質がうまいことと両立している。江戸人はむろんのこと、東京の人間だって同じことだ。池波正太郎は、浅草から橋をいくつも渡って深川の叔母さんの家にくると別世界に入ったような気がした、とどこかで書いている。足が大地にしっかり根づいた本土とはちがい、島はゆらめきたゆとう遊蕩の気分を誘う。浮いた話もここなればこそ。

清澄《きよすみ》通りにまだ都電が走っていた昭和四十五年頃、わたしは晴海の団地に住んでいた。よく門前仲町まで都電に乗って遊びに行った。まだ佃島がまるごと見えて、洲崎側は越中島の海。佃大橋はもう架かっていたが、都電の車窓から望む海は青々として、越中島に舫《もや》っている商船学校の練習船明治丸が鷗の翼のように白く帆布をひろげていた。

門前仲町に出ると、当時は魚河岸帰りの魚屋さんがたむろしていた魚三《うおさん》で早い昼酒を飲む。魚三はまだ知る人ぞ知る飲み屋で、一階のコの字型カウンターを囲んで、おっさんたちが競輪新聞をひろげながら静かに飲んでいた。

その頃の門前仲町はおだやかな、没落に向かって静かに傾いていく風情のある町だった。ところがこのところ二本の地下鉄が通って、とみに町並みが変わりつつあるようだ。もともと東京湾に孤立していた島だから何度も津波洪水に洗われて、沈んではまた浮かび上がってきた、しぶとい復元力がある。いずれ門前町らしい活況を取り戻すのだろう。

こちらはまだ新しい町の顔になじみはないが、希望をいわせてもらえば、ビルラッシュは対岸の中央区にまかせて水と緑を大事にしてもらいたいもの。ちなみに往年の絵のような美景をひとくさり。

「まことにこの嶋の地景は又たぐいすくなし。東にはとおく安房、上総の山をみやり、みなみにはしな（品）川、池上もほどちかく、ひつじさるかたには富士の嶽《だけ》、いぬ井のかたには江城《こうじょう》、北に筑波山ほのかにみえて興をもよおす、うしとらのかたは下総のうちつづき、すえは海辺の磯ちかく塩屋の煙立ちのぼり風になびくよそおいまでのこりなくみえわたる。」（『江戸名所記』）

八幡宮の境内裏の海浜では汐干狩りができた。それも明治の末年のことだ。牡蠣、あさり、しじみ、蛤が獲れた。うなぎが名物だった。「深川、鰻名産なり、八幡宮門前の町にて多く売る。」（『新増江戸鹿子』）

話は戻るが、市中とつなぐ最初の永代橋が架かったのが元禄十一年（1698）。現在の橋から百メートルほど上流に架けた、橋桁の高い橋だった。橋下を舟が通れるだけの高さにしたのである。橋の上から八方を望むと、『江戸名所記』にあるような絶景が望めた。ところが文化四年（1807）八月十九日、深川八幡の祭礼の日、橋上で群集が雑踏したために永代橋が崩れ落ちた。人々は雪崩を打って大川に墜落。「川下の水屑《みくず》となりしは凡《おおよそ》千五百人余といふ。」（『武江《ぶこう》年表』）

このとき浪人風の男が白刃を抜いて雑踏のまっただ中におどり込み、それが期せずして群集を一定の方向に避難誘導するという怪我の功名もあったという。

永代橋落橋事件のことは馬琴も大田南畝《なんぽ》も書いている。馬琴の『兎園小説余録《とえんしょうせつ》』には「水没の老若男女数千人に及べり。翌日までに尸骸《しがい》を引あげしもの無慮四百八十人也。この他は知れず。」大惨事だったのだ。

馬琴は深川海辺橋東の松平信成侯の屋敷内で下級武士の子として生まれたので、深川事情には詳しい。馬琴のみならず深川は文人墨客と浅からぬ縁がある。京伝は深川生まれ。芭蕉も深川に庵を結んだ。『おくのほそ道』の旅もここから出立した。

隅田川の遊覧船に乗ると今でも万年橋のたもとに「芭蕉庵史蹟」の標識が見える。「古池やかはづとびこむ水の音」はここで詠んだ。古池があったのだ。明治二十七年版の野崎左文《さぶん》『日本名勝地誌』には「古池の形今猶《な》ほ存せり」。しかし昭和四十四年版の今井金吾『江戸名所記』では「周囲は小さな町工場や二階建てのアパートなど殺風景な下町風景。」

話は変わるが、天明頃の深川に三井孫兵衛親和《しんな》という書家がいた。一流の書を書く。絵の図案ではなく、書の文字を図案にして絹縮緬などに染め出し、親和染《しんなぞめ》と称した。真《ま》名《な》（漢字）書《がき》や篆書《てんしょ》、漢詩のような色気のないものまで染め出したのが、一般の人には意味がわからないだけにかえって大流行した。最下等の夜鷹まで親和染の手拭を使っていたとか。

最上等の親和染はお祭りの奉納物。駿河町の三井呉服店の生地を使った幟《のぼり》に三井親和が書を書けば「二タとこの三井」になる。最高級の幟だ。江戸中の神社仏閣に深川親和書の幟が林立し、生地も図案も三井なので、曰く「商いは駿河町（今の三越）、書は深川。」親和は司馬江漢とも肝胆相照らす仲の芸術家だったので、あながち金儲けのために書いたわけではない。しかし大衆受けのする商才があった。深川という陽性の土地柄が生んだ天才デザイナーといえよう。ただしこの人、図案は達者でも無学だったという人もいる。深川の奇人変人の行跡ばかりを集めた随筆集『深川珍者考』（馬琴旧蔵。著者不明）に「三井孫兵衛円通の事」として親和が仏名の意味も知らずに額を書いて禅僧に笑われた話が出てくる。

書いた当人にも、それをありがたがる大衆にも、意味はわからない。でも文字の図案だけは美しくわかりやすい。学僧は文句のひとつもつけたいところだろうが、デザイナーの身としてはそれでよろしいのではないか。見てくれ本位の美学で行くのが、何で悪かろう。

海に臨む風光明媚な深川は、ことほどさように文人墨客に愛されたが、彼らのパトロンの豪商たちの隠居所でもあった。江戸と全国各地との交易港だっただけに、木場の材木商を始めとする豪商の居宅がすくなくない。なかでも北川町の玄米《くろごめ》問屋の近江屋こと飯島喜左衛門の豪邸が一際生彩を放った。喜左衛門のひいきの画家、戯作者、噺家がしきりに出入りした。三遊亭円朝もそのひとり。

俳名露友のこの喜左衛門の次男に弁次郎というやさ男がいた。これが円朝『怪談牡丹灯籠』のモデルという説がある。弁次郎は浮世絵の色男のようなとびきりの美男。深川八幡境内の茶の宗匠のところに通ううちに、やはり茶の稽古に来ていた、材木問屋の娘お露と知り合う。相惚れで弁次郎がお露の家に養子に入った。

ところが新婚早々お露が結核を病んで長患いの床につく。はじめは枕元で一緒に食事をしたりしていたが、そのうち妹が姉に代わって弁次郎の身のまわりの面倒をみる。これが嵩《こう》じて枕元でいちゃつく。そのうちお露が死んで妹が居直った。そしていよいよ婚礼という日に妹が急死した。

弁次郎、この成行きにすっかり怖気づき、池之端に隠居所をつくって引っこむが、そこに毎晩お露の幽霊が出る。それも妹と二人連れ。弁次郎はしまいには出家遁世、最後は蝦夷《えぞ》というからいまの北海道のどこかで行方不明になったという。
『牡丹灯籠』の原話は中国の『剪灯新話《せんとうしんわ》』。浅井了意の翻案『伽婢子《おとぎぼうこ》』では京都の五条、東福寺北の門内の万寿寺が現場である。円朝の『怪談牡丹灯籠』の舞台は打って変わって谷中三崎《さんさき》坂下の新幡随院。これでは弁次郎お露の『牡丹灯籠』モデル説は成り立ちそうにない。

一方、本所割下水に住んで飯島家に出入りしていた円朝は当然のことながら弁次郎お露の話を熟知していた。ほどなくして飯島家は没落、紫宸殿を模したといわれる邸宅は澁澤一族に買われ、飯島一族は見る影もなく零落した。弁次郎を夜な夜な襲う幽霊は維新を機に没落していく旧江戸町人の運命を象徴しているように思える。『怪談牡丹灯籠』の初口演は弁次郎お露事件より早いが、活字本化する際に、円朝は後から飯島弁次郎事件の細部を加味したのではあるまいか。たしか岩波文庫版解説者の奥野信太郎も、弁次郎お露を有力なモデルとしていたと記憶する。

江戸東京の人間は古典の単なる翻案では満足しない。歌舞伎と同じく、古典を最近の事件のもじりに仕立てながら、事件の時間性を骨抜きにして一幅の絵や音にしてしまう。だからスニーカーをはいて深川八幡の境内を徘徊していても、ふと気がつくと、カランコロンと鳴る例の女下駄の音が耳について離れなくなっている。

11　本所両国子供の世界

柳橋《やなぎばし》を渡った。

神田川の柳しだれる川岸の船宿、川面にもやう観光船。昔は観光船ではなく、ここ柳橋下から吉原まで猪牙舟《ちょき》が出た。

それから東が両国橋。橋を渡ると両国だ。

ずいぶん変わった。子供の頃の記憶では、両国橋のまっすぐ先に旧国技館の円《まる》屋根が見えた。その跡は、十八階建ての両国シティ・コアビルになっていて、「も、んじや」（猪料理）のある十一階建てやKSDビルと肩を並べている。

両国橋を浅草橋側から見はるかすと、橋を望遠鏡にして向こう岸をさかさまに覗いているような気がする。記憶の遠近法のせいで、川向こうが小人国《しょうじんこく》みたいに小さく小さく見えるのだ。たぶんあちら側に幼い時の記憶が埋めこまれているせいだろう。

父親に連れられて相撲見物にきた。母親とは国技館の菊人形見物に。血まみれの佐倉宗五郎の無念の形相がこわかった。春の潮干狩り、夏の海水浴は房総で、列車は両国駅から発車した。そんな思い出がおもちゃ箱のなかみたいに両国界隈にぎっしり詰まっている。わたしのように外からくる人間がそう思うだけでなく、もしかすると地元の人もそう感じているのではあるまいか。

芥川龍之介に「本所両国」という作品がある。死の二ヶ月前に生地の本所両国をルポしたエッセイだ。

芥川の生家は、お竹倉（跡）に近い小泉町にあった。お竹倉は町中にはめずらしい雑木林や竹藪のある野原で、藪にはトリカブトの花が咲き、夜は本所七不思議の一つ「狸囃し」らしき物音が聞こえた。ちなみに本所七不思議とは、おいてけ堀、片葉の芦、足洗い屋敷、埋蔵《うめぐら》の溝《どぶ》、小豆婆《あずきばば》、送り提灯、それにこの狸囃しである。

震災をはさんで三十年、そのお竹倉もとうに両国停車場や陸軍被服廠に変わっていた。むろん狸囃しはもう聞こえはしない。芥川が再訪した震災後の両国には、もうなくなってしまったもののほうが多い。土左衛門の浮かんでいた百本杭、富士見の渡し、伊達様屋敷。

しかし変わっていないものもあった。回向院《えこういん》や旧国技館。芥川は回向院では鼠小僧と山東京伝《きょうでん》の墓に詣で、悪友と墓の石塔を倒しては坊さんに追いかけられた昔を思い出す。それがきっかけで小学校時代の友達の、秀才だった大島君や質屋の利《り》いちゃん、下駄屋の泰《やっ》ちゃんの思い出が油然とよみがえってくる。と、眼前の光景はみるみる子供の世界の寸法に縮んで、二十年前三十年前の昔にさかのぼる……。

こちらも回向院に詣でるのは久しぶりだ。ここは来る度に一回りずつ小さくなっているような気がするが、まわりの建物がマンモス化したためだろうか。それでも鼠小僧の欠き墓（ばくち打ちに縁起が良いというので、鼠小僧の墓前にはそれ専用の欠き墓が設けられているのだ）も、力士が奉納した力塚もまだ現役だ。

鼠小僧、力士とたまたま並べてみると、どうも両国は小人と巨人の町という気がしてならない。げんにそこらを歩いていると、自転車に乗ったお相撲さんがコインランドリーに入っていくのを見かける。子供はどこにでもいるが、お相撲さんがめずらしくない町はめったにない。

ゲーテの『ファウスト第二部』の第二幕「古代ワルプルギスの夜」に、ダクチュロス、ピグマイオス、カベイロスといった族名の小人がうようよしている場面がある。これはすべて古代地中海の島々にいた鍛冶の神々で、彼らを統率する大母神《だいぼしん》の装身具や武器などをせっせと作っていた。彼らは非常に矛盾した性格の持主で、小人であるはずなのに、たとえばカベイロスは「船乗りたちによってメガロイ・テオイ（大いなる神々）と呼ばれた。」（カール・ケレーニイ『ギリシアの神話』）。つまりこれらの小人は巨人でもあった。というより神話世界では、巨人も図体の大きい小人の一種と考えられていたのだ。

そう思うと両国界隈に子供の精霊のようなものがうようよしていて、そこをお相撲さんが自転車で走っている風景に納得がゆく。裏通りにまわり込むと四十七士討ち入りで名高い吉良上野介邸跡が小公園になってひっそり。

そういえば勝海舟の生家跡の碑のある両国公園のあたりに一軒、昔ながらの駄菓子屋があったな。記憶をたどって行ってみると、果たせるかな駄菓子屋は健在で、真向かいの公園にはどこから出てきたのだろうとびっくりするくらい大勢の子供が遊んでいる。

それから表通りにまた戻って、お茶でも飲もうかとファミリー・レストランに入りかけると、表階段の脇に「寿座跡《ことぶきざ》」の看板が出ている。明治三十一年から昭和二十年までここに建っていた劇場だ。この寿座の向かいあたりが例の本所七不思議「狸囃し」発祥の地と聞いたことがある。

狸囃しとなれば、どうしても泉鏡花『陽炎座《かげろうざ》』の話になる。鈴木清順監督で映画化された『陽炎座』では主人公が赤塗りの橋を渡ると、とたんに狸囃しが聞こえてくる。ただしその橋は両国橋ではなく、反対の亀戸《かめいど》天神社方向からくる江東橋だ。映画のロケ現場の赤塗りの橋はじつは鎌倉の裏通りに現存する橋で、知人が真ん前の家に住んでいるので何度も渡ったことがある。そういえばあの橋を渡った松田優作は、数年後、本当に向こう側に渡ってしまった。

とにかく橋向こうだ。チャンチキ、ツンツンテンレン、と囃すのに誘われてくると、なんと子供芝居ではないか。市川しる粉、坂東あべ川、嵐お萩——なんだか駄菓子屋の店先に並んでいそうな芸名の子供役者が、幕を煽ってどやどやと踊って出る。するとまたまたものみなが子供の世界の寸法に……。

どうもいけない。つい小さいものへ、小さいものへと目が行きがちになる。しかし江戸時代の両国の繁昌を忘れては片手落ちになる。両国橋三千両。朝は青物市場で千両の金が動いた。昼は芝居・見世物小屋が林立して、その賑わいがまた千両。夜は橋下の舟遊びでまた千両。なかでも橋下のお大尽遊びが豪勢で、両国橋は下を見て通るなといわれたとか。要するに江戸で一、二を争う盛り場。いわば巨人的な貫禄のある町だった。

芥川の育った時代（明治二、三十年代）の本所両国は、維新前の繁栄からいったん落ちて、「江戸二百年の文明に疲れた生活上の落伍者が比較的大勢住んでいた町」だったという。近代化に乗り遅れたのである。次いで関東大震災にやられ、東京大空襲のダメージをくらった。それから新国技館と江戸東京博物館の巨大建築物で巨人の時代が戻ってきた。博物館北の安田庭園も復活した。両国はふたたび巨人の町になるのだろうか。

戦後すぐの両国駅は房総方面に行く買い出しの乗客でごった返していた。中学生のわたしも大きなリュックサックにさつまいもをぎゅうづめにして、炎天下の無蓋列車で熱中症になりかけながら両国駅に着いて長い長いコンコースをよたよた歩いていると、女連れの図体のバカでかい進駐軍兵士に蹴飛ばされた。リュックのさつまいもを背にひっくり返り、カブト虫みたいに仰向けになって手足ばかりバタつかせていると、のっぽは「ヘイ。ガッデム」とかなんとかいいながら、ガムをペッと吐き出して行ってしまった。

そういえば芥川龍之介も、叔父さんが若い頃に百本杭のあたりで釣りをしていると、通りすがりの新徴組（江戸市中取締の浪士組）の侍にやにわに喧嘩を売られる話を書いている。新徴組はいきなり鞘当てをしてから、文句があるなら抜けとばかりに挑発してきたそうである。相手は雲突くばかりの大男だった。叔父さんは後ろ向きに小さくなり、気がつかなかったようなふりをしてやりすごした。

これで見ると両国では、むやみに図体の大きいやつが肩で風を切っているように思える。

さあ、しかしどうだろう。山東京伝の『骨董集』は、凧や人形や独楽《こま》といったおもちゃおもちゃした小さなものを好んで話題にした随筆集で、その京伝がいまは回向院の一隅に眠っている。それに両国橋を浅草橋方面に渡れば人形屋がずらりと並んでいる人形問屋街だ。蔵前にかけては文房具と玩具の問屋街がえんえんと続いている。やはりここは子供の世界なのではないか。

帰りがけに人形問屋の吉徳《よしとく》にお邪魔して、日米のお人形交歓時代の日本人形を拝見させてもらった。ついでに活《いき》人形の名人平田郷陽《ごうよう》作の桜子ちゃんという名の人形と並んで写真を撮らせてもらう。

もう成長はいい加減たくさん。力ずくののっぽは新徴組や進駐軍におまかせしたい。

こちらはいっそ元の小人の正体をあらわして、桜子ちゃんの寸法に戻ってしまいたいものだ。

12　亀戸天神社と柳島妙見

ＪＲ亀戸《かめいど》駅北口から亀戸十三間《けん》通り商店街（明治通り）をまっすぐ行くと、蔵前橋通りと交差する四つ辻に出る。その一角に但元《たじもと》豆店という古い豆屋が見える。屋根といわず軒庇《のきびさし》といわずところきらわず鳩がずらりと並んでいるので、看板がなくてもすぐに豆屋とわかる。

〽ポッポッポ、鳩ポッポ、豆がほしいかそらやるぞ……

童謡の一節を思わず口にした。

豆屋を左折すると亀戸天神通り商店街。ここをしばらく西へ行くと葛餅の老舗船橋屋本店が見えてくる。その手前が亀戸天神社の正門口だ。

鳥居をくぐるといきなり太鼓橋が目の前にせり上がった。橋の下は心字池《しんじいけ》。泥色の池に鯉が泳ぎ、池中の石におやおやと思うほどおびただしい亀が甲羅を干している。太鼓橋は二つあり、橋上からながめると四方に藤棚、その外側には飛梅《とびうめ》の樹も配されている。梅はむろん天神社の祭神菅原道真公にちなんで植えたものだろう。

寛文二年（１６６２）、将軍家綱がここに社地を寄進した。太宰府《だざいふ》の天満宮をそっくり再現して、社殿、楼門、廻廊、心字池、太鼓橋を設けた。池には緋鯉、太鼓橋を彩るように藤の花。

反橋《そりはし》や藤紫《むらさき》に鯉赤し　子規

絵ハガキみたいな句だ。そういえば子供の頃、藤の満開の時季にきたことがある。欄干の赤い太鼓橋の下に藤の房が一面に紫をにおわせていた。気のせいか、太鼓橋がどうもその頃より小さくなったように思える。社務所の人にそれとなく訊いてみると、戦災で焼失した木橋を昭和三十六年に再建するときにコンクリート造りにしたのと、ご老人の参詣客のことを慮《おもんぱか》って、赤い欄干の内側にもうひとつ金属製の手すりをつけた。それでせまく感じるのでしょう、とのこと。ついでのことに、地球温暖化のせいで今年（2002）の藤の満開は例年より二週間早かったそうだ。

ご祭神の菅原道真公が学問の神様であるところから、社殿前の絵馬奉納所には圧倒的に上級学校合格祈願の絵馬が多い。「合格祈願」ばかりかと思うと、ほんのちょっぴりではあるが「合格御礼」もある。どうせお願いするならここまでやらなくちゃねえ。

亀戸天神社にはその昔、爺《じじい》と姥《うば》が並んでいる背後《うしろ》に風神雷神の鬼が立っている木像があった。爺さんのほうは縄で縛られていて、これは流された先の太宰府で菅公をいじめた罰という。さあ、それはどうか。神像や彫像などに縄をかけておくのは、外敵が攻めてきた場合、すぐに像を背負って逃げるための配慮というのが普通だし、また逃げられないように縄を打ってあるので奴隷階級が信仰する神であることが多い。懲罰のために縛るというのは、かなり近代的な発想みたいに思えるがどうだろう。

爺と姥の背後にいた風神雷神は新しく建立された連歌堂の山門のところに据えられた。連歌堂も風神雷神の木像も同一人物が寄進したものだった。その人物は京橋三十間堀の材木商和泉屋勘介。この男、何かにつけておのれの名を売りたがる。売名のためなら金に糸目はつけない。かねてから茅場町の薬師堂に自分の表徳（雅号）の「太申《たいしん》」を記した大額を納めたり、蔵前の松平西福寺には、撥《ばち》面に「太申」と漆書きにした大太鼓を奉納したりしている。吉原のなじみの遊女、巴屋の豊里に太申染の衣装を贈ったりもした。

太申染というのは「太」「申」の文字を組み合わせて図案化した単純な模様で、それ自体がどうということはない。しかしそれが一際映《は》える現場が見つかった。亀戸天神社の風神雷神の褌《ふんどし》だ。今でいえば虎皮縞模様のパンツ。鬼の褌の虎皮縞模様のなかに「太申」の文字を騙し絵的にしのび込ませ、あげく、太申染と称して大々的に売り出した。天神様の功徳か、これだけは売り出しに成功して一時は太申染が大流行した。太申こと和泉屋勘介は首尾よく男をあげた。

さて、太申染は一時の流行が去ると見る影もなくすたれた。亀戸天神社連歌堂の鬼の太申染虎皮縞模様パンツも、その頃になると色あせて、文字も図案の模様もなにやら定かではない。木像寄進のことも、まして太申という半可通が得意顔でまぎらわしい虎皮縞模様パンツをひけらかしたことさえさっぱり忘れられた。そこへ木像の修復の時期がきて、風神雷神の褌はごく当たり前の虎皮縞模様にあっさり変えられてしまった。

それでも太申と太申染褌の縁《えにし》は、知る人ぞ知るエピソードで、「彼《かの》亀戸の鬼の褌も、近頃修復の時、褌を虎の皮にしかえたれば、誰かは太申が寄進としるべき」、と秋田藩江戸留守居役だった戯作者の朋誠堂喜三二《ほうせいどうきさんじ》(狂歌の号は手柄岡持《てがらのおかもち》)の『後はむかし物語』にある。せっかくの売名行為も忘れられてしまえばハイそれまでよ。当の太申は金遣いの荒さがたたって、その後またたくまに身代を傾けたそうだ。

それはそうと、中国文学者奥野信太郎の『随筆／東京』に戦後まもなくの亀戸天神社界隈をルポして歩いた一文がある。かつての江戸名所は見るもむざんに荒廃していた。「天神の境内は焼跡のままで太鼓橋もなければ藤棚もなくなってしまって、境内に散在している句碑だけが妙に白々と露はな感じである。ところどころに貧弱な藤が植えられているのも、かつて紫房あたりを暗くして垂れていた華やかさを知っているものにとっては寂しいことかぎりない。」

奥野信太郎がここへきて懐旧の情にふけっているのは、後に述べるようないきさつがある。しかしいまは先へ行こう。

境内の荒廃にくらべて、社殿の「裏」にまわると、ここはなんとも晴ればれとした賑わいを見せている一郭。いわゆる特飲街だった。もともと亀戸天神社裏には古い「売色巷《こう》」があった。それが戦中戦後にかけて「旧亀戸の売色巷は、すっかり面目を一新して特殊カフェー街として再生して」いた。あたり一帯に中小の軍需工場が乱立してから後、工員さんたち相手に急ごしらえに変身したカフェー街だ。ざっと六十余軒あった。はつね、あけぼの、いろは、ワカタケ、玉起《たまき》、竹葉、エクボ等々、いかにもそれらしい店名が軒を並べて狭い区画にみっしり建てこんだ。

奥野信太郎は亀戸特飲街の店構えの他にない特徴として、「いずれも申しあわせたように廻転窓を縦にしたようなガラスが嵌《はま》っていて」、そのすき間から客を呼ぶ造りなのに注意を促している。それがどことなく美容院かパーマネントのお店（そういう言い方がまだあった時代だ）を思わせるのだそうだ。客引きの呼び方も、「チョイト社長さん、お話があるのよ、チョイト！」なんて月並みなものではなく、いっぷう変わっていた。

「ネエチョイト、伯爵！てんやわんや！ネエ、三十八度線ってば！」

三十八度線というのは朝鮮戦争たけなわの頃だからまだわからぬでもない。横一文字に額が禿げ上っているのだ。てんやわんやは当時の漫才の人気コンビだったろうか。そこまではなんとかわかるとして、では、「伯爵」というのは何だろう。社長なんぞという俗なやつより、遊んで食っていられるやんごとないお方とでもいう意味か。なんともはや支離滅裂な呼びかけであった。だが、そのわりに情が濃くて何かにつけ親切だったらしい。

もちろん現在は面影もない。亀戸三丁目。地名だけは変わらないが、クリーニング屋、自動車整備工場、コンビニ等がひっそりと並ぶごくふつうの町並みだ。廻転窓のある美容院もあったような気がするが、だからといっていかがわしいお店であるわけはない。

亀戸天神社に参詣する客は、昔はついでに柳島《やなぎしま》の妙見《みようけん》堂へ向かった。正式には妙見山法性寺《ほっしょうじ》。日蓮宗の寺で、現在墨田区と江東区の境界をなす横十間川に架かる柳島橋を渡った西詰にお堂はあった。

横十間川と書いて「てんじんがわ」とルビをふることは、子母沢寛『父子鷹』で知った。勝海舟の父親の勝小吉が、博徒や百姓上がりのにわか浪人ども四人、続けざまに投げ込む川がたしか横十間川だった。うろ覚えなので、近所の図書館で全集を借りて確かめてみた。果たせるかな、こうある。

「小吉はにやにやして天神橋《てんじんばし》を渡るとすぐ横十間川《てんじんがわ》に沿って川っぷちを左へ切れた。川幅が丁度十間あるということになっているが本当は十四間位だった。本当の名は横十間川だが、土地《ところ》の人は天神川という。すぐ側に亀戸天神があるからだ。」

小吉はにわか浪人どもを投げこんだのはいいが、浮かび上がってもこなければ、向こう岸へ泳ぎ渡ってもいない。四人とも溺れ死んじまったのではないか。若い頃は喧嘩に目がなくて、売ったり買ったりしていた小吉だが、息子の麟太郎（海舟）が登城するようになったいまはちがう。つまらぬ殺しの咎《とが》で麟太郎の身にもしものことがあったらどうするか。

しまった、と反省して、川の深浅を思い煩ったりする小吉の親馬鹿ぶりがいっそいじらしい。幸い、川の水深は浅かった。「満潮で六尺、干潮のときは三尺とない浅い川だ。」今でいえば一メートル半程度の深さしかなかった。川幅も十四間なら三十メートル足らずだ。

現在の横十間川は、深さも幅も、到底それだけの貫禄はない。おそらく近年の護岸工事の結果だろう。対岸には、倉庫のような味も素っ気もない建物が長々と横たわり、こちら側の道路にはトラックが土埃と二酸化炭素をまき散らしながら走っている。といって今の東京では、特にここだけの光景というわけではない。

またしても奥野信太郎『随筆／東京』からの引用になるが、昭和二十五、六年頃の横十間川がすでにそうだったようだ。「柳島にいたる掘割の水（これは北割下水のことだろう）は十年一日のごとくどす黒い。その掘割に臨む妙見堂の廃墟はまったく惨憺たるもの」であったという。

のみならず、である。柳島の荒廃はすでに戦前からさえ歴然としていた。芥川龍之介

「本所両国」にその証言がある。

「僕らは《橋本》の前で円タクをおり、水のどす黒い掘割り伝いに亀井戸の天神様に行ってみることにした。名高い柳島の《橋本》も今は食堂に変わっている。もっともこの家は（震災で）焼けずにすんだらしい。現に古風な家の一部や荒れ果てた庭なども残っている。けれども磨り硝子《ガラス》へ緑いろに《食堂》とかいた軒燈は少なくとも僕にははかなかった。」

柳島は大正十二年の関東大震災後にとうに荒廃していたのだ。

戦後はどうだったか。北辰妙見大菩薩と門扉は残っていても堂址《どうし》には焼瓦が散乱しているばかり。「そしてその焼瓦の下から絶え絶えに虫の声が聞こえてくる。隣は第一製薬の工場で、その煙突がこの亡び去った小さな名所を憐みと軽蔑の表情で見下ろしているのである。《橋本へつけるや岸の浮れ舟》と小唄に出てくる料亭橋本の址《あと》は土地家屋周旋業と下駄屋のバラックの敷地になって、まったく跡方もなくなっている。」（『随筆／東京』）

これが広重の「柳しま」に描かれている柳島妙見の森の、昭和二十五年に見るなれの果ての姿だった。広重の絵では、高く上げた橋桁の下を舟が通っている。そして中景の森に妙見堂が高屋根をのぞかせている。前景に料亭らしい建物が二軒。座敷には遊客がさんざめいている。

美しい水景を背景にした妙見堂の門前は、文人墨客をはじめとする物見遊山の客でにぎわった。先に引いた芥川の「本所両国」にも出てくる料亭「橋本」も、有名料理屋が櫛比《しっぴ》した当時からある名料亭だ。

奥野信太郎が「橋本へつけるや岸の浮れ舟」と「橋本」を特記しているについては個人的な思い出がからんでいる。五代目菊五郎が脳溢血で最初に倒れたのがこの橋本の二階だった。そして再発したのが麹町区平河町の奥野の外祖父橋本綱常《つなつね》の屋敷内。ちなみに橋本綱常は森鷗外の上司に当たる軍医総監だ。それでいて大の五代目ファンで、健康診断にきた五代目を診ているうちに五代目は二度目に倒れた。

先にもいったように、五代目が最初に倒れたのが妙見前の「橋本」だった。ということは明治になっても五代目菊五郎が清遊にくるほど柳島妙見は水景が美しかったのだ。

それにあらぬかここはとびきりの通人が遊山にくる土地だった。蔵前の札差の事跡を記している『十八大通』に「全吏妙見詣《ぜんりみょうけんもうで》」の逸話がある。全吏は蔵前の札差二代目宗四郎。「至て金遣ひにて」と金遣いの荒さで天下に聞こえた人だ。

その全吏が遊びがてら月の十五日に柳島妙見へ参詣する。ある年の春、おみなという妾を連れ、たいこもち五、六人をしたがえて、妙見の川岸まで舟を仕立てて上陸した。まさに「つけるや岸の浮れ舟」だ。さて参詣してから土手伝いにぶらぶらと戻る際《さ》、全吏はちょいとしたパフォーマンスを演じた。先に行くおれが、道々おみなの口をちょいちょい吸う。それを見つけて声を上げたものにはその度に一両ずつやろう。そういってから、先を歩きながら全吏がちょいとおみなの口を吸う。と、幇間《たいこもち》のひとりが、「旦那、それ見つけた」で一両。またちょいと吸うと、ほかのが見つけてまた一両。この調子で土手を三、四丁も行かぬうちに二十両の金がパー。

妙見堂は遊山の場所としてそれくらい有名だった。

それだけに遊び人に縁《ゆかり》がある。境内にはいまも俠客上萬《じょうまん》墓とか昔ばなし柳塚という碑が立っている。柳塚というのは三遊派の向こうを張る、噺家の柳派の塚だ。ほかにもおしなべて狂言作者、役者や落語家の碑や墓が多い。どういうわけか近松門左衛門碑予定地と書いた立札がある。これも何かいわく因縁があることをどこかで耳にしたが、くわしいことは忘れた。

13 築地明石町と清方

三十年程前に一度、三年前にもう一度、月島晴海界隈に住んだ。だから築地は銀座方面への通り道だった。月島から勝鬨橋《かちどきばし》を渡ると、右手に築地本願寺、左手は魚市場界隈。買い物や歯医者の治療もここらで済ませるので、築地はいわばご町内の延長だった。しかしいざあらためて歩くとなると、聖路加《せいろか》国際病院とセントルークスタワーのある明石町（旧居留地）のほうに足が向く。

鉄砲洲《てつぽうず》海岸と呼ばれていた埋立新地が、外国人居留地に指定されたのは明治元年。法制化の直前に外国人専用旅館として築地ホテル館が建てられた。

「慶応三年九月、鉄砲洲海岸船松町二丁目、十軒続き御軍艦操練所の跡へ、異国人の旅館を建てられ且つ貿易の所とせらる。蛮名ホテルという。翌年夏の頃に至り大抵成就し、大廈《たいか》甍《いらか》を列《つら》ね……。」（『武江《ぶこう》年表』）

「蛮名ホテル」というのがいい。ホテルはまず名前からしてなんと呼んでいいのかわからなかったのだ。築地異人館とも、築地ホテル館とも、エド・ホテル（Yedo Hotel）とも称された。このホテルのことは、山田風太郎が螺旋階段をトリックに使った殺人事件

(『明治断頭台』のうち「怪談築地ホテル館」)で書いているのでご存じの方も多いだろう。

もっとも山田風太郎の怪談(階段に引っかけている)に描かれているホテルの内部構造は想像力の産物で、実物の築地ホテル館の造りにはかなり謎が多い。建ててから何年もしないうちに焼失してしまったので資料がほとんど残っていないのである。

まず第一の謎は、残っている建物の外観を描いた錦絵や平面図を見ても「建物の入口がわからない」ことだ。「長屋門を通って、建物のどの部分に入っていくのかがわからない。そして、料理を準備する厨房の位置も不明である。」(初田亨『都市の明治』)

設計はアメリカ人のR・P・ブリジェンス。後に横浜や新橋の停車場を設計した人である。施工を請け負ったのは清水建設の前身清水組の開祖清水喜助。ブリジェンスが設計はしたものの、煉瓦その他の資材がなかったり不足だったりして、実際はかなり喜助の自由な裁量に任されたようだ。できあがったものにスカッと設計意図が通っておらず、迷宮のように複雑化してしまったのは、設計と施工が必ずしも一本化しなかったためのようだ。

どうやら設計者ブリジェンスのつもりでは、はじめ海岸(隅田川河口)に面したほうを正面玄関にして、水際の石段から上陸するように設計したらしい。それが後の条例改正などのために設計変更をせざるを得なくなり、あらたに裏口のほうを正面に変えたので混乱が生じた。しかしいずれにせよ詳細は不明のまま、完成四年後の明治五年(18

72)、築地ホテル館は和田倉門兵部省から出た火に類焼してあっけなく灰と化した。四年間しか生きられなかったはかない運命だったとはいえ、築地ホテル館の全容は、ここの利用客であったサムエル・モスマンによってわずかながらにせよ伝えられている。ヨーロッパやアメリカの最高級のホテルに勝るとも劣らないくつろぎのある広い部屋を備え、収容人員は公称百人程度だが、ヨーロッパなら三百人くらいは泊めるだろう。なによりも庭園と眺望が豪奢《ごうしゃ》である、とサムエル・モスマンは記している。

「ホテルは、湾の入口に面した、景勝の地に建てられており、花壇と灌木や草でおおわれた築山の間をめぐる小道を持つ、風雅にまとめられた庭園によってかこまれている。（中略）六十フィートの高さの鐘楼をもち、その頂上から、現在は東京と呼ばれているが、外国人はまだ江戸と言っている首都や、雄大な江戸湾、そして遠くには、日本人が熱愛する富士山がそびえているのを遠望できる。」（初田亨前掲書より引用）

その築地ホテル館があっけなく灰になった。だからといって築地はそのまま鉄砲洲海岸に逆戻りしたわけではない。明石町には明治八年にアメリカ公使館が置かれた。これが手狭になって赤坂に移った跡地に建てられたのがホテル・メトロポール（明治二十三年・1890年）。またまたホテルだ。現在のセントルークスタワーの一翼の新阪急ホテルにいたるまで、築地はよくよくホテルに縁が深い土地なのである。

もうひとつ築地と切っても切れない関係にあるのが学校と病院だ。こうしてホテル、学校、病院とならべてみると、文明開化の公共施設は、東京では（と断るのは、横浜にはすでにあったから）ことごとく築地からはじまったといっても過言ではないだろう。

築地川・明石堀を埋め立てた公園の外れに「慶応義塾開塾ノ碑」が目につく。隣には前野良沢《りようたく》と『解体新書』ゆかりの「蘭学事始ノ碑」。このあたりには中津藩の中屋敷があり、中津藩医だった良沢も、中津藩士だった福沢諭吉も、築地でそれぞれの活動を開始したのである。

のみならず、目と鼻の先の築地中通りには蘭学の大家の桂川甫周《ほしゆう》の屋敷があり、つまるところ幕末の築地界隈はとりわけ異国に開かれた知的好奇心の窓口だったのだ。居留地時代には各国の宣教師が集まってきた。ロシア正教のニコライ師（後のニコライ堂の主教）がきた。アメリカ聖公会のウィリアムズ宣教師もここにやってきて、立教大学の前身ウィリアムズ塾を開いた。立教大学は大正七年に池袋に移転するまで明石町にあったのである。

聖路加のチャペルを横手に見る歩道は、いかにもホテルと学校と西洋医学の病院の発祥地らしく、清潔なエキゾティシズムの雰囲気をたたえている。

といっても築地には、ホテルと学校と病院だけがあったわけではない。芝居小屋があって、遊郭があった。文明開化の異国趣味と江戸情緒の名残が隣り合わせていた。木挽町《こびき》育ちの鏑木清方《かぶらききよかた》によれば、「油絵と浮世絵との隣り合わせの世界だった。」そして古き江戸のほうが徐々に新文明に敗北していく。

時代はやや下るが、大正十一年発表の、小島政二郎のいわゆる「東京の小説といえば『雪解《ゆきどけ》』」の荷風作『雪解』は、一時は株成金だった男が家族にも妾にも捨てられ、あげくの果ては偶然再会した娘にも疎まれて老年の孤独をかこつ落魄《らくはく》の物語である。その『雪解』の舞台が築地二丁目。

いまでこそ表通りに魚河岸名物の寿司屋が並ぶが、かつてはここに妾新道と呼ばれた横丁があった。居留地時代には新島原遊郭（通称島原）が開かれた。新富《しんとみ》町、木挽町には芝居小屋があった。

『雪解』の大正十一年には新島原も消滅していたし、新富座は翌大正十二年に大震災で焼亡する。その予感をたたえて、なおのこと芝居町・色街の情趣は荒廃していたのだろう。だが、築地が歌舞伎役者と芸者と金髪碧眼の異人たちとで輝いていた時代もたしかにあったのである。

岡本綺堂『綺堂昔ばなし』に「島原の夢」という一文がある。「島原」といっても、京都の島原のことではない。築地の島原、上方のそれと区別する便宜から新島原、今の新富町のことだ。

岡本綺堂の昔ばなしには、その黄金時代が夢のようにはかなく美しく輝いていた土地として語られている。「劇場は日本一の新富座、グラント将軍が見物したという新富座、はじめて瓦斯燈《ガス》を用いたという新富座、はじめて夜芝居を興行したという新富座、桟敷五人詰め一間《ひとま》の値い四円五十銭で世間をおどろかした新富座——。」

これだけルフランのように新富座を連呼していながら、綺堂はその逆も書いている。「ここを新富町だの、新富座だのと云うものはない。一般には島原とか、島原の芝居と呼んでいた。明治の初年、ここに新島原の遊郭が一時栄えた歴史を持っているので、東京の人はその後も島原の名を忘れなかったのである。」

ここへくると何もかもが芝居一色だった。劇場の両側には大人の芝居茶屋が七、八軒。向こう側にも七、八軒。どの茶屋にも軒に新しい花暖簾をかけて、屋号を筆太にしるした提灯がかけつらねてある。絵看板や座主、役者に贈られた幟がひるがえり、築地川の河岸には飴屋や今川焼やいなりずしのお店が子供の天国のような屋台をつらねている。「こうして、築地橋から北の大通りにわたるこの一町内はすべて歌舞伎の夢の世界で、いわゆる芝居町の空気につつまれている。」

いまは松竹歌舞伎座と新橋演舞場にわずかに当時の面影が残っているくらいだろうか。しかしそこから大川に沿う明石町に出るとすべてがガラリと変わった。ここは外国だ。『明治の東京』に鏑木清方は書いている。

「明石町の外国人居留地と、当時唯一のモダーン街銀座とに挟まれた、築地と木挽町には常に何ものか清新な気流が感ぜられるような気もちがした。」(「築地界隈」)

「白皙碧眼の男女もこの辺ではちっとも珍しくなく、紅毛の少女、弁髪の少年、それに交って毬栗頭《いがぐり》も、お煙草盆(煙草盆に似た髪型の少女)も、仲よく遊んでいる姿は、その頃東京ではこの土地の他には見られぬところであった。」(同右)

清方の作品には、事実、金髪の異国の少女たちが輪回しをしている図や、題名からしてそのものズバリの、清楚な中年美人の背景に洋船のマストが見える「築地明石町」がある。

ちなみに後に切手の図案にもなった「築地明石町」のこの美女にはモデルがあった。江木万世《ませ》。新橋の江木写真館の御曹司江木定男の当時四十一歳の夫人で、実父は愛媛県知事、お茶の水高女出身といういわば血統書つきの女性である。夫の江木定男の一高時代の友人中勘助によれば、見るからに「輪郭の鮮明な彫刻的美人」だった。

そう形容している作家中勘助に、江木万世はひそかな恋心を寄せていたが、のみならず中勘助は万世の娘の妙子に対しても一種ロリータ・コンプレックス的な愛情を抱いていたらしい。しかし、これはこれでまた別の話だ。

モデルとしての江木万世は清方随筆にも登場してくる。

「遠く回想する明石町の立ち罩《こ》めた朝霧のなかに、ふとこの俤《おもかげ》が泛《う》かぶと共に、知人江木万世子さんの睫《まつげ》の濃い濡色の瞳が見えて、そうしてそこに姿を成した。この人は妻の同窓で、夫君定男さんも知己なり、泉〔鏡花〕君に頼まれて画の指南もした間柄なので画室に招いて親しく面影を写しとどめた。」（「続こしかたの記」）

余談ながら、新橋の江木写真館は当時ハイカラの最先端を行く流行店で、初代の江木保男は貿易商を兼ねながらたびたび外遊した。万世の娘妙子はやがて東京商大助教授夫人として渡欧、ジュネーブやパリに滞在した。明治以来の洋風趣味と和風とが江木一家にはごく自然に共存して、「築地明石町」風の品のいい和洋折衷をかもし出す土壌は充分に熟していた。清方はそこを察知したのだ。

しかし朝霧のなかに立つ「鮮明な彫刻的美人」の俤とは対照的に、築地には海浜の土地に特有の荒々しい磯の香りもにおう。清方随筆にしたがって明石町から隅田川の岸辺を歩くと、江戸情緒や異国趣味とはまたちがった漁師町の趣が偲ばれるのである。清方の少年時代には「このへんの河童小僧は、きものをまとめて、石垣の上にのっけたままで、日ざかりにはドンブリと（中略）飛び込んで、川も往来も、長屋も路地も、外とわが家の見さかいがなかったらしい。」

これならこちらの小学生時代の夏休み、房総の九十九里浜で過ごした漁師の家の子供たちとたいした変わりはない。

ついでながら対岸の佃島《つくだじま》の眺望については、「まだ月島埋立の行われなかった時分は、橋もなければ全くの離れ小島、大きいものは住吉神社の大鳥居だけ――」と清方。セントルークスタワーの二階ホールから隅田川対岸を見はるかすと、多少のトリミング（たとえばリヴァーサイドの高層ビル群をカットする）を施せば、往時の面影がチラとほのめく。住吉神社の青銅色の大鳥居、まだビル化されていない佃島の家々。それは、木下杢太郎が、

房州通ひか、伊豆ゆきか
笛が聞える、あの笛が。
渡し、渡れば佃島。
メトロポールの燈が見える。

と「築地の渡」にうたったときに建っていた佃島の家々だ。しかし昭和三十九年に佃大橋が架橋されるとともに、佃は離れ小島ではなくなった。

セントルークスタワーの外階段を下って川沿いの遊歩道を歩き、佃大橋の下をくぐる。それから湊《みなと》町のほうに歩いて行くと、川岸に沿って運搬船が舫《もや》っている。

ここまでくると明治の昔とそう変わりはなさそうだ。湊町は二階建て駐車場が虫食い的にチラホラ目立つが、まだかつての漁師町らしい古い家並みが残っている。そしてその町並みをしばらくたどって行くと、バス停の前に鉄砲洲稲荷神社（旧湊稲荷）の青い大屋根が見えてくる。

この湊稲荷も鏑木清方の随筆にたしか宮司が血縁者とかで出てくるが、詳細は忘れた。

ここには面白いものがある。模造富士だ。広重の『東都名所年中行事』にも描かれているが、画中の富士は現在のものにくらべてずっと大きそうだ。「富士講が栄えた昔はもっと高かったのでしょう」と折よく居合わせた神主さんが説明してくれた。

湊町の面影が残るのもこのあたりまでだ。湊稲荷の先の南高橋《みなみたかばし》の水門あたりからはまたビジネス街が立ち並ぶ。帰路は迂回して新富町に出て、そこから往きとは別系統の地下鉄に乗った。

14 根津権現裏と谷中

昭和七年厳寒の一月二十九日、芝公園内で一体の凍死体が発見された。行き倒れ人の名は藤沢清造。『根津権現裏《ねづごんげん》』という小説で一部に知られた作家だった。小説のタイトル通り、亡くなった当時も根津に下宿していた。この人の短編集が最近、当時の面影を写した根津界隈の写真入りで、『藤沢清造貧困小説集』（亀鳴屋《かめなりや》刊）として復活した。読んでいるうちに、それこそ無性に根津権現裏に行きたくなった。

根津神社（権現）の近くに上海楼《シャンハイろう》という古い旅館がある。前夜ここに一泊したのにはわけがある。某出版社にUさんという顔みしりの女性編集者がいる。三味線の名取で、とりわけ浪曲の伴奏では玄人はだし。この人は東京のどこかに歴とした住まいがあるのに、週に一回根津のお師匠さんに稽古をつけてもらい、後は根津千駄木《せんだぎ》のどこかで泥酔して上海楼にへたりこむ。その話を聞いて、話のなかに出てくる上海楼に一度ぜひ泊まりたいと思ったのである。往年は東京で一、二を争う中華料理の宴会場で、文士の出入りもしきりだったそうだ。

もともと根津は明治以後、吉原に次ぐ大遊郭のあった土地である。坪内逍遥夫人のセンさんもここの遊女だった。松本清張の『文豪』には、早稲田大学教授から文学部長になった逍遥が夫人の過去を顧みて自殺に近い死に方をしたという推理が展開されている。東京帝国大学が遊郭西の崖の上にあった。これでは学生に行くなというほうが無理だろう。明治二十一年（1888）、東京府は遊郭を深川洲崎《すさき》に移転させた。遊郭は消えたが、その跡に旧娼家を踏襲した大宴会場や旅館が残った。上海楼もそうした後遺症の産物のようなものだろうか。

上海楼に一泊。翌朝一番に根津神社に詣でた。季節は晩秋。早朝の境内は銀杏の黄葉で金色《こんじき》に燃えている。カメラを抱えた先客がもうところどころに三脚を立てていた。根津神社は広い境内に樹木がうっそうとして、都心部にはめずらしく緑ゆたかな神域だ。折からの快晴にジョギング、散歩の年配者が多い。

根津権現裏の崖上によじ登る。ここを本郷通りまで行くと中山道と岩槻道の分岐点がある。そこで「追分」の地名がついた。東大農学部の西側に当たる場所だ。

戦前は追分から団子坂にかけて学生相手の安下宿が散在していたらしい。どなたもご存じの江戸川乱歩『D坂の殺人事件』も、このあたりに下宿していた遊民の話だ。D坂とはいうまでもなく団子坂のこと。藤沢清造『根津権現裏』の語り手の友人岡田も、追分の下宿屋の一室で性欲と貧困と病気に悶々と悩んでいる。ことほどさように苦学生や遊民、万年文学青年を一緒くたに呑みこんだ下宿街だった。

もともとここらは千駄木《せんだぎ》の台地からがくんと谷間に崖が落ちこんでいる地形である。永井荷風の『日和下駄《ひよりげた》』の「崖」の章に出てくる道がここにある。現在は日本医科大病院の横を通るこの道は、西側が崖地の藪だらけだったので「藪下《やぶした》通り」とも称された。

「根津権現の方から団子坂の上へと通ずる一條の道がある。私は東京中の往来の中《うち》で、この道ほど興味ある処はないと思っている。片側は樹と竹藪に蔽われて昼なお暗く、片側はわが歩む道さえ崩れ落ちはせぬかと危《あやぶ》まれるばかり、足下を覗くと崖の中腹に生えた樹木の梢を透して谷底のような低い処にある人家の屋根が小さく見える。」（『日和下駄』）

この道を通って荷風は森鷗外の観潮楼を訪ねるのである。曰く、「当代の碩学《せきがく》森鷗外先生の居邸はこの道のほとり、団子坂の頂《いただき》に出ようとする処にある。」

団子坂は汐見坂ともいった。それを漢語にあらためて観潮楼。昔はここから東京湾の見晴らしが利いたのだろうか。とまれ坂上の観潮楼、坂下の藤沢清造の貧乏下宿。なにやら天国と地獄といった趣がある。

観潮楼に鷗外を訪れた荷風は、八畳六畳の書斎兼客室でしばらく待たされる。六枚屏風が立てめぐらされ、覗くと奥に大量の洋書が積まれている。この時代のことである、並の人間なら、大量の洋書があればれいれいしく見せびらかすところだが、鷗外ともなると逆に屏風で見えないように隠している。荷風はその奥ゆかしさに参ってしまう。

そこへ鷗外が「ヤア大変お待たせした。失敬失敬」と云いながら入ってくる。金巾《かなきん》の白い襯衣《シャツ》一枚、その下には赤い筋の入った軍服のズボン。「何の事はない。鷗外先生は日曜貸間の二階か何かでごろごろしている兵隊さんのように見えた。」

観潮楼は現在では鷗外記念本郷図書館にさま変わりしている。さすがに鷗外関係の図書がそろっている。そうはいっても地域の図書館だから、ご近所の小中学生、卒論の資料を探しにきている大学生、鷗外好きの社会人らしい利用者などが多いようだ。

鷗外記念本郷図書館前の団子坂を横断してさらに北へ、千駄木の住宅街を行くと、樹々《きぎ》を透かして谷底に水鳥が浮かんでいる池が見える。これが須藤公園。元は品川弥二郎（維新の功臣）邸だったという。ここはいつきても人気《ひとけ》がない。都心ではめずらしく閑雅な気分を味わえる公園で、以前よく二日酔いさましにここのベンチで小半日転がっていたものだ。

それからまた団子坂下に戻り、上野の山に通じる三崎《さんさき》坂下をうろついた。藍染川を暗渠化した後の、あまり広くない道を歩く。この道もいいが、わたしは不忍通りから一本裏に入った商店街が好きだ。北へまっすぐ行くと谷中銀座下の夜店通りに出る。この道の根津と谷中の中間あたりに前から気になっている建物がある。曙《あけぼの》ハウス。木造三階建ての、昔はさぞハイカラだっただろうと思える建物だ。それがいまは真っ黒な口をあんぐり開けて巨獣のようにうずくまっている。この前通ったときは奥の一室に電灯がついていた。だれかまだ住んでいるのだろうか。

谷中銀座に出た。そろそろ日が傾きかけて、夕方の買い物客が立て込んでいる。「夕焼けだんだん」の愛称の石段が文字通り夕日を浴びて、町並みがふしぎな明暗をかもし出している。

ここらで日暮里駅へ出て帰途につけばいいものを、夜店通りまできてしまうとそうはいかなくなる。谷中銀座を横目に見て、夜店通りをしばらく直進して左の横丁に入りこむ。飲み屋、スナックが立ち並ぶすずらん通りという名の横丁だ。それからそば屋の看板を上げていながらそばを食べている人を一度も見かけたことがない「あかしや」という店にもぐり込む。

ここの常連には知り合いのテキヤがいて、絵描きの友人がいる。日本医大病院や東大の先生がくる。ハサミムシが専門という、変わり種の昆虫博士がいる。それにいつ行ってもカウンターの同じ席で飲んでいる近所のおばさんがいる。おばさんは長い長い夕飯を毎晩ここですますのだ。そうだ、このあいだは文化人類学の山口昌男さんとそのご一統が『内田魯庵山脈』の内輪の出版記念会だといって気勢を上げているのに出くわした。

今晩はまだ早いので、例の常連のおばさんしかいない。それでも一本二百五十円のお銚子を空けるにつれて話は弾み、近所の初音湯《はつねゆ》（ここは白いお湯が出る、知る人ぞ知る鉱泉湯ですぞ）のことや、今度できた千駄木の画廊は二階に泊まれるスペースがあるなど耳寄りの情報を仕入れた。谷根千《やねせん》（谷中・根津・千駄木の総称）の飲み屋は居心地が良い。

15 柴又帝釈天と新宿

柴又《しばまた》駅前に寅さんの銅像が立っている。雪駄ばきに中折れ帽、トランクひとつをぶら下げて、どこぞの高市《たかまち》から戻ってきたのか、それともこれからふらりと旅に出るのか。でもこちらには、銅像よりも駅前広場そのもののほうがなつかしい感じがする。戦後のバラック建て飲食店がそのまま残っている。駅前売店、フィルム速成現像店、駄菓子屋、弁当屋、ラーメン店——その一軒の立ち食いソバ屋に寄って三百円のラーメンで腹ごしらえをした。

柴又街道を横切って門前町に入ると、さすがに古色が匂う。川魚のつくだ煮、名物の草団子、うなぎ蒲焼の川千家《かわちや》。そうか、いま思い出した。五〇年代に学生だった当方にとって、柴又といえば寅さん映画よりむしろ『大番』だった。加東大介の丑之助と淡島千景のおまきさんが川千家の二階でランデブーするのだったっけ。

二天門をくぐると瑞龍の松のある帝釈堂《たいしやく》だ。ここでお賽銭をあげて帰ってしまってもいいが、せっかくだから大客殿と邃溪園《すいけいえん》を拝見しておきたい。帝釈堂の外壁の四方にはみごとな木彫り彫刻が彫り込まれている。法華経の説話を続き絵にしたものだ。さらに法華経彫刻に行き着くまでの回廊の欄間には、参詣客の道中風景がレリーフに仕立ててある。それを見ると、房総方面から来て立石《たていし》（葛飾区）の掛け茶屋で休んでから詣でるのが定番のコースだったと知れる。いずれにせよ房総との関係が浅くない。名物の草団子のよもぎも房総から仕込む。だから材料に困らないのだと聞いたことがある。

かつては都心方面からの参詣客も多かった。明治四十四年（1911）刊の若月紫蘭《しらん》『東京年中行事』によれば、帝釈天の初庚申の日には上野から七回の臨時電車が出たという。乗客の総数八千六百余人。一粒御符《いちりゅうごふ》という小さなお札十七万枚を売りつくした。電車でくる人のほかに夜通し歩いてくる人がいた。それを目当てに向島の小梅、曳舟《ひきふね》通りあたりからもう夜通しの夜店が立った。「壺焼屋おでん屋なんど、一、二町毎に腰掛け場を設けて客を呼んでいる。」

夜通し歩いてやっとのことで境内にたどりつくと、両側に露店のカンテラがずらりと並び、本堂はもう講中の面々で芋を洗う混雑、といったようなわけで、寅さん人気の今時よりずっと繁昌していたようだ。

帝釈天の裏手の門から、尾崎士郎『人生劇場』でおなじみの川魚料理の川甚の前を通って江戸川の土手に出る。対岸が松戸の矢切《やぎり》だ。その少し南が市川の国府台《こうのだい》。折しも快晴の日和とあって、ひろびろとした河川敷にはピクニックの家族連れ、犬を連れた散歩人、野球少年、乳母車に赤ちゃんを乗せた若夫婦なんぞがのんびりと散歩している。

川岸のベンチはご老体のひなたぼっこの特等席だ。その真ん前に「矢切の渡し」の発着所がある。向こう側から船が出るのだが、こちら側で乗ってそのまま戻ってくる人が多い。

昭和四十年頃、俳人石田波郷《はきよう》が『江東歳時記』の取材でここを訪れたことがある。渡し船は交通機関としてまだ現役だった。「一、大人十円、小人五円。一、自転車十円、一、風水害の場合は以上の限りではありません。」との貼紙があったそうだ。

「上は葛飾橋、下は市川橋までの長い間隔は、この渡船の利用価値を失わしめない。」波郷はそう書いているが、その利用価値とやらもそろそろ疑わしくなっていたのだろう。

用もなく乗る渡船なり猫柳

と句のほうでは実用的な価値に懐疑的だ。

ところで、矢切の渡しから帝釈天のあたり一帯を散策する人が、かならずといっていいほど話題にする場所がある。新宿というところだ。渋谷新宿の、あの「しんじゅく」ではない。「にいじゅく」と読む。

江戸時代、日本橋を出て水戸街道最初の宿《しゆく》は北千住。その次が川を渡って松戸になるのは、どなたもご存じの通り。ところがその間に宿泊はしないが一休みして食事をとる、いわゆる「間《あい》の宿《しゆく》」があった。それが新宿で、中川の東側にあった。中川を渡る「新宿の渡し」があり、渡し船が着く岸のあたりが上宿《かみじゅく》、それから中宿、下宿の順でいまの金町のほうまで続いている宿場だ。

芭蕉は行徳船を使って鹿島の山の月を観に出かけた。行徳船は日本橋小網町から出る川船で、まず小名木《おなぎ》川に出て、新川から江戸川をさかのぼって本行徳に出る。それから木下《きおろし》まで歩き、利根川でまた船に乗って鹿島神宮まで行くコースだ。

明和八年（1771）三月、諸九尼《しょきゅうに》という女流俳人が『おくのほそ道』の足跡を踏むべく京都から単独で奥州道中に出かけた。しかし芭蕉のように日光街道を行くと、利根川を前にして房川《ぼうせん》渡中田関所（今の栗橋）がある。通るのに「御留守居証文」という手形が必要だ。女の一人旅は関所の詮議がきびしい。そこで諸九尼はどうやら鹿島詣の行徳船を使ったらしい。「この舟に乗ると小名木川と中川が合流するところに船番所があり船舶や旅人の検閲をしていたが、市川・小岩関所に比べると調べはゆるやかだったといわれる。」（金森敦子『江戸庶民の旅』）

利根川の本格的な関所にくらべると調べが比較的ゆるやかだったので、中川・小名木川を通るこの舟道のほうが秘密ルート化していたらしいのだ。そういわれてみれば中川流域は、たしかに抜け道を大目に見てくれるような、のんびりした風情がないこともない。げんに渡しがあっても舟銭《ふなせん》を取らなかった。文化文政年間に江戸近郊を歩いて『江戸近郊道しるべ』を書いた村尾嘉陵《かりょう》は、「半田いなり詣の記」に書いている。

「二軒茶屋の前を東に向て五七丁ゆけば、新宿のわたし場（現在の中川橋あたり）に出（中略）、新宿の渡し、川はゞさのみ広からず、水勢もなごやか也、渡り守舟さしてわたる、僧俗とも舟銭をとる事なし。」

新宿には川魚を食べさせる料理屋が何軒かあったらしい。村尾嘉陵は中宿の中川屋という料理屋に上って昼食をとった。ただしこのときは不漁で、うまい魚を食いはぐれた。同書にいう。

「わたしを上りて、上宿の入口に旅店三あり、中につきて中川屋といふは、つきづきしく門かまへて、座敷、調度までも清ら也。入りて昼の飯した丶む、二三日季候のよからぬゆへか、さらに魚なし、秋に成なば必こよかし。前の川にてとりたる、鱸《すずき》、鯉など奉るべし、とあるじのおのこいふ。」

ことほどさように、わざわざ鯉や鱸を食いにくる客で賑わった土地だったのだ。

それを思えば、新宿から帝釈天まで歩いて数丁の距離しかないから、中川べりの料理屋が川甚や川千家にお株をとられたと考えればつじつまが合う。村尾嘉陵は帝釈天にも詣でているが、ざっと寺のたたずまいを述べた後、「寺中近傍ともさせる見所なし」とそっけない。

ほかにこれといって何もない文政当時の帝釈天に、しかしひとつだけ見所があった。「寺の房に、児輩ものよむを聞ば、『大學』を誦する也けり、こは近きあたりの児どもらに、ものよみ書事など、あるじの僧の教るにや、今の世のかの宗門の僧にはいとめずらし。」

日蓮宗の僧にあまり学僧はいなかったという意味だろうか。それでもめでたいことに、柴又門前町は団子屋商売や川魚屋より学問教育に熱を入れていた昔があったのだ。

さて新宿は、明治になると交通手段が水運から鉄道に変わり、中川の水運は常磐線に交通の便を奪われて没落した。しかし大正時代までは往時の面影がまだうっすらと残っていたらしく、田山花袋《かたい》の『東京近郊一日の行楽』には新宿の独特の魅力を語ったくだりがある。

「大抵の散策者は、しかし、この付近に、新宿《にいじゅく》という衰えた昔の宿のあるのを知るまい。そこは柴又から亀有の停車場に行く途中にあって、そこまで一里半位あるが、そこは東京附近に稀に見るようなさびしい衰えた町で、一種廃物のようななつかしい気分を感ずることが出来る。」

「一種廃物のようななつかしい気分」とは、いいえて妙だ。新宿は川魚料理がおとろえると東京市街地へ出荷する野菜の産地になった。『東京近郊一日の行楽』の田山花袋が歩いたのはその頃のことだ。人工肥料がない時代のことだから肥溜めの人糞肥料がモロにプンプン臭っていたそうだ。

いまも野菜畑はないことはないが、中小の工場や住宅の中にチラホラまじって、というより埋もれて、臭いさえしない。宿の中心部だった中宿は亀有警察署と葛飾図書館にはさまれて、水戸街道のすさまじいトラックラッシュのド真ん中に肩をすくめている。無用の長物と化した「新宿の渡し」のほうが先にすたれてしまっただけに、まだしも昔の面影を凍結していた。中川橋から見える水も高度成長時代ほど汚れていない。まあまあ我慢できる程度の半透明にまではこぎ着けたか。

橋のたもとに小さな祠《ほこら》が立っている。汚染度は落ちたといっても、祠の古色と釣り合うほどきれいな川ではないようだ。ついこの間まで中川は型つけ師が染めつけをしていた清流だった。それを思えば、あまりの変わりように唖然とせざるを得ない。『江東歳時記』の石田波郷が、

中川につばめまだ来ず布晒《ぬのざら》し

と詠んだ実景は、わずか四十五年前、五〇年代後半のことだ。そうはいっても、荒川放水路から綾瀬川、中川、江戸川、そして灌漑用水の葛西《かさい》用水と上之《かみの》割《わり》用水と、このあたり一帯はどこを歩いても「川のある下町」の気配がする。

帰途は亀有駅前からバスに乗って高砂に出た。バスは昔の新宿の町中を走った。お年寄りと塾通いの小学生ばかりのバスの相客に、ほのかに失われた水の匂いがただよった。

16 北千住往来

北千住界隈は、隅田川に西と南、荒川に北、東をＪＲ線および東武線に仕切られて、島のように孤立している。

こういう町が好きだ。

住民の大部分はもう何代目かで、外から移住してくる人がほとんどいない。元からの住民は変化がないのを楽しんでいるから、買い物は昔なじみの八百屋、魚屋、肉屋ですませている。

当然のことながら、スーパーの必要がない。大手スーパーの建物を見かけない代わりに、江戸時代から続いている飴屋や川魚の佃煮屋があったりする。その飴屋のおかみさんのテキパキした東京弁が聞ける。戦前の東京言葉をしゃべれる人間はもうそろそろ絶滅しかけているのだ。さらにうれしいことに、大黒湯、梅の湯など知る人ぞ知る古い銭湯が何軒かある。

住み心地がいいから住みついた人はそのまま年取っていく。お年寄りが多い。町の中心の旧日光街道の繁華な通りで、そんなお年寄りがお店の人と立ち話をしながらのんびりと町歩きを楽しんでいる。

アルフレート・クービンというウィーンの画家・作家に『裏側』という小説がある。一人の旅人が、中央アジア奥地のサマルカンド近くの砂漠で、地図にない都市に迷い込んでしまう。と、はじめて見る都市なのに、遠い昔にどこかで見たことがあるような気がする。

それもそのはず、この蜃気楼のような都市は、建物といい、家具といい、日常品から服飾に至るまで、あらゆるものを一八七〇年までのヨーロッパ各地の古物ばかりを集めた「つぎはぎ細工」で構成してあるのだ。時代から取り残された、骨董と廃物だけでこしらえあげた町。その骨董と廃物は、どうかすると旅人が幼児だった頃の環境を構成していたものばかりと思えて、彼はたとえようのない安らぎを覚える。

北千住は現役の町だからそれほどの骨董品ではない。しかしある意味で盛りを過ぎた町にはちがいない。日光街道と水戸街道の交点として江戸の青物や薪炭の物流の一大拠点だった宿場町。千住大橋の北側には現在もやっちゃ場の名残が見られる。しもた家の軒先に古い屋号の木看板を観光用にぶら下げた旧問屋街がずらりと並び、商人たちの往時をしのばせる。

反対の荒川寄りの千住四丁目五丁目にも、絵馬屋や江戸以来の伝馬《てんま》問屋横山家や名倉《なぐら》接骨院のある古くからの一郭がある。おまけに、これは戦後開店のお店だろうが、「槍かけ団子」のかどやがある。日光街道からちょいと右に折れた水戸街道沿いに光圀《みつくに》公（水戸黄門）ゆかりの「槍かけの松」があった。昭和二十年代にその松が枯れ、「槍かけ」の名前を頂戴した団子屋だけが残った。ざっとそういう由緒だが、由緒とは無関係に、ここまで来るとかならず一串八十円なりの団子をくわえたくなる。こし餡をこってりぬってふしぎに口当たりよく、つい四、五本は平らげてしまう。

およそ半世紀前の学生時代、わたしは千住大橋近くの金物屋の息子さんの家庭教師を仰せつかっていたことがある。おかげであたりの地理は一通りわきまえている。まず、駅前の飲み屋街のすぐ裏手にある、森鷗外の小説「カズイスチカ」の橘井堂《きっせいどう》医院跡。現在は都税事務所の敷地内にその旨を記した碑銘が残っている。鷗外の父森静男が開業していた医院だ。

「カズイスチカ」というのはドイツ語で「症例報告」の意味。そして小説「カズイスチカ」は、表題の通り、北千住近在の患者を相手に実地に医療行為をした「症例報告」を、当時の町と農村の風俗習慣の観察を交えて小説化した作品である。

鷗外はやがてドイツ留学を経て帰国し、それからは実地の医療行為はしない公衆衛生問題に主として没頭した。したがって鷗外にとっての医療行為の経験は、これが最初で最後だった。十九歳で医学部を「卒業する少し前から、休課《ママ》に父の許に来ている間は、代診の真似事をしていた」のだ。それも医学書の知識だけで、両顎の外れた男や、一枚板という奇病に襲われた少年を治療し、原因不明の女の腹部腫瘍を正確に妊娠と診断し、のみならず首尾よく快癒させた。同じアルバイトといっても、当方の家庭教師とはケタが違う。

橘井堂医院の当時のことは鷗外の実妹の小金井喜美子『鷗外の思い出』にくわしい。薬師様の縁日、街道筋の貸座敷や青楼の淫靡《いんび》な夜景。しかしなんといっても出色なのは、兄鷗外に寄席や葛餅を食べに連れていかれた思い出だ。

ある日鷗外が「おい、行かないか」と声をかけるのでついて行く。

「縦の小路を曲がると宿場の街に出ます。右のほうは崩れかかった藁葺の農家が二、三軒あるだけで、あとは遠くまで畠や田圃が続き、処々《ところどころ》の畦《あぜ》には下枝をさすられた榛《はん》の木が、ひょろひょろと立っています。」

そんな貧相な風景の先で「木の狭い橋」を渡って土手に上り、茶店の葛餅を食べた。「その堤は毎日通う小学校の続きになるので、名高い大橋に対して小橋という。」

これがいわゆる千住小橋。現在は道路になっているが、橋下の流れが千住堀だった。

橋を向こう側に渡るといまのやっちゃ場跡の旧問屋街で、手前の橋の北詰には、馬寄場、茶屋、旅籠屋、駕籠屋、貫目改所《あらためじょ》、問屋場《といやば》があり、毎日馬五十頭・人足五十人が用意された。当然そこには飛脚屋があって、いまのNTTや宅配便並みに繁盛した。現在、眼鏡屋と千寿小学校のあるあたりが跡地である。その飛脚屋の中屋六右衛門、通称中六が還暦を期して大酒飲みコンクールを催したことがある。

酒は飲み放題。我と思わん者は競って参加されたし。

たちまち江戸中の評判を呼んだ。「文化十二のとし乙亥《きのとい》霜月廿一日江戸の北郊千住のほとり中六といへるもの、隠家にて酒合戦の事あり。」

蜀山人《しょくさんじん》『後水鳥記《ごすいちょうき》』の冒頭にそうある。水鳥の水はサンズイ、鳥は酉《とり》に通じる。つまりは酒だ。当日は漢詩人の亀田鵬斎《ほうさい》、画家の谷文晁などが陪席して審判役を務めた。さすが江戸中の飲んべえが蝟集《いしゅう》しただけに二升三升はざら。二升五合入りの緑毛亀という大盃を三杯飲みほす剛の者もいたとか。もっとも蜀山人は、どういうわけか当日姿を見せていない。この日の情景は、後日の聞き書きで書いたようだ。

それはそうと、『後水鳥記』というからには、オリジナルの『水鳥記』という書物がどこかに存在するはずだ。先行する下敷き（サブテキスト）に合わせて、そのパスティーシュ（文体模倣）ないしパロディーとして『後水鳥記』が書かれたわけだから。

『水鳥記』という書物は実在した。蜀山人の『調布日記』にも出てくる。蜀山人こと大田南畝、生名大田直次郎は幕吏として多摩川一帯を検分した際、川崎の大師《だいし》河原《がわら》村で「そのかみ水鳥記にみえし地黄坊《ぢおうぼう》樽次《たるつぐ》と、池上太郎右衛門と酒合戦せし時」の模様を聞き及び、池上家所蔵の樽次作『水鳥記』も一読に及んで、いずれその種の催しあれかしと、かねて手ぐすね引いていたのである。そこへ飛脚屋中六の大酒飲みコンクールの話を聞き、これに便乗したと思しい。

ついでながら地黄坊樽次『水鳥記』も本歌取りの作である。『水鳥記』の成立年代は寛文六年（1666）。これをさかのぼること七百五十年余り、延喜十一年（911）夏六月十五日、宇多《うだ》上皇が侍臣八人に酒を賜ったとの記録がある（『本朝文粋』、紀納言「亭《てい》子院《じのゐん》に飲を賜ふ記」）。

「選に応ずる者は、ただ参議藤原仲平、兵部大輔《たいふ》源嗣、右近少将藤原兼茂、藤原俊蔭、出羽守藤原経邦、兵部少輔良岑遠視、右兵衛佐藤原伊衡《これひら》、三位平希世のみ。皆当時に双《ならび》なく、名号《みようごう》甚だ高し。酒を飲むこと石《こく》に及ぶといへども、水を以て沙《すな》に沃《そそ》ぐが如きものなり。」

いずれ劣らぬ剛の者ぞろい。これが飲みに飲んだ。口に任せて飲み、六、七巡に及んで「満座酩酊せり。」

酔ったはいいが、後がよくなかった。門の外に倒れて寝てしまう者あり、嘔吐する者あり、舌がもつれてれろれろになる者あり。「その余、我にして我にあらず、泥《でい》のまた泥なり。」

堂上公家にしてこのざまとは。蜀山人はその醜態を思い起こしてなじる。

「かの延喜の御時亭子院にみき（酒）賜りし記を見るに（中略）、あるは門外に僵臥《きようが》（倒れ伏す）し、あるは殿上にえもいはぬものつきちらしてわずかに乱れざるものは藤原の伊衡一人にして駿馬を賜りて賞せられしとなん、かれは朝廷の美事にしてこれは草野の奇談なり（中略）、むさしののひろき御めぐみ延喜のひじりの御代にもたちまさりぬべきと此一事を見てしるべきかも。」

つまりはこれをいいたかったのである。江戸の素町人はもとより、飛脚や博労をまじえた酒飲みでさえ、これほどの醜態をさらすことはない。おそれ多いことながら、宇多上皇の侍臣より文政の御代の江戸町人のほうが酒品は上とみえますな。

それはそうと『水鳥記』『後水鳥記』のネタ本らしき紀納言「亭子院に飲を賜ふ記」も金無垢のオリジナルとはいえないのではあるまいか。衛の武公が朝廷の酒宴に座してその乱酔ぶりをうたった、『詩経』（前十〜六世紀頃成立の中国の古詩集）の「賓之初筵《ひんししょえん》」という詩篇がある。「亭子院に飲を賜ふ記」には、この詩の模作と思しい節がある。『詩経』の問題の件を、ここは海音寺潮五郎の読み下し、自由訳でお目にかけよう。

賓之初筵　賓《ヒン》ノ初《ハジ》メテ筵《エン》スル　賓客の席につくはじめは
温々其恭　温々《ヲンヲン》トシテ其《ソ》レ恭《キヨウ》ナリ　おだやかでうやうやしい
其未酔止　其《ソ》ノ未《イマ》ダ酔《ヨ》ハザルトキハ　まだ酔はぬうちは
威儀反々　威《ヰ》儀《ギ》反々《ハンハン》タレド　威儀あつて沈重だが
曰既酔止　曰《ココ》ニ既《ステ》ニ酔《ヨ》ヘバ　さて酔つてしまふと

威儀幡々　威儀《ヰギ》幡々《ハンハン》　威儀はどこへかふつ飛んで

酒宴の客たちは、はじめのうちこそ礼儀作法に則って秩序正しく飲んでいる。やがてだんだんに酔いがまわってくる。するともういけません。酒の勢いにまかせて自制心は失われ、自分が自分でなくなってしまう。

賓既酔止　賓《ヒン》既《ステ》ニ酔《ヨ》フ　賓客がすでに酔つてしまふと
載號載呶　載《スナハ》チ號《ゴウ》シ載《スナハ》チ呶《ド》シ　呼ばはり立て　わめき散らし
亂我籩豆　我《ワ》ガ籩豆《ヘントウ》ヲ亂《ミダ》シ　わが前のうつはをとり散らし
屢舞僛々　屢〻《シバシバ》舞ウテ僛々《ギギ》タリ　しばしば舞うて足もとよろめく
是曰既酔　是《コ》レ曰《ココ》ニ既《ステ》ニ酔《ヨ》ヘバ　かうして酔つてしまふと
不知其郵　其《ソ》ノ郵《トガ》（＝尤）ヲ知《シ》ラズ　もうその尤《とが》もわからぬ
側弁之俄　側弁《ソクベン》之《コ》レ俄《ガ》シ　弁《かむり》はゆがみかたむいて
屢舞傞々　屢〻《シバシバ》舞ウテ傞々《ササ》タリ　くどくど舞うてやめはせぬ
既酔而出　既《ステ》ニ酔《ヨ》ウテ出《イ》デナバ　酔うてその場を退《しりぞ》くなら
竝受其福　竝《ナラ》ビニ其《ソ》ノ福《フク》ヲ受《ウ》ケムモ　ひとしくその福を受けようが
酔而不出　酔《ヨ》ウテモ出《イ》デズバ　酔うても去るを知らぬなら
是謂伐徳　是《コレ》ヲ徳《トク》ヲ伐《ウ》ツト謂《イ》フナリ　これこそ徳を傷けるふるまひといふものだ

飲酒孔嘉　酒《サケ》ヲ飲《ノ》ムモ孔《ハナハ》ダ嘉《カ》ナルハ　酒を飲んでも亂れぬは

維其令儀　維《コ》レ其《ソ》レ令儀《レイギ》　まこと美しい禮儀だがなあ

酔いがまわるほどに怒号し、わめき、立ち上がってよろよろと舞う。ペラペラ長口舌をふるう。ドンチャン騒ぎをやらかす。酔って機嫌よく帰ればいいのだが、長っ尻を決め込んでいると最後はろくなことにならない。酒席はほどほどに礼儀をわきまえて過ごすべきである。

しかしそんなことをいったって、酒飲みがおいそれということをきくわけがない。あべこべに逆ねじを食わされクダを巻かれて、いわれのない暴言や拳骨のひとつふたつを食らわされるのがオチだろう。

古代中国の宮廷の酒宴からして、つとに酔漢の乱暴狼藉はお定まりだったのである。それがわが国に踏襲され、ずるずると江戸後期の千住の酒合戦にまで及んだ。しかし宮廷の閑人とちがい、ふだん身体を使って仕事をしている宿場の町人や人足が主役だから、見苦しい酔い方はしない。そのためにかえって良い目が出た。武蔵の住人蜀山人としては、そういいたかったのだろう。

ちなみに地黄坊樽次作『水鳥記』は、蜀山人の『後水鳥記』ばかりではなく、他の江戸文学の戯作にも多くの材料をもたらした。未見ながら虚生白真人『続水鳥記』があり、式亭三馬『当世七癖上戸』も『水鳥記』をもじった戯作という。しかしわざと当日の席をはずして、しらふで当日の伝聞を記し、藤原伊衡《これひら》にあやかって一人抜け駆けの功名をせしめた蜀山人の悪知恵にはたぶん太刀打ちできなかったはず。しかしまあ寄り道はこれまで。

酒合戦となるとスケールが大きくなるが、そうでなくても肉体労働者のいる町には酒好きが多い。小金井喜美子『鷗外の思い出』の明治の千住情景にも酒屋で立ち飲みをする男の寸景が描かれている。今時でいう「角打ち」というやつだろう。お嬢さん育ちの彼女にはそれがめずらしくて、忘れられない思い出になったとみえる。

天麩羅屋の金網の上に揚げたてが並べてある。「そこへ一人の男が来て、いきなりそれを一つ撮《つま》んで、隣の酒屋へ入りました。店の人は心得たもので、伏せてあるコップをゆすぎ、一つの樽の飲口から小さな枡に酒を受けて、コップに移して渡します。」

ご存じのように、北千住駅前にはいまもそんなコップ酒を飲ませる立ち飲屋が何軒もある。試みに、中の一軒に首を突っ込んでクイーッと飲《や》った。

いけませんね。とたんに気が大きくなって『後々水鳥記』と行きたくなった。

17 浅草六区

そもそもが観音堂へ参詣する道筋である。江戸市中からくれば、浅草見付（浅草橋）あたりからが浅草だった。だからそちらのほうにまず大きな商家や料理屋が立ちならんでいた。幕末から明治にかけての浅草の思い出を語る彫刻家高村光雲は、表通りの商家や料理屋、横丁裏通りのそば屋、団子屋にいたるまでの地理を、それこそしらみつぶしに思い起こしている（河野桐谷《とうこく》編『江戸は過ぎる』）。

中でいまも残っているのは、駒形のどじょう、並木のそば、広小路のてんぷらの三定《さんさだ》、伝法院《でんぽういん》通りの中清《なかせい》ぐらいだろうか。もっともきちんと調べたわけじゃないので確かなことはいえない。

昭和一ケタ生まれのわたしなどの世代は、蔵前あたりからぶらぶらという経路は身についていない。いきなり地下鉄の終点の浅草駅から地上に出て、松屋の向かい角が神谷バー。西へ歩いて雷門に出て、修学旅行の中学生やお上りさんや外国人観光客が易者の屋台や人力車を背景にカメラを構えてはしゃいでいる大提灯の下をくぐる。そこからは仲見世を抜けて、宝蔵門、浅草寺本堂まで一本道だ。

ナントカ銀座というのがどこにでもあるように、仲見世と名のつく商店街は全国いたるところにある。そのなかで百パーセント物品販売業の仲見世は、本家浅草仲見世以外には世田谷三軒茶屋のエコー仲見世だけなのだそうだ（上坂倉次《こうさかくらじ》『あさくさ仲見世史話』）。あとは多かれ少なかれ飲食店の占める割合が多い。

ということは、そちらの仲見世では飲食店から出てきた酔っぱらいが、昼間から路上をうろついているおそれがあるということだ。百パーセント物品販売業の浅草仲見世にはそれがない。アルコール抜きの商店街なのである。

極端にいえばここには広い意味での子供しかいない。家族連れで来た子供がいる。修学旅行・校外学習の小中学生がいる。好奇心のレベルが子供なみの外国人観光客や老夫婦がいる。売り物も子供っぽい。唐傘や下駄、人形や風鈴、袋物や各種小物、玩具とミニチュア、天津甘栗、厚焼き煎餅、雷おこし、浅草の名入り土産物。大人を相手にしていない商店だから、子供の頃の横丁の駄菓子屋の雰囲気が残っている。子供時代に自然に帰れる安心感があって、いつ来ても飽きない。

店舗も高層化しない。ベンガラ色の二階建て。そもそものはじめは銀座の煉瓦街化にあたって余った煉瓦をここへ持ってきて建てた。だから文明開化の煉化仲見世と呼ばれた。その明治初期以来の煉化仲見世も何度か火災にあって焼失し、いまはコンクリート造りだ。しかし何度再建しても居住空間にはならなかった。

仲見世の「見世」というのは地べたに商品を置いて売る、あくまでも仮設性の空間のこと。これが「店」だと、まさに棚《たな》を作って地べたより高いところに商品を並べ、徐々に軒や庇《ひさし》を出して常設化する「お店《たな》」になる。

山東京伝《きょうでん》『近世奇跡考』に「浅草楊枝店の起源」と題して、「寛政の頃は、店をかまへず、ちいさき長櫃《ながびつ》やうのもののうへに、茶筅《ちゃせん》と楊枝をならべおきて売りけるよし」とある。仲見世はその名の通り楊枝見世などの見世からはじまって「見世」で通し、おおむね仮設性の商店街でやってきたといえるようだ。

さて、『東海道四谷怪談』序幕「浅草観世音境内の場」。舞台上手の楊枝見世ではいましも美人の売り子がかいがいしく働いている。その名もお袖。お袖はお岩の妹で塩冶《えんや》（浅野）家の浪人佐藤与茂七の女房だ。やがて騙されて直助権兵衛の仮女房にされてしまう不運な女だが、芝居の序幕では水もしたたるような美女として参詣の男どもの注目を浴びている。茶見世のかかの話では、このお袖、虫も殺さぬ顔をして夜は密淫をしているという。楊枝見世と水茶屋は競って美人従業員を集めたので、水茶屋のかかはあらぬゴシップを吹きまくって商売敵の評判を落とそうとしたのかもしれない。

『東海道四谷怪談』の歴史的現場は『忠臣蔵』の元禄時代。この頃すでに楊枝見世が繁昌していたということだが、下って明和時代に評判だったのは水茶屋の美人のほうだった。上坂倉次『あさくさ仲見世史話』によると、この頃、仁王門（今は宝蔵門に変わる）前の二十軒水茶屋には美女がそろっていて、「なかんずく隣り合わせの水茶屋、蔦屋のおよしと堺屋のおそでの二人が抜群であった。二人とも錦絵の一枚絵になった。」

錦絵に描かれるくらいだから、彼女たちの容姿が江戸のファッションを左右した。およし、おそでがトップ・アイドルとして評判となった明和六年（１７６９）頃から南北『四谷怪談』初演の文政八年（１８２５）までには五十余年が経過している。明和の水茶屋女おそではまだ人びとの記憶にあったのだろうか。同名のお袖が、今度は舞台の浅草境内の場に楊枝見世の売り子として登場する。それとも、おそで、お袖の名の付け合いは偶然の一致か。

つまらぬ詮索になったが、わたしのいいたいのは浅草仲見世が江戸の華やかなファッション・シーンとしても、売春や殺人という闇の世界に通じる出入口としても、天下周知の場所だったということである。しかも流行の華も、闇の戦慄も、一夜明ければぬぐいさったように消えていた。これが仮設性空間のありがたいところ。

そういえばいまに至っても、浅草、特に六区という場所そのものが、田圃を埋め立てて見世物・芝居小屋、後には映画館を仮設した《人工の土地》という印象をぬぐいがたい。

仲見世の真ん中あたりで伝法院《でんぼういん》通りにぶつかる。左折すると古着屋、古物商、向かいに古本屋という古物ばかりのお店がならぶ一郭に出る。

そこに伝法院の末寺、通称おたぬきさまの鎮護堂《ちんごどう》の山門がぽっかり開いている。伝法院の庭園はつとに知られた名園だが、拝観にはかなり面倒な手続きを要する。それがおたぬきさまの小さな境内から見ると、一定の方向だけではあるが、無料で拝見できる。それでなくても六区・仲見世の喧噪のただなかに、エアポケットのようにぽっかり空いたおたぬきさま境内は隠れ里に似ている。

伝法院通りを西へ行くと六区に出るが、鎮護堂からそこまでの通りがわたしは好きだ。五つに分かれた辻があって、左折すると韓国料理店や煮込み屋がならぶ通り。その角の店がてんぷらの天健《てんたけ》だ。わたしの学生時代だから昭和三十年前後、ここから荷風先生が出てくる光景を見かけたことがある。ちなみに天健のかきあげ丼はボリュームがすごい。

右折すると井上珈琲店がある。画家の井上洋介さんや亡くなった画家の木葉井《きばい》悦子さんとよくここに来た。古いお店なのでおなじみさんが多く、朝のモーニング・タイムにはご近所の中高年客で満員になる。浅草で飲み過ぎて泊まったりすると、朝はここか合羽橋の常盤食堂か、どちらかで朝食をとる。先ほどの五つ辻の一番細い路地を入ると洋食屋のヨシカミ。その手前に荷風がよく踊り子を連れてきた「峠」というお店があったがもうない。

もうないものはまだある。ひょうたん池がない。ずいぶん前に馬券売場に変身した。わたしの学生時代にはまだあって、よしず張りに赤い毛氈のお茶屋が二、三軒ならんでいた。密造のドブロクを中華丼一杯三十円で飲ませてくれた。

その前ということになると敗戦直後の焼跡時代。うかうかしているとアブナイ。なにせ死体がごろごろしていた。戦後も二年経った一九四七年夏の六区を当時浅草在住の作家一瀬直行《いちのせなおゆき》はこう書いている。

「とまった儘の噴水のところから馬道《うまみち》へ抜ける公園の道ばたに二人の孤児が、頭をそろえて死んでいた。水族館の裏側の植込みから、白い足が二本ぬっと出て、誰か倒れていたた。植込みの雑草をどけてみたら、若い女の足かと見えたのが、これは老爺の白くむくんだ太い二本の足であった。半眼開いた儘、息は絶えていた。まだ傳法院の塀際に男の死骸が、とり片付けられないでいるのに、そこから池の方へ出て、まだバラックの建たない焼けあとには、丁度同じ年配の、同じような身なりの若い男が、死んでいた。」(「赤い月」)

なにも浅草に限った話ではない。上野にも、有楽町にも、似たような光景はあった。しかしこれだけ死体がごろごろしていたというのは、そんな無名の死体たちにとって、浅草六区がどこよりも死に場所としてなつかしく温かい土地だったからではないか。いまは浮浪児でも、つい二年前の大空襲——それで彼以外の家族が全滅した——までは父母や兄姉とここへ映画演芸を観にきた思い出があるのだ。

まだ時間が早い。観音様にお賽銭を上げた。おみくじを引いた。それから境内を横切って木馬館《もくば》に向かう。ここは階下が浪花節や演芸の木馬亭で、階上が大衆演劇の木馬館。階下の木馬亭は往年の大興行師根岸組の未亡人がいまだに現役で経営しておいでだ。根岸未亡人にはずいぶんお世話になった。一時定宿みたいにしていた角海老《かどえび》という旅館もこの人に紹介された。吉原のあの有名な大時計塔のある角海老とはちがう。なんでもこちらのほうが本家なのだそうだ。こぢんまりして、朝ご飯のおいしい、良い旅館だった。ちょっとごあいさつしてからまた六区に戻った。おどろいたのは、六区の演芸場の並びの大勝館《たいしよう》がいつのまにか大衆演劇の小屋にさま変わりしているではないか。木馬館の強敵あらわるか。

あとで消息通から得た情報では、大勝館と木馬館とでは掛かる芝居の系統も客筋もちがうのだそうだ。それに聞くところによると、いまや日光街道沿いのめぼしい町々には点々と大衆演劇の小屋ができて、おばさんファンは第二の下町の玉三郎の出現を待望しているという。

そういわれてみると、昨日まで暴走族のアンちゃんだったのがにわかに化粧がえして国定忠治の子分役を相務めている風情。ハネた後の出口にならんで、おばさんファンの手をにぎってねぎらいねぎらわれる姿がいっそかわいらしい。新興浅草大衆演劇は日光街道のファンの受皿として結構イケているのではあるまいか。

そろそろ五時近い。喉が渇いてきた。久しぶりに銘酒専門店の松風《まつかぜ》へ行ってみる。仲見世の子供の時間は終わった。いまや大人の時間だ。大手をふって飲み歩ける。

あいにく松風は定休日とあって、ほど近くにある赤垣酒場へ。ここも古なじみだ。俳句をたしなむ先代が大きな鮪のブツを切ってくれるのを肴に、高清水《たかしみず》の樽酒を二合徳利で飲んだものだ。いまは二代目が包丁を握っているけれども、先代のつれあいのおばさんは健在だ。

浅草へくると往年の美女たちが元気なのがうれしい。根岸さんの奥さんといい、赤垣酒場のおばさんといい、なんだか『舞踏会の手帖』（1937年の仏映画）じみてくる。

その勢いで〆《しめ》は千束のかいば屋。亭主のクマさんが亡くなってかれこれ二十年になろうか。クマさんが現役の頃には、彼が選挙参謀か秘書のような役をつとめていた野坂昭如の御一統様や若手の落語家、阿佐田哲也や田中小実昌が飲みに来ていた。ここも夫人があとを継いでいて、いまでも圓遊や五街道雲助なんぞをよく見かけることがある。昔の常連の作家中山あい子さんの消息をうかがったら、つい先年亡くなったとのこと。浅草へくると若くして逝った友人知人が思い出されてならない。

だからさ、もう一杯。

18　吉原紅燈今昔

中江《なかえ》で桜鍋で一杯やってから廓《なか》へくり込む、なんてことを世が世ならやってみたかったのに、くり込む先の廓はとうになくなってしまった。でも中江はまだ大門《おおもん》前で現業中だから、そこで馬刺しと桜鍋の昼食をとった。午後も一時を回ったあたり。

それにしてもどうして吉原《よしわら》の大門前に桜（馬肉）鍋なのだろう。

浅草から吉原遊郭へ行くには花川戸を通って馬道《うまみち》・千束経由で日本堤に出る道がある。この道を昔はお武家様が馬に乗って吉原まで通ったから馬道だという。あるいはここらに武士の乗馬稽古用の馬場や馬市があったためともいう。地名博士の吉田東伍や考古学の鳥居龍蔵説では、その昔、浅草には馬の牧場があったそうだ。

それで古くから馬肉屋があったという因縁が納得される。千住、日光街道のほうから野菜や米や薪炭《しんたん》を運んでくる荷馬が道端で斃死《へいし》することもあっただろう。それらもろもろが桜鍋に化けた。なんでも明治初期には二十軒からの桜鍋屋があったという。

日本堤の一郭は戦災にも焼け残った。だから桜の図案を掲げた古手の肉屋さんが目につく。ふつうの肉のほかに馬肉も売る肉屋さんも何軒かあるようだ。もっとも中江の若主人によると、ここもいまは九州・久留米産の食用馬肉を出しているという。馬道にちなんだ浅草原産の馬肉はとうに昔話なのだ。

しかしつい半世紀前までは馬肉屋がいわば現役だった。昭和二十年代末の浅草風俗を書いた一瀬直行《いちのせなおゆき》という小説家に、その名もズバリ「馬肉屋」という短編がある。この小説に玉井屋という馬肉屋の娘の目を通じて、吉原土手のにぎわいをながめた描写があるので引いてみよう。

「吉原大門を真中に挟んで、土手の両側には外燈が明るく立ち並んでいた。一方には馬肉屋が軒を並べ、カフェーや小料理屋があちこちに散在していた。大門から山谷停留所にかけて、寿司屋の暖簾が続き、おでん屋の赤い提灯の燈が、ところどころにともっていた。」

ここらの飲食店の客は山谷に寝泊まりしている労働者も多く、焼鳥屋や馬肉屋で一杯ひっかけては、(赤線廃止前の)吉原にくり込んだ。今でもくり込むだけならくり込めないことはない。

「廻れば大門の見返り柳いと長けれど、お歯ぐろ溝《どぶ》に燈火《ともしび》うつる三階の騒ぎも手に取る如く、明けくれなしの車の往来《ゆきき》にはかり知られぬ全盛をうらなひて、大音寺前《だいおんじまへ》と名は仏くさけれど、さりとは陽気の町と住みたる人の申しき……」

ご存じ一葉『たけくらべ』の冒頭である。舞台は明治二十八年(1895)の龍泉寺町。当時の吉原というと、大門口からまっすぐ待合の辻を越えて火の見櫓まで延びる仲之町、その左右にお茶屋、東西京間《きょうま》百八十間に、南北京間百三十五間の廓内を、おはぐろどぶが囲んでいた。

廓の入口は大門口ひとつだけ。一葉の「廻れば大門の見返り柳」云々は『たけくらべ』の子供たちの住まう下谷龍泉寺町が大門の反対側にあって、ぐるっと廻らなければ見返り柳には行き着かない、という意味であるのは、どなたもご存じの通り。

龍泉寺町は俗にいう大音寺前。『たけくらべ』ではここの文房具店、筆屋が子供たちのたまり場だ。しかし江戸時代にはこのあたりに、山谷の八百善と並ぶ田川屋またの名を駐春亭《ちゅうしゅんてい》という一流料理屋があって、酒井抱一《ほういつ》が吉原通いの足だまりにしていたという。抱一は播州姫路城主の弟君。飯島耕一・加藤郁乎《いくや》共著の『江戸俳諧にしひがし』に引かれている駐春亭二代目主人一指《いっし》の『閑談数刻』によれば「毎夕七つ時頃より僕《しもべ》三人召連《めしつれ》多分駐春亭にお立ち寄り、御夕飯召あかり入湯遊はし、京町大もんしや(大文字屋)の裏てより吉原へ入らせけり。」

文字通りの大名遊びだ。

といって大名や豪商ばかりが吉原の客ではない。なかにはからっけつで登楼できないやつも廓を浮かれ歩く。そういうのを、ぞめく(騒ぎ歩く)とか、ひやかすとかいった。

志ん生の落語『二階ぞめき』では、親父から廓通いをさしとめられた若旦那が自宅の二階に吉原の模型を作りつけて、本物の吉原のつもりでぞめく。

「おや、張見世があンねえ。女がいるのがうれしいじゃねエかなァ。ウン。こりゃア、妓夫台《ぎゆうだい》があって、ねえ、若い衆がいらァ。コンなら、素見《ひやかし》ができらァ。」

「ぞめく」も「ひやかす」も、ここではほぼ同じ意味で使われているが、「ひやかす」のほうは、ほんとはちょっとわびしい。田原町の浅草紙の紙漉《す》き職人が一日中冷水に手を突っ込んで仕事をしてから気晴らしに廓《なか》を一回りした。金がないから見て歩くだけ。たまたま遊女が手を握ってみると、これが異様にひやっこい。それでひやかしといった。もうひとつの説では、漉いた紙を寝かせたまま廓を一回りしてくると、紙がちょうどいい具合にひえている。だからひやかしといった。こっちのほうがまだしも救いがある。


当方も昭和二十年代にひやかして歩いたおぼえがある。明治の時計塔付き三階建ての豪奢にはくらべるすべもないが、それでも角海老《かどえび》のような老舗がデンと構えて、廓内は昼もあざむくネオンの氾濫だった。が、いまや真昼間のソープランド街は妙に白々しく、呼びこみの蝶ネクタイのボーイがそこここに所在なげにたたずんでいるばかり。

ウィンドウにピンクのハートなんぞをベタベタ貼って、「ソープ案内喫茶」とやらの看板を掲げている店が何軒か目につく。いきなりタクシーで乗りつけたり、街頭でキャッチされるより、こちらのほうが手堅くてお得ですよといわんばかりだが、さあどうか。いずれにせよ老来とみにそちらのほうはお呼びではないので、まあどうでもいいやい。ちゃッちいけれど新手の引手茶屋が復活していると思えばいいのだろう。

今ではまっすぐに廓裏に抜けられるので、ついでに大音寺前に廻ってみた。樋口一葉旧宅跡の看板が立っている。そこは何の変哲もない仕舞屋《しもたや》で、かつての子供相手の荒物・駄菓子店の面影はない。旧宅跡の看板には、目と鼻の先に一葉記念館がある旨が記されている。そこは後回しにして、先に鷲《おおとり》神社に詣でた。

「此年三の酉まであり て中一日はつぶれしかど前後の上天気に大鳥神社の賑ひすさまじく、此処をかこつけに検査場の門より乱れ入る若人達の勢ひとては、天柱くだけ地維《ちい》（天地を支える綱）かくるかと思はる、笑ひ声のどよめき（中略）さつさ押せ〳〵と猪牙《ちょき》がゝつた言葉に人波を分くる群もあり……」（『たけくらべ』）

どうせくるんなら、こんな威勢のいい日をえらんでくればよかった。あいにく折からの小雨もよいもあって、シーズンオフのお酉様の鷲神社はがらがらだった。

そういえば前に亡命ハンガリー人のピアニストを訪ねてここらをうろついたことがある。あのときも境内は妙にがらんとしていた。彼はパリで知り合った日本人女性と鷲神社境内のアパートに住んで浅草のキャバレーでジャズを弾いていた。十数年前に亡くなった。それをふいに思い出したのである。

そこから一葉記念館のほうに引き返した。道すがらに一葉ハイツという賃貸マンションがあり、一葉屋という人形店があって、その隣が一葉公園。一葉ずくめのしんがりが目指す一葉記念館であった。二階展示室はかなり充実していて馬場孤蝶や半井桃水《なからいとうすい》の真筆書簡などもあり、展示写真で明治二十年代の風俗に接することができる。

階下に降りるとこぢんまりしたロビーで、その隣室で三味線の音につれて小唄をおさらいしている人たちがいる。さすがは下町。粋なもンだ。メンバーは察するに七、八十歳見当の老女たちか。一葉描く美登利や三五郎の孫、曽孫が小唄をさらっていると思えばいい。

19 立石の要石、仲見世

数年前、ちょっとした病をわずらった。多少回復しかけると、むやみに町中を歩きたくなってきた。それも、これまで未知だった町を歩きたい。

二時間かけて東京まで行き、地下鉄や私鉄を乗り継いでお目当ての町に下車する。あとは何の目的もなくぶらぶらする。それだけのことだ。

お目当ての町で一番よく通ったのが立石《たていし》だった。特にどうという町ではない。京成電車沿線にありふれた、かつては中小工場の工員さんとその家族でにぎわった町だ。戦中戦後のことは、つげ義春『大場電気鍍金《めっき》工業所』『少年』、半村良『葛飾物語』、五木寛之『黄金時代』の読者ならよくご存じのことだろう。

いまはそこに描かれているような昔日の面影はほとんど見られない。北口のスナックひしめく横丁に旧赤線名残の気配がチラリとほのめく程度か。いまはむしろ戦後から続く南口マーケット街（立石仲見世通り）のほうに当時の面影がいくぶんなりと残されている。それが着馴れた古いセーターのようにほんわかとこちらの肌に合うので、どうかするとこの町に立ち寄るのである。

マーケット街の入口に立ち食いの寿司屋がある。そのお隣が『下町酒場巡礼』（ちくま文庫）などですっかり有名になったモツ焼き店「宇《う》ちだ」だ。常連が開店と同時に詰めかけるから、いつ行っても満員で入れない。そこから先は、総菜屋、魚屋、肉屋、八百屋、うどん・そば材料店、おでん屋、カレーショップと何でもありで、そのまた先は、乾物屋、古着屋、古道具屋のような鮮度の低いものを売るお店が続いている。

通りの真ん中あたりに（今度行ってみると消えていたが）、すこし前まで、揚げ立てのてんぷらうどんを食べさせる店があった。病後で脂っこいものを禁じられているので、ここでよくてんぷら抜きの素うどんを注文した。そういう中高年が多いのだろう。「あいよ」と応じて、「日那、これからお孫さんとランデブーですかい？」

いやになれなれしい。ということはフリの客はここまではめったに来ない、ということだ。ふだんは近所のご隠居さんしか来ないということだろう。つまりここは「宇ちだ」目当ての外来者は別として、地元の人以外はめったに足を踏み入れない、ご町内のぬくぬくした横丁なのだ。

だから町が地元民およびその環境と同じ齢のとり方をする。久しぶりに訪ねてみると、古着のぶら下がっていたマーケットの外れにシャッターが下りている店がポツポツ目立つ。朝顔形のラッパ付きの蓄音機の上にむやみやたらにぶら下がっている、どっしりと貫禄のある古着類にも、ここ何日かハタキがかかっていないみたいだ。といって今日は古着を買いに来たわけではないから、これは見逃そう。今日はこの先の中川土手を歩いて、ある石を見ようと思って出向いてきたのだ。

瀧澤馬琴『兎園《とえん》小説』第十集に「立石村の立石」の話がある。『兎園小説』は十二人の同好の士が集会し、毎回それぞれ手持ちの奇談を報告したものを馬琴が編集した江戸の奇談集である。

「立石村の立石」の二話後の「人の天降《あまくだ》りしといふ話」は、よくタイムスリップ物のSF時代小説のネタに使われるのでご存じの方も多かろう。

文政七年（1824）七月二十日、浅草南馬道竹門のほとりに、齢の頃なら二十五、六歳。下帯も締めない真っ裸の男が天から降ってわいた。仮死状態になっているので、番屋で手当てをしてやると息を吹き返した。そして申すには、それがしは京都油小路二条上ル町の安井御門跡の家来伊藤内膳の倅で安次郎と申すもの。ここはどこでござろうか、と番屋の者にあべこべに問いかける。なんでも京の愛宕山詣での途中、とある老僧に出逢って誘われるままについて行くと何がなんだかわからなくなり、あげくの果てはここに来ていたというのだ。

しかし今日はせっかく立石まで来たのだから、これ以上、浅草馬道に道草することもあるまい。

さて、肝心の「立石村の立石」である。報告者は海棠庵《かいどうあん》（本名関恩亮）。話というのはざっとこうだ。

下総《しもうさ》の国葛飾郡立石村の元名主新左衛門の畑に高さ一尺ばかりの石が生えている。新左衛門、かねて気になっていたこの石を、ある日思い立って掘り返した。掘っていくと、存外に根が深い。そのうちに日が暮れてきた。残りは明日ということにし、翌朝見ると石は穴の中にすっぽり沈んでいる。しめたと思い、そのまま土をかけて帰った。次の日また様子を見にくると、なんと原状に戻って、またもや地面から一尺ばかり突き出している。

「こゝにおいて、且《か》つ驚き且つあやしみ、その凡ならざるをしりて、やがて祠《ほこら》を石の上に建て、稲荷としてあがめまつれりといふ。〔一説に、石のめぐりに只垣のみしてあり。祠を建てたるにはあらずとぞ〕（中略）おもふにこの石あるをもて、古来村の名におはせけん。猶尋ぬべし。」

この石をあがめて祠を建てたので立石村の名があるというのだ。

兎園会は文政年間に催されている。とすると「立石村」という名前は、その頃にはじまることになる。さあしかしそれはどうか。立石の村名は七百年前の鎌倉時代の文書にすでに登場している。石の発見が立石の村名につながったという海棠庵の推理は、そんなわけでいささか眉唾臭い。「猶尋ぬべし」である。

それはそうとこの石の正体は何だろう。武蔵野研究でも知られた考古学者の鳥居龍蔵博士は、アイヌの建てた古代のメンヒル（巨石遺構）という説を提唱している。半村良の『葛飾物語』もこれを踏襲してストーン・ヘンジ説だ。もっとも、これはかならずしもそうと決まったわけではなく、現在はあまたある説の一つとされている（「葛飾区の歴史と史跡・名所・文化財」葛飾区教育委員会）。

なにしろ奇怪である。石が生きて伸び成長するのだ。しかし石が生きているあるいは成長する、という考え方は、なにも立石の石、あるいは日本の石だけ（「君が代」の「さざれ石の巌となりて」は石が成長することを意味する）の特性ではない。古代ヨーロッパでも、石は生きて成長すると考えられた。しかしキリストが到来すると同時に石は成長をやめた。おそらく万物が生きているというアニミズム的世界観が一神教によって淘汰されたからだろう。

ところで、肝心の祠を建ててあるという石はどこにあるのか。京成立石駅から東へ徒歩十分。ブランコや砂場のある小公園がある。公園名があるのだろうが標示は出ていない。小体な鳥居があって、脇に小中学生の英語塾を兼ねる公民館らしい建物があり、元気な英会話が聞こえてくる。そんな公園の一郭に、なるほど石垣がめぐらされ、その真ん中に問題の石が出臍《でべそ》みたいにペコンと突起している。貧相とまではいわぬにしても、あんまり見栄えがしない。これか、かの立石の石は。

もっとも立石の石といえばこの石ばかりでなく、そこから二百メートルほどの熊野神社にも縁起のよくわからない石棒（または石剣）が祀ってある。ここはどうもふしぎな石だらけの町なのだ。

そこで思い出すのは、少名毘古那《すくなびこな》にまつわる石の霊力のことだ。『日本書紀』に「常世《とこよ》のいます、石立たす、少名御神《すくなみかみ》……」とある。この「立たす」は「顕《た》たす」で、ものを立てるのではなく、（たとえば石に霊力を）顕現《けんげん》させるということだ。つまり石は神を運ぶ乗り物、運んだ先の土地にその霊力を顕現させる器なのだ。なんなら空飛ぶ円盤のようなものだと考えてもいい。

そういえばここから遠からぬ利根川をずっと下った常陸《ひたち》の鹿島地方では、神を運ぶ器の石が、神格そのものと同一視されており、鯰《なまず》と地震の研究で有名なオランダの民俗学者C・アウエハント『鯰絵』によれば、鹿島神宮にある鯰（＝地震）封じの要石《かなめいし》は、地震のエネルギーをこうした石の霊力で抑え込み封じ込んでいるのだという。水路の中川によっても、陸路によっても、立石は常陸方面と江戸を結ぶ交通の要衝に当たる。立石の石はもしかすると要石のコピーまたは端末ではないのか。

するとこの出臍のような、あんまりパッとしない突起物は、関東一円の地下エネルギー管理に重要な役割を果たしている石なのかもしれない。そういえば本家の鹿島神宮の要石も、アウエハント『鯰絵』の口絵写真で見ると、やはりこんなふうに石垣と鳥居で囲われている。

立石村の名主新左衛門が石の根まで掘り抜かなかったのはせめてもの幸いだった。下手な刺激を与えると、眠っていた鯰が暴れ出しかねない。江戸の鯰絵には要石を管理している大黒（いつもは鹿島大明神が管理しているが、神無月には鹿島大明神は出雲に行き、大黒が代行する）が老いぼれて、ともすればうとうとと居眠りしており、危機管理対策に手抜かりが生じかねないと思えるような場面がしばしば描かれている。

要石危うし。抑えが利かなくなった鯰が暴れ出して、いつドカンと来るやもしれぬ。出臍よ、お手柔らかに頼む。

20 中野の象小屋犬屋敷

中野駅北西、環七通り沿いの大新横丁という一郭に以前一年ばかり部屋を借りていたことがある。中野駅に出かけるときには環七に沿って歩く。するとなんだか犬猫病院、ペット美容院がいやに目立つような気がした。思いすごしだろう。でも、待てよ、もしかするとお犬様のご威光がいまだに輝いているしるしかもしれないぞ。

貞享二年（1685）、五代将軍綱吉の「生類憐《しょうるい》みの令」発布以後、思い上がった野犬どもが江戸市中をわが物顔に跋扈《ばっこ》した。そこで幕府は収拾策として、東大久保に二万五千坪、中野に三十万坪の犬小屋を確保してお犬様を収容した。中野には十一万頭が収容され、一日十匹あたり白米三升、味噌五百匁、干鰯《ほしか》一升が食いぶちであった。飼育料は年間三万六百両（今の二十億円ほど）にも及んだという。

その跡地に戦中は音に聞こえたかの陸軍中野学校、戦後は警察大学校、中野区役所が建った。なにしろ三十万坪である。往時は中野一帯がお犬様のパラダイスだったのではあるまいか。

中野は武蔵野のほぼ真ん中にあるので中野というのだそうだ。江戸市中から見れば郊外である。鳥獣虫魚がふんだんに生きていた。虫がいれば、それを狙う鳥獣が巣くう。つまり猟場には最適だ。だから吉宗将軍はじめ歴代将軍の鷹狩り、鶉《うずら》狩りの恰好の場所になった。

現在の中野駅南口、駅前の丸井の裏のちょっとした高台に将軍の「御立場跡」がある。鷹狩りの陣地である。ちなみにここらは現在の桃園《ももぞの》町。その名の通り、むかしは見渡すかぎり桃の花が咲く桃の名所だった。「中野のさきより方二三里の間にみな桃を植えたり。花の頃は見渡し三里が程は一色にして稀有の眺望なり。近年ことに江都《えど》より見物の遊客多し。」(『江戸砂子』)

桃園から南へ下ると青梅街道にぶつかる。これを越えると鍋屋横丁で道なりに西へ進むと堀の内のお祖師様まで通じる参詣道だ。しかしいまはその道を行かず、中野坂を下り、神田川に架かる《淀橋》に出る。

淀橋は、古くは《姿不見《すがたみず》の橋》といった。行きはよいよい、帰りはこわい。この橋を渡った人が帰ってくる姿を見たためしがない。だから姿不見なのだそうだ。なぜか。話せば長いわけがある。

中野の長者という大金持がいた。本名を鈴木九郎という浪人で、紀州から流れてきた。葛西の馬市で馬一頭を売り、思うところあってその代金の銭一貫文を浅草観音堂に全額奉納した。それから中野の家に帰り着くと、家中が燃えるように輝いている。すわ火事かと思いきや、それが家中にあふれている金貨。九郎夫妻はその金で十二社《じゅうにそう》に若一《にゃくいち》王子を勧請《かんじょう》し、同時に銭十貫文をもって今の十貫坂一帯の土地を買い占めた。それからというものトントン拍子に運がつき、いつしか「土蔵の金銀日日に増益して置所なし。」そこで少しずつ下男にこれを担がせて、人のいない野原に埋めさせた。

「かくする事数回なれば、運送の奴僕《ぬぼく》等この事を人に語らんことを恐れ、事毎にこれを橋下に殺す故に、この橋を姿不見の橋と云、往くをみれども返るをみざるの謂とぞ。」（村尾嘉陵《かりょう》『江戸近郊道しるべ』）

その埋蔵品の総量は「漆千盃朱千盃黄金千盃銭十六万貫」。時に永享十二年（1440）。それから三百八十余年下って文政七年（1824）に村尾嘉陵が記しているところでは、「近年（成願寺《じょうがんじ》）境内に於て一壺を掘得、其内みな漆也し事あり」とか。

しかしこれは眉唾物で、橘茂世『北越奇談』にある越後某所の古碑のもじりだと嘉陵自身が注している。越後の古碑の文面は「漆千盃、朱千盃、黄金千盃、朝日映、夕日暉、有梨樹下」。すなわち漆や朱や黄金が朝日に赫《かく》と映え、夕日に輝き、梨の樹の下にそれらの宝物が埋めてあるという。しかしそれは表向きの話で裏がある。

裏というのはこうだ。漆は黒なので北をあらわし、朱は赤だから南、金は黄なので中央、朝日は東、夕日は西。有梨樹下とは、有る無《な》し（梨）だからつまり樹の下を掘ったって何も無い。東西南北中央、どこを掘っても何も出てきやしないさ、という隠語（謎ことば）であった。中野長者の埋蔵品もこの伝で、嘘八百はいうまでもない。

それにしても下男殺しの悪業はたたり、長者の一人娘がにわかに蛇体を顕《あらわ》した。長者は深く悔悟して、淀橋近くに正観寺（後に成願寺）を建立した。これが同寺の縁起で、寺内に由緒書が絵巻物風に張り出されており、これはおおよそのところ村尾嘉陵『江戸近郊道しるべ』の「成子《なるこ》成願寺《じょうがんじ》・熊野十二社《じゅうにそう》紀行」の記述とも一致している。

成願寺は見るだにエキゾチックな観光名物的なお寺だが、背景には新宿副都心のマンモスビルがにょきにょき林立している。それでも新宿がこれほど近いのがちょっと信じがたいほど閑静な寺だ。

さてしかし本日の中野徘徊はこの寺が最終目的ではない。寺の北側の坂を上ると、住宅街の真ん中に区立児童館付属の小さな遊園地（朝日ヶ丘公園）がある。折から午後の日差しはうらうらと、近所のお母さんと幼児がのどかに遊んでいる。しかしここは、ざっと二百七十年前には象の遊び場だったのだ。

谷崎潤一郎の初期作品に「象」という戯曲仕立ての小品がある。享保十三年（1728）、交趾国《こうちこく》（ヴェトナム）から鄭大威《ていたいい》という男が雌雄一対の象二頭をわが国に献上してきた。牝《めす》象は長崎で死んだが、牡象は江戸まできて八代将軍吉宗に拝謁した。そしてその後、浜御殿（浜離宮）で飼育されていた。

谷崎の「象」には麴町山王の祭礼に象が神輿《みこし》を曳いているうちに、巨体が桜田門をくぐり抜けられなくて往生してしまう場面が書かれている。とすると祭礼の折などは浜御殿から麴町山王権現の神輿の曳き役などに貸し出されたのだろうか。どうも谷崎のフィクションくさい節がないでもない。

江戸人のほうはいっそのこと象をズバリつくり話のネタに仕立てた。職人や小商人は、読み書きのできない、いわゆる文盲がすくなくない。それらの人びと用にめくら地図なるものが売り出されて重宝された。語呂合わせの駄洒落で町名を、今時ならアイコンとでもいえそうな絵文字で表記した。たとえば半蔵門の門を象が通ろうとする。ところが門幅がせまくて身半分入ったところで身動きがとれない。その絵を漫画風に描いて、それで半蔵（象）門というわけだ。

しかし谷崎の「象」がお目見えするのは桜田門であって、半蔵門ではない。とするとやはり桜田門に象が出たのだ。といっても本物の象ではない。この時代評判の本物の象にあやかって、江戸各地に競ってハリボテの象が造られたらしいのだ。

麴町にも大象のハリボテがあった。朝鮮通信使来日の折などに、こいつをくり出して歓迎の意をあらわしたりするのである。「麴町より出せし朝鮮人来聘《らいへい》の時の大象の造りものは、むかしは年々出せしものなりと云ふ。故に世に名高くなりし物なり。」と『麴街略誌稿』にもある。

どうやら場所柄、谷崎の象は、こちらのハリボテの象のほうをモデルに拝借したのではあるまいか。

それはともかく享保年間に来日した象はしばらくは浜御殿で飼われていたが、なにしろものすごい大食漢ときている。一日に新菜二百斤、篠の葉百五十斤、青草百斤、芭蕉二株、大唐米（徳用米）八斤、あんなし饅頭五十、橙《だいだい》五十、九年母《くねんぼ》三十をぺろりとたいらげる。さすがの将軍家も音《ね》をあげた。まして吝嗇《りんしょく》で知られた吉宗のこと、はじめのうちは軍用象に使おうと考えたらしいが、高すぎるコストに音をあげた。とても飼っていられない。払い下げに出した。

そこで名乗りを上げたのが中野の源助という男である。源助はいわば中野の地回りのような者だったという。つまりちょっと癖のある男に払い下げられたわけだ。源助は浜御殿から中野までえっちらおっちら象を曳いて帰り、ちょうど成願寺の裏手に当たるあたりに象小屋を建てた。そのときの象小屋跡が現在の遊園地に化けたのである。

象は寛保二年（1742）、上陸後十四年にして死んだ。中野の源助は象を見世物にしたり、押すな押すなの見物客に三色饅頭を売りまくったり、あまつさえ疱瘡《ほうそう》に特効があると称して象酪《ぞうらく》なるもの（実は象の糞《ふん》）を売り出してボロ儲《もう》けした。象は死んでからも、象皮がお上に召し上げられ、象骨は護国寺境内や湯島天神で見世物に出され、明和六年（1769）には淀橋の医師文悦が二十五両で借り受けて両国広小路《りょうごくひろこうじ》で見世物にした。それから安永八年（1779）に中野の宝仙寺《ほうせんじ》に十七両で売り渡された。

生前死後五十一年にわたってこき使われ、文字通り骨までしゃぶりつくされたのだ。

象骨を管理した宝仙寺は戦災もふくめて数度の火災を蒙ったために、現在は象骨を保管していない。ちなみに象小屋跡から青梅街道に出ると、もう目と鼻の先に宝仙寺前のバス停がある。宝仙寺は寺域も広く、いかにも象の墓場にふさわしい場所だ。それよりも副都心から遠からぬ場所柄、ここは文化人の葬儀などによく使われるお寺で、わたしも何度か友人知己を送ったことがある。

余談になるが、中野は「ぬき屋」の多く住む土地だった。ぬき屋というのは、そばの皮をむき、実だけをぬいてそば屋に供給する職業だ。江戸のそば屋の大半は、ここからそば粉を買っていたという。

そういえば中野駅南口を御立場のほうへ上がっていく坂の横丁に、理科大中退という若いそば打ちの経営しているこぢんまりしたそば屋があった。写真家の高梨豊さんなどもよく来ていた。知る人ぞ知るお店だった。酒もよかった。

そのうち若いそば打ちの姿が見えなくなった。自転車事故に遭って故郷に帰り、療養のために一時休業していたのだそうである。ところが家主とうまく話がつかなかったのでもあろうか、今度横丁をのぞいてみたら別のラーメン屋に代替わりしていた。どうやら中野のぬき屋の出番も終わったらしい。

21　神楽坂の仇討ち

天明三年（1783）十月八日、神楽坂肴町《さかなまち》の路上で仇討ちがあった。齢のころ五十歳になろうかと思われる侍が、「親の仇、抜け」と二十代後半の若者に呼びかけられ、逆に斬り返しはしたものの若者の太刀先は鋭く、あわてて行元寺《ぎようがんじ》という寺の境内に逃げ込んだ。それを追って若者も境内に駆け込み、声を掛けて相手が振り向いたところをバラリズン、真っ向から一太刀浴びせて唐竹割に。斬られた初老の侍は甚内。仇を討った若者の名は冨吉といった。

事の発端はこれより十六年前、明和四年（1767）にさかのぼる。所は下総の相馬郡早尾村。百姓庄蔵と組頭甚内がふとした口論から刃傷沙汰に及んだあげく、庄蔵は甚内に斬られて命を落とした。庄蔵の長子冨吉はときに十二歳。甚内は事件後、さすがに村に居づらくなって江戸に出奔する。とこうするうちに冨吉は十五、六歳に成長し、甚内のあとを追って江戸に出た。

親の仇を討ちたい、といっても一向に手がかりがつかめない。わずかに甚内は江戸で御手先同心になったという消息を聞くばかりである。

冨吉は当時江戸随一の剣客について神道無念流の居合を学び、かたわら毎日のように甚内の消息を求めて江戸中を捜し歩いた。すると一念通じてか、ある日神楽坂上で甚内らしい男をチラと見かけた。その日は機会を逃したものの、また何日か経って十月八日、今度こそは神楽坂肴町の路上でばったり顔を合わせた。そこで以上のような首尾とは相成ったのである。

ふだんは太平楽の江戸市中に久しぶりの仇討ちである。事件はたちまち評判を呼び、行元寺は現場を一目見んものと詰めかけた見物客で連日押すな押すなの大賑わい。賽銭があまって仕様がない。そこで和尚が石碑を建てることを考えついた。さいわい近所に大田南畝《なんぽ》の住まいがある。ついては碑文はどなたにお願いしようか。型通りの観音経の一句を碑面に書いた。南畝はこころよく依頼に応じ、型通りの観音経の一句を碑面に書いた。

念彼観音力《ねんぴかんのんりき》　還著於本人《げんじゃくおほんにん》

それだけ。仇討ちの具体的な細部には一言もふれていない。当時の江戸では血なまぐさい事件を公に記すのは御法度だったからである。

牛込寺町行元寺の石碑については『天明紀聞』に、この事件を簡潔に記した後、「同寺内に新に石碑相建置候処、彼ノ仇討之趾《あと》也」とある。その後、寛政十年（1798）の『寛政紀聞』にもう一度行元寺の記事が現れる。今度は景気の悪い話である。

「此節牛込行願寺（＝行元寺）開帳、七月十七日より始マル、境内に鯛之つくり物出ス、高サ二間余、長サ九間余、随分見ごとなる由なれ共、甚不《はなはだふ》繁盛にて参詣人少なし。」

仇討ちのおかげで一時の野次馬的参詣人ブームはあったけれど、あれから十五年も経ってみればもはや憶えている人とてない。そこでジャンボ級の鯛のハリボテをアトラクションの見世物にして客を呼んだが、「甚不繁盛」と惨憺たる結果に終わった。

それからまた十七年経った文化十二年（1815）、行元寺はあらためて南畝に背面の碑文を依頼した。寛政の鯛のハリボテでは客を釣れなかった。落ち目一方である。待てよ、そういえば仇討ちの石碑があった。そろそろ事件そのもののほとぼりは冷めている。あれをもう一度売り出してはどうか。

南畝にひとひねりした碑文を依頼したのは、そんな窮余の策だったのだろう。そうはいっても大田南畝（蜀山人）こと大田直次郎は幕臣だけに、慎重の上にも慎重を期した。ついでに遊んだ。碑文を隠語《いんご》で書いたのである。

　癸卯《きう》天明陽月八　二人不戴九人誰
　同有下田十一口　湛乎無水納無絲《ママ》　南畝子

一見しただけでは漢詩みたいだが、漢詩として読むとさっぱり意味が通じない。しかしさいわい、この隠語は南畝自身が『一話一言』の「牛込行元寺復讐の碑」で謎解きしている。以下、それをパラフレーズしてみよう。

癸卯天明陽月八は天明三年十月八日。二人の二と人をひとつの字にすると天になる。同じくニンベンに九で仇。これで不倶戴天《ふぐたいてん》の仇になる。誰はどちらが仇だかわからないが、というほどの意味か。次に同の字の下に田があると冨。十一と口で吉だから、すなわち冨吉。落語の田中十内（田の中、十無い＝口）、井上新蔵（胃の上心臓）の類と思えばいい。

最後の句は南畝自身の解説を借りる。曰く、「敵の名は甚内といひし故《ゆえ》、湛に水なく納に糸なきは甚内なり」。つまりどちらに非があって仇になったかは知らんが、冨吉と甚内、不倶戴天の二人がここでばったり顔を合わせた。後はご存じの仇討ちが……。

この石碑が見たくて、久しぶりに神楽坂へ行った。

お昼前の神楽坂はもう学生や若者でかなり賑わっている。道幅が昔風に狭く、午前中は一方通行とかで車が坂下まで数珠つなぎである。坂を上った。久しぶりだが、右に左に、変わってないお店もある。しかしやはり変わった。たとえば洋食の田原屋がない。それに昔よく行った飲み屋が消えている。

思い出はざっと四十数年前の昭和三十五年頃にさかのぼる。当時さる週刊誌の編集者だったので、市ヶ谷の大日本印刷の校正室で毎週のように徹夜をした。校了になるとしばらく仮眠をとってから銭湯に入って着替え、日の高いうちから当の飲み屋に集まって同僚と乾杯、おたがいの労をねぎらうのである。

そのお店は、道楽者の材木屋の旦那が自分の山の木を伐り出して戦時中いっぱい寝かしておいたという上物の材料だけで拵《こしら》えた茶室もどきの居酒屋で、かなりの齢のおかみさんが赤い漆塗りの縦長のお盆に燗酒をのせて、ひゅっと突き出してくる。当時にしてはうまい酒を飲ませてくれた。

よく他所《よそ》の居酒屋店主がのぞきにきていて、阿佐ヶ谷の北王路なんかもここを参考にしたと聞いたことがある。

もう店名も忘れているが、たしか毘沙門天《びしゃもんてん》のはす前にあった。お店の前がちょっとした空地で、柳の木が一本、ひょろりと立っていた。

閑話休題。古地図で確かめると行元寺（行願寺とも）は、毘沙門天の先、安養寺、保善寺、松源寺《しょうげんじ》と続く通寺丁《とおりてらちょう》沿いに並んでいる。仇討ちがあった肴町は毘沙門天と行元寺が地図上ではすかいに向き合うあたりだ。そのあたりにたたずんでみると、寺らしいものは一軒も見あたらなくて郵便局の赤いポストが立っているばかり。寺は、いつの頃か移転してしまったのだ。

要するに、隠語で書かれた石碑はもうここにはないとわかったのである。仕方がない。といって、ここで踵《きびす》を返して帰ってしまうのも芸がない。ことのついでに南畝旧宅跡でも探訪してみるか。

毘沙門天の五十メートル先を左折すると、傾斜の強い地蔵坂である。坂のてっぺんに日本出版会館の建物が見える。出版記念会のパーティーなどによく使われる場所だ。その手前左に、光照寺《こうしょうじ》の山門に通じる狭い参道が見える。参道はせまいが境内はかなり大きい。植え込みや墓地の手入れが行き届いて気持ちがいい。

徳川氏の江戸入り以前は、出版会館・光照寺一帯の高台が、上野《こうずけ》の国から出た大胡《おおご》氏が築いた牛込城だったという。そのせいか見晴らしがいい。高台にあるので周囲の高層ビルもほとんど気にならない。墓地は大名（羽後松嶺藩主酒井家）や文人墨客の墓が多い。南畝と親交があった狂歌師、便々館《べんべんかん》湖鯉鮒《こりふ》の墓もここにある。墓の説明書に狂歌が一首。

三度たく米さえこはしやわらかし
　おもふままにはならぬ世の中

「こはし」は、「硬し」だ。

光照寺の先を左折すると、江戸幕府の御徒《おかち》衆の居宅があった町並みに出る。今は閑静な住宅街で、小さな公園の向かいに箏曲の宮城道雄の旧宅と記念館がある。南畝の旧居もこのあたりだったようだ。ことほどさように行元寺がご近所のよしみから復讐の碑の声がかかったのだろう。

光照寺のあるあたりは牛込袋町《ふくろまち》。袋のように行き止まりの路地小路が多いところからその名がついたらしい。南畝旧宅跡から坂をだらだら降りて行くと、まさに袋小路が四通八達する迷路の町に吸い込まれる。一度や二度来ただけでは、どこに何があるかさっぱりわからないだろう。

そんな迷路をくぐってもう一度神楽坂本通りに戻った。本通りを横断して、向かいの飲食店街横丁にもぐりこむ。ラーメン屋、甘いもの屋、食堂、居酒屋がひしめく横丁をもうひとつ奥まって、料亭の黒塀が続く。料亭の軒並びに芸者置屋も残っていて、黒塀越しに三味線の音が聞こえたりする。

そういえば、泉鏡花夫人のすゞが芸者桃太郎だった時代の置屋がこのあたりだったはずだ。花柳界の昼間は静かだ。こんな静かな昼の町は東京にはもうめったにないだろう。久しぶりに東京の静かな町歩きを堪能した。

うっかりして申し遅れたが、南畝の記した隠語の碑は現存している。後日調べてわかった。行元寺は石碑もろともに、明治四十年の地区改正で目黒不動尊近くに移転していたのだった。

某日、今度は東急目黒線不動前駅で降り不動尊参道を行く。途中の十字路で桜並木が続く禿坂《かむろざか》という坂道に出る。坂の途中の公園に、禿の髪形をした二人の女の子の彫刻がある。そのはす向かいに、寺というよりふつうの屋敷の入口のような石段が見える。これがお目当ての寺だった。

寺といっても本堂も墓地もない。正面に木造の大きな扉があるだけで、特にお寺さんらしい様子がない。天台宗の寺で、墓地がないのは檀家がないからだという。石段を上ったところに、参道とも前庭ともつかない空間があって、そこだけがいくらか寺らしい。

復讐の碑はここにあった。「念彼観音力」の表書きを正面に、裏にまわると隠語の碑文がたしかに刻まれている。石碑は無縁仏回向の百体羅漢像の手前にひっそりと立って、あたりには花大根と菜の花が春爛漫と咲き乱れていた。

22 伝通院と「外科医」の池

市電（後の都電）は池袋駅東口から出て、護国寺、伝通院《でんづういん》を過ぎ、春日町で大きくカーヴして神保町へ向かった。

市電の走る道の左右に、女子高等師範（お茶大の前身）、高等師範（筑波大の前身）、府立第二高女（竹早高校の前身）と学校が立ち並び、塀越しに季節毎に木々の緑や花々が顔をのぞかせた。春は桜、秋は落葉が路面電車の軌道に散り敷き、銀杏の実が車道にまでどっさりころがっていた。

ことほどさように小石川は現文京区の名の通り、東京でも屈指の美しい学校街だった。と、ここは過去形でいわせてもらう。市電が通っていた春日通りの下に地下鉄丸ノ内線が開通し、東京ドームがせり上がるとこの通りもめっきりさま変わりした。

丸ノ内線を後楽園駅で降りて、東京ドームと反対側の出口に出る。すぐ北が礫川《れきせん》公園だ。折から十時過ぎで、中高年ボランティアが花壇や落葉の朝の手入れを終わろうとしているところだった。

ふと見ると、斜め向かいのビルに「礫川浮世絵美術館」の垂れ幕が下りている。「礫川」

に「こいしかわ」とルビをふっている。なるほど小石川を音読みにすれば礫川だ。もともと関東ローム層の断面が露出している崖地のこのあたりは、崖の表土が絶えず谷底の川に崩落している。川に細かい小石（礫）がたまりやすいところから小石川の名ができた。

ひとまず春日通りの富坂上を右折して伝通院へ。ここは山門からは想像しがたいほど広い墓地が奥に広がり、家康の生母お大《だい》の方（伝通院の通称はお大の法号、伝通院殿からきた。正式には無量山伝通院寿経寺）や千姫のような徳川初期の女性たち、幕末の清河八郎《きよかわはちろう》、勤皇公家澤宣嘉《のぶよし》、詩人の佐藤春夫などの墓が呉越同舟的に同居している。なかでも豪華なのが徳川家系の墓だ。左右に卵塔《らんとう》を配した桜並木の参詣道の奥に巨大な石造の墓廟が立ちならんでいる。そしてそのどれにも火になめられた形跡がある。伝通院は享保六年（1721）、同十年、明治四十一年（1908）と三度の大火に遭った。そのうえ第二次大戦の戦火に焼かれた。墓石の焦げ痕はそのせいなのである。

何度もの火災のうち明治四十一年の大火の際に永井荷風が奇妙なめぐりあわせに遭遇した。荷風はフランスから帰朝した直後、ふと思い立って伝通院に詣でた。小石川生まれの荷風にとって、伝通院界隈は幼時の思い出がいっぱい詰まった玉手箱である。長い外国生活の後で真っ先に再会したかった場所だったのだろう。

外地留学勤務中の何年間か見なかった伝通院は「近所の町は見違えるほど変わってい

たが古寺の境内ばかりは昔のままに残されていた。」まずはめでたい。が、「なんという不思議な縁であろう。本堂はその日の夜、私が追憶の散歩から帰ってつかれて眠った夢の中《うち》に、すっかり灰になってしまったのだ。」

不幸中の幸いというべきか。帰朝直後の荷風は江戸以来の伝通院の昔ながらのたたずまいを目のあたりにし、そしてその数時間後に、それが幻のように火中に消え失せたのである。そういえば芝増上寺の焼けたのが奇しくもほぼ同じ頃。これで大江戸三霊山のうち、上野の寛永寺は上野の戦争の時にすでに焼き払われていたので、残る二つも昔の面影を失ったことになる。

随筆「伝通院」のなかで荷風は嘆く。「諸君は私が伝通院の焼失を聞いていかなる絶望に沈められたかを想像せらるるであろう。」

荷風文学はこれ以後、江戸の滅亡を怨嗟《えんさ》する絶望の上に展開されるが、この随筆だけには、新文明に汚染されていない「それ以前」の金無垢《きんむく》の子供時代の記憶がみっしり詰まっている。伝通院門外の大黒天様の縁日にかならず出ていた、カラクリの見世物の爺さんと辻講釈の爺さん。それに茣蓙《ござ》の上に座って、調子もカンどころも合わない「一ツとや」を一晩中休みなしに三味線で弾いていた十五、六の瞽女《ごぜ》。呼び出しから行司までを一人でこなし、それから東西の相撲の手を代わる代わる使い分け、最後に真っ裸のままズドンと土の上に転がる「一人相撲」の芸人。

縁日の芸人以外にも忘れられない人たちがいる。髪結いの亭主で、大工の本職そっちのけで馬鹿囃子《ばかばやし》の笛ばかり吹いていた、金剛寺坂の笛熊《ふえくま》さん。落語家になりそこねた按《あん》摩《ま》の休斎《きゆうさい》さん。若い職人で、背中いっぱいに般若の刺青をしている「凄いような美男子」の般若の留さん。そんな旧幕時代生き残りの人びとの思い出が、伝通院の焼失とともに永久に焦土の下になってしまったのだ。

伝通院を後にして、左右に末寺の多い坂を下ると、往年のプロレタリア作家徳永直《すなお》のいわゆる『太陽のない街』の共同印刷がある工場街に出る。小石川が流れていた谷間だけに湿気があるが、それだけに植物の栽培にはもってこいだから、ここには旧白山《はくさん》御殿の庭園が置かれ、薬草園が設けられ、その縁《えにし》で山本周五郎『赤ひげ診療譚』の小石川養《よう》生所《じようしよ》が開かれ、いまは(東大理学部付属)小石川植物園になっている。

入口からいきなり急坂を上って台地に出る。全長一・五キロはあるという園道がまっすぐ延び、各種植物と温室が道の左右を取り巻く。中央付近に大銀杏と養生所跡の古井戸があり、そしてどん詰まりの原始林を思わせる雑木林を抜けて左折、坂を下りると古めかしい西洋館にぶつかる。旧東京医学校(東大医学部の前身)本館が移築されたものだ。

そこから日本庭園に下る。白山御殿はもともと五代将軍綱吉の幼時の下屋敷として開かれただけに、植物園になった今も当時の面影をかなりの程度しのばせている。

南部地区には熱帯植物も栽培されており、その南国風のたたずまいをスケッチしたりキャンバスに描いたりしている人に出会ったりもする。

しかしここまできて思い起こされるのは、どなたもご存じの泉鏡花『外科室』のクライマックス場面だろう。

医学生時代の高峰医学士が、躑躅《つつじ》の花盛んな小石川植物園の「園内の公園なる池を繞《めぐ》り」ながら、三人連れの貴族の夫人たちとすれちがう。それから九年後、高峰医学士が、このとき一度限りすれちがった伯爵夫人を執刀する段になると、夫人はあの日の一瞬の出会いを永遠化するように、麻酔なしの手術に身をさらして息絶《ことき》れる。それから程なくして高峰医学士もまたみまかる。時と場所とを違《たが》えた心中行だ。

その記憶を沈めて、思いなしか、池はいまも往時の花の香に匂い立つがごとくだ。

23　中山道板橋宿

巣鴨の地蔵通り商店街、通称「おばあさんの原宿」を抜けると庚申塚《こうしんづか》がある。旧中山道はここで都電荒川線と交差する。『江都《えど》近郊名勝一覧』に「庚申堂‐巣鴨の出外れにあり。此所《ここ》板橋街道の建場にして、左右に茶店《さてん》あり」とあって、ここから先の滝野川銀座あたりからそろそろ旧板橋宿がはじまるのである。

日本橋からざっと二里。「此駅は中山道の東極《ひがしきわ》にて、町十町許《ばかり》(約千百メートル)あり。所々に、花魁《うかれめ》店前にならび、紅粉《こうふん》を粧うて花簪《はなかんざし》をさしつらねて美艶《びえん》をかざる。」(『木曾路名所図会《ずえ》』)

今時でいえばテレクラのチラシみたいに極彩色に派手な土地案内だが、西から来れば中山道最後の駅だから、旅人はここで旅の垢を落とす。久しぶりの対面というので友人知己が迎えにくる。送迎会はついでの口実で、実は一緒に登楼してきれいどころを拝みたいのだ。東海道でいえば品川宿と同じことだった。

金森敦子『江戸庶民の旅』(平凡社新書)に、江戸時代の街道筋の宿の送別の宴の慣習が紹介されている。見送り人は境と見なされている場所までいっしょに行き、そこで飲食を共にしてから別れた。「こうしたところ（境と見なされる場所）には送別の宴会ができるように料亭が立ち並び、ここであらためて水盃《みずさかづき》が交わされた。」

次に旅から戻ってきたらどうするか。

「旅から無事戻ったときも、いきなり故郷へ入ることは少なかった。手前の手頃な宿場に寄って同行者一同で無事戻った祝いを兼ねて（中略）酒宴が開かれる。そこに一泊して家に使いを出し、着替えを取り寄せて故郷に入るところもある。戻った知らせを受けた家族や村人が途中まで迎えに出て、ここでも祝いの酒宴を張るが、これを坂迎え（酒迎え）といった。」

江戸時代には板橋宿も中山道の「坂迎え」の場として栄えたのである。

そんな板橋宿の遊郭は、大正年間まで現役だったらしい。中国文学者の奥野信太郎の『随筆／東京』に中学生時代の板橋の思い出話がある。神田の中学の春の行事に、巣鴨から板橋を経て大宮までマラソン、または徒歩行進（足弱組）をするというのがあった。奥野少年はむろん足弱組。それを先生方が引率して行く。

早朝出発だから板橋通過が七時過ぎになる。「まさに遊郭にさしかかるころには、そここの娼楼の玄関口には嫖客《ひょうかく》を送り出した土娼たちが、根のぬけた潰し（島田）をぐらぐらさせながら長襦袢だけで、さもめずらしそうにわれわれの行列を眺めてゐる。」なかにはしどけない恰好のまま奇声をあげて一行をひやかすのもいる。中学生のほうも負けずにやり返す。引率の先生方はそのあいだ冷や汗を流しっぱなしである。なかでも若い先生方は目のやり場がない。

英語の先生に田辺元《はじめ》がいた。歴史の先生に原田淑人《よしと》がいた。後に日本を代表する哲学者、考古学者になった人たちだ。奥野信太郎は当時のこのお二方のことをこう書いている。

「板橋遊郭をはしやぎまはつて通過してゆく悪童どもの行列に加はられて、この御二人の先生方はみてみぬふり、ただひたすら正面を向いたまま進まれたのである。」

『随筆／東京』は古き良き大正の思い出話ではなく、敗戦直後の東京風俗ルポ。奥野信太郎は戦後の板橋宿を再訪して生々しいルポを書いているのだが、ここではことのついでに中学時代の思い出にふれているのである。

戦後も、さびれてはいたが板橋遊郭は芸者町として現役だった。他の遊郭のようにいわゆる赤線には転業せず、宿場の面影をとどめる芸妓の町として、けなげにも元気いっぱいに戦後をしのいでいた。現役の芸妓二十人（最盛期には七十人）。その全員仲宿《なかじゆく》の新成田山（遍照寺《へんしようじ》）境内の不動荘というアパートに住んで板橋芸妓組合を結成し、待合六軒料理屋数軒を相手に活躍していたという。

奥野ルポの現場は昭和二十五、六年。奇しくもちょうどその頃、わたしは中学生でこそないが、高校生として中山道沿いの学校に通っていた。仲宿や本町（上宿《かみじゆく》）のほうにそういうなまめかしい街区があると知ってはいたが、いくら何でも高校生だから夜の盛況のことはまあ知らない。昼間の旧宿場町の白茶けて埃っぽい街道筋商店街が思い浮かぶばかりだ。

ざっと五十余年ぶり。何もかもが変わった。しかしさすがにうっすらと記憶に残っている街角があるにはある。

ここで元に戻って、庚申塚から滝野川銀座、埼京線（昔は赤羽線といった）板橋駅脇に出る中山道を歩く。中学高校時代の友達がこのあたりに何人もいた。三等郵便局の跡継ぎのH君。もう定年だろうが慶大教授だった秀才のN君。金物屋のクラッシック音楽通のI君。このあたりは戦災で焼けなかったので古い家並みが続き、ところどころに空地さえあって街道の面影を残していたものだ。それがいまもさして変わりはなく、ポストモダン臭がほとんどないのがうれしい。

おどろいたのは板橋駅北の踏切だ。もうなくなったかと思っていたのがそっくりそのまま残っていた。そうはいっても、変わってないのはこれだけだともいえて、踏切の向こう側には駅前マンションとやらが二十数階の巨体を大空に突き上げている。

半世紀前には、そこから先が学校まで一面に赤茶けた焼け跡だったのが、いまや高層ビルが立ち並ぶキラキラしい駅前商店街だ。よく授業中に抜け出して焼酎を飲みにいった、バラック建ての中華料理店もなければ、洋モクを回し喫《の》みしたキムラヤもない。こちとら田舎者には外国の町にまぎれこんだみたい。

見当をつけて昔の母校のほうに曲がった。とたんに棍棒で頭をぶん殴られたような衝撃を覚えた。かつての都電道路（国道17号線）の上を高速道路がドーンと通っているではないか。都電の板橋駅前停車場の前にあった郵便局もない。ようやく角の文房具屋になにか気配らしきものがほのめいた。そこを曲がると板橋四小、続いてわが母校の北園《きたぞの》高（前府立九中）が見えてきた。

本日は式日早引けなのか、午前中で終わったとみえる高校生たちがぞろぞろ校門から出てくる。オレたちの頃にくらべるとみんな頭が良さそうだ。殊に女の子は美人が多いな。こちらは未成年飲酒だの麻雀賭博現行犯で何度か放校されかかった学校である。もたもたしているとまた先公にイタぶられかねない。早晩にトンズラするにしくはない。

後はすぐお隣の東光寺に詣でた。この寺はわたしの高校生時代にはここになかった。街道沿いのどこかから移ってきたのだろう。

乗蓮寺跡のその先がもう板橋宿の中心、仲宿だが、現在ではもう旧遊郭を思わせるものは何もない。新成田山は今もあるが山門はすっかり荒廃して、往年の芸妓アパート不動荘もどうやら消滅したらしい。

やがて石神井川にさしかかる。ここに架かっている橋が「板橋」だ。橋のたもとに「日本橋より二里二十五町三十三間」の道標があり、ここから先が上宿になる。

板橋宿は遊郭の場所柄、有名料理屋が何軒かあった。たとえば喜内古家《きなこや》という珍しい名の待合兼業の料理屋。いまは表通り側が寶《たから》ずしという寿司屋になっていると聞いた。今度歩いたところではしかしそれらしいお店は見あたらなかった。其角《きかく》の句という「吹きおくるかほりや風も寶ずし」は、この板橋宿の寶ずしという。

そういえば蜀山人《しょくさんじん》も赴任先の大坂銅座から中山道を経ての帰路、まず志村のあたりで出迎えの人びとと逢い、「おのおの一年恙《つつが》なかりしよろこびをのべつ、板橋の駅につき」、「橋をわたりて左なる酒屋にいこひて、もろ人酒を酌みかはしつ、紀の国の守の通らせ給ふほど過ごし」、それからは庚申塚から池袋村に出て護国寺で一休みして牛込仲御徒町の居宅までたどり着く。

板橋宿の前夜は蕨《わらび》の宿で江戸入りの準備をととのえた。蕨の宿で「髪結ひ顔そり」などして、それから一気に午時《ひるどき》にかけて板橋へ向かうのだった。半日がかりだった昔に比べて、いまは板橋から市中神田あたりまで都営地下鉄で十五分かそこら。だから、わざわざ板橋まで酒迎えに行く人はいない。料亭・遊郭がさびれたのも無理はない。

江戸時代の板橋宿はそうではなかった。文人の往来もしきりで、吉原が本領の其角のような粋人が板橋の寿司屋の香りに酔いしれたというのもうなずけないこともない。

しかしそんな高級店より今回の徘徊行で気に入ったのは、上宿にいかにも古そうな豆腐屋を三軒も発見したことだ。そば屋も二軒ある。わたしは豆腐屋とそば屋があって、そこそこにうまい酒があれば、それでほくほくしていられる人間である。そば屋はともかく、旧宿場町の豆腐屋ならさぞかしうまかろう。

お次はここいらに引っ越してこようか。

24 飛鳥山の花見、王子の狐

家業を弟にゆずって若隠居、上野池之端に「酒狂亭《しゆきようてい》」と称して仮住まい、さして金にも困らず、飲み友達と遊び放題の日々を送る左二郎《さじろう》、昨日は日暮里道灌山《にっぽりどうかんやま》の茶屋で花見客の派手な喧嘩を目撃した。これがじつは茶番の八百長パフォーマンス。それで「日暮《ひぐら》里中《しぢう》の人をすっぱりひっかついで」しまったというのである。

「味なことをやるじゃねえか。こちらも手をこまねいてはいられない。どうでえ、明日あたり、今度は王子飛鳥山《あすかやま》で、趣向を変えて敵討ちの茶番をやらかして、大向こうをあッといわせてやろうじゃあねえか。

というわけで八笑人《はつしょうじん》が勢《せい》揃いをしてくり出す先は、花は王子の飛鳥山。ご存じ瀧亭鯉丈《りゅうていりじょう》の滑稽本『八笑人』の出だしである。せっかくの敵討ちの茶番は、茶番を真に受けた通りすがりの田舎侍のおかげで趣向倒れに終わる。だが趣向倒れに終わったとはいうものの、上野、日暮里、飛鳥山、と江戸東北部の台地に並ぶ三大花見名所をつなげて、『八笑人』は江戸の花見事情を話のあやにたくみに織り込んだ。

江戸の花見といえば、まずは左二郎の住まいのある上野である。もとより桜の名所だが、東照宮の境内とあって鳴物や飲酒はご法度。あえて酒や弁当を持ち込むつもりなら幔幕の囲いをしなければならない。

次に道灌山は、さほど遠くもなく、土地柄も悪くない。しかし派手な茶番を披露するにはいささか手ぜまだ。結局、当時は郡部だった飛鳥山が大がかりな茶番にはもってこいだった。それに、飛鳥山と向島は御内府の外とあって、なかば公然と花見時の仮装が黙認されていた。かりに町人が武士や巡礼の仮装をして敵討ちごっこを演じたとしても、べつにお咎めを蒙ることはない。

わたしの記憶が間違っていなければ、江戸以来の花見時の仮装の習慣は、昭和初年代まで持ち越されていたのではあるまいか。忘れもしない、子供の時分、飛鳥山のお花見で女装した酔っぱらいに抱きすくめられたことがある。

生家が池袋にあったので、お花見といえば飛鳥山だった。池袋から大塚に出て、王子電車（現都電荒川線）に乗り換えて飛鳥山駅で下車。あれはたぶん昭和十三、四年頃のことで、こちらは四つか五つ。酔っぱらいは女物の羽織を頭からすっぽりかぶって、ムササビみたいにバァとおおいかぶさってきた。

ひさしぶりに王子駅裏から飛鳥山に登った。いつのまにか公園風に整理されて、山内に建物が増えたせいか、昔にくらべるとずいぶん狭くなったような気がする。西ヶ原側の公園入口に北区飛鳥山博物館が目にとまる。なかに入ると小さな人形劇場があり、折よくちょうど人形劇の開演時間だった。

幕が開くとデジタル仕掛けの口上役《こうじょうやく》や黒子の人形が動き回って、飛鳥山の歴史や由来を解説してくれる。吉宗公が江戸庶民のために千本桜を植えさせたこと、それを目当てに花見客が押しかけたこと。なかには趣向を凝らしたつもりの、かえってはた迷惑な輩《やから》もいて、例の八笑人などもその類だ。八笑人の敵討ちらしい茶番場面もチラと出てきて、小体《こてい》ながら飛鳥山物語の体裁をなしている。

花見に来た吉宗公を、美女に化けた王子の狐が、尻尾を出したり引っ込めたりしながらたぶらかす場面がおかしい。吉宗公もどうやら化け狐と承知のうえで、美女狐の色っぽいお酌を受けているみたいだ。

ことほどさように王子の狐は化けるのである。酔桃子《すいとうし》の号で随筆を書いた鈴木孫兵衛の『反古《ほご》のうらがき』にこんな話がある。

王子の金輪寺《きんりんじ》に用事があった小普請役手代の何某が、帰りがけに飛鳥山の麓にさしかかった。と、どこからか琴、三味線などの音が聞こえてくる。音のするほうをたどって行くと、出格子のある清潔そうな家の前に出た。格子のすきまからのぞくと、三、四人の「いとあでやかなる女ども」が三味線、琴、胡弓《こきゅう》、笛などをかき鳴らして遊んでいる。「ほかにあるじめきたる男なども見えず、客らしき人もなし。」

大方、女どもだけで、退屈まぎれに集まって遊んでいるのだろう。しばらくすると木戸のなかから一人の女が出てきた。そして云うには、音曲がお好きなようですね。よろしかったらお上がりになってごゆるりとおたのしみあそばせ。誘いにのって家に上がり、酒肴を進められ、なにくれとなくもてなされるままに、思いもかけず男は女たちの濃厚な接待を次々に受ける。

まず三人の女が、「ついそこらへ行ってくるから、かならず待っててね」といって出て行く。残った一人がふすまのようなものを立てかけて、「さあ、横になりましょう。わたしも眠たいの」と持ちかける。いやとは云わぬ。二人しっぽり楽しんでいると、そこへもう一人の女が入ってきて、

「あら、おたのしみだこと。あんたばっかり。ひとの留守しているのをいいことに、何してるのさ。あたしくやしい」

「いいえ、何にもしてやしないわ。あなたこそ、そんな触れなば落ちん風情をしたりしてなにさ」

そういい捨てて最初の女が出て行く。すると第二の女が「いと恨めしげなる有様にて、今迄何して居給ひしや」。いままで何していたのさ、くやしい。あたしをだましてあの娘と……なんぞと云いつつ、「頓《やが》て又浅からぬ契りをぞ結びける。」

この調子でかわるがわる三、四人を相手に肉の歓楽のかぎりを尽くした。さすがにそ

の夜はくたくたになってぐっすり眠り、さて翌朝、目が覚めてみれば麦畑のど真ん中に倒れていたというお粗末。ハ、はっくしょい。文字通り狐につままれた。

狐につままれたのはいいが、それからがよくない。古来、人と交わっても死なないが、狐狸と交わるとかならず死ぬ。男は三十歳ばかり、かなりの男前でもあったのでモテもし、なまじ自負もしていたのが徒《あだ》になった。その日、なんとなく具合が悪くなり、医者を呼んで手当をしてもらったが、どうもはかばかしくいかない。ついにその夕にはかなくなったという。

これに似た話は麻布広尾にもあった。これは、やはり通りすがりの男がとある豪邸に引き入れられて、あまたの美人と交わったうえ疲れ果てて寝込んでしまったのだが、目が覚めてみれば広尾の原っぱの中。こちらの男のその後の生死のほどはわからない。

さて、ふたたび王子に戻ろう。

王子に来て狐につままれなかった話もある。

ある日、りっぱな侍が一人、王子田んぼに腰まで浸かってよたついている。黒縮緬の羽織を高くかかげて腰にはさみ、大小の太刀を落とし差しに、衣のすそをからげて、深田の中をあちこち歩きまわっている。さては狐に化かされたか。たちまち野次馬の黒山ができて、侍の化かされようを口々にからかった。

田んぼの持主が見かねて、お侍さん。あなたどうやら狐に化かされているらしい。早くこっちへ上がってらっしゃい。

　それでも侍は馬耳東風。また野次馬の笑い声がどっと上がる。

　やがて侍が上がってきた。清水がわいているあたりに来ると手足の泥を洗い流し、おもむろに手拭で拭いていうには、「先ほどから見ておると、その方ら、何をそうして拙者を指さしては笑っておるのか。王子には狐が出るとか。ひょっとすると、その方ら、狐につままれているのではないか。」

　野次馬がまた一斉に大笑いする。よくよくたぶらかされていると見える。あれ見ろ、まだ憑《つ》きがおちてないじゃないか。

　と、侍がおもむろに切り出した。拙者、じつは足に雁瘡《がんそう》という悪性の瘡《かさ》を患っている。医者のいうには、この毒は蛭《ひる》に吸わせるのがいいのだそうじゃ。だからこうして田んぼに入って、蛭に雁瘡を吸わせているのだ。その方ら、さっきから拙者が狐に化かされたなどと騒いでおるが、化かされたのはその方らであろう。ガハハハハッ。

　二十一世紀の王子にはもう狐の出没する田んぼがない。しかし昔は大晦日になると関八州中の狐が王子稲荷に集まってきた。狐はもともと稲荷神のお使いで正一位と位も高い。それがここで正式の装束を着る。装束榎《しょうぞくえのき》といわれる大榎のまわりで装束をととのえた。広重「王子装束ゑの木大晦日の狐火」がその場面を描いているのでどなたもご存じだろう。

この榎は王子稲荷の東四百メートルにあった。その跡継ぎが育っているが、稲荷と榎の間をJR京浜東北線などの線路がさえぎっている。そこで今回は代わりに王子稲荷に詣でていこう。

王子稲荷は切り通しをへだてて飛鳥山の北西にある。JR王子駅の北口に降りるとすぐ前に音無川《おとなしがわ》がある。戦前までは清遊客相手の料理屋が並ぶ景勝地だったが、いまは音無親水公園という近代的公園に変身した。わずかに玉子焼きで知られる扇屋だけが面影を残している。王子の玉子、で字面《じづら》が合うのだ。

その先からが王子稲荷に通じる門前町になる。折から初午《はつうま》の凧市とかで、道の両側は縁日の屋台がめじろ押しである。イカ焼き、鉄板焼き、じゃがバタ、と何でもござれだ。しかし凧市というのに、ふしぎと凧の屋台だけがない。

社殿前の階段を上ったところでやっと凧の屋台を二軒見つけた。それも縁起物の小凧しかならべていない。もっとも凧を買っても、今時の東京には揚げる空がないか。

王子稲荷には幕末の画家柴田是真《ぜしん》の「茨木童子《いばらきどうじ》」の額絵《がくえ》があり、幣殿《へいでん》の格天井《ごうてんじょう》の絵は谷文晁作の龍の図。美術好きならそれだけでも詣でる値打ちがある。今日はあいにく初午の混雑で拝見は無理そうなので、行きがけの駄賃にお隣の名主《なぬし》の滝公園をのぞいてみた。

ここは小学校の遠足で来たことがある。すこしばかり記憶がボケているが、その頃とちっとも変わっていないような気がする。崖地のうっそうとした濃緑のなかに白くまっすぐに滝が落ちて、池は鏡と映え、滝のしぶきが昼なお涼しさを呼ぶ。

申し遅れたが、わたしは中学高校とも板橋の学校なので、このあたりはいわば古戦場なのだ。飛鳥山の花見、小学校の遠足、ときて、そうだ、すこしワルガキぶる頃には王子駅前のダンスホールや卓球場に悪友と入り浸った。

記憶がよみがえってきた。駅前に戻って、公園裏の山田屋で久しぶりにチューハイを空けた。これで外に出てみたら、ハ、はっくしょん。駅前高層ビルはきれいに消えて、王子田んぼではないまでも、戦後の焦げ茶色の焼土が一面にひろがっていた、なんつうんじゃないだろうな。

25　大塚坂下町儒者棄場

近所にあるのに、なんとなく行きそびれている場所がある。わたしの場合はそれが大塚坂下町《さかしたまち》（現大塚五丁目）の儒者棄場《じゆしやすてば》だった。

護国寺裏の大塚坂下町に住んでいたのは昭和三十五年。かれこれ四十年以上も前のことだ。近くに儒者棄場があると聞いてはいたが、現地を訪ねたことはなかった。どうせ廃物置き場のような、見てもおもしろい場所ではあるまいと高をくっていた。坂下町は谷底の低湿地だから、昔は住む人とてなかったのだろう。そこに貧乏儒者たちが世間に捨てられた恰好で住んでいたので、人呼んで儒者の棄場。そう思いこんでいた。それがそうではなかったのである。

護国寺から雑司ヶ谷《ぞうしや》に向かって目白台寄りに、かつては早稲田関係の文士学者が多く住んだことがある。たとえば窪田空穂《うつぼ》（歌人・国文学者）がいた。大町桂月《けいげつ》がいた。なかでも紀行作家の桂月は『東京遊行記《ゆぎようき》』（明治三十九年・１９０６）の著者だけに、自宅近辺の音羽・護国寺界隈をまめに歩いて消息に通じている。わたしも儒者棄場の由来を桂月の説明ではじめて知った。

つまりこうである。仏式や神式の葬儀はどなたも見なれている。ところが江戸の儒者たちは、日本人があまり見なれていない儒教の葬儀を行った。桂月によれば、儒葬というのは「その様、屍骸を棄て、帰るが如きを以てす」。死体を置き去りにしていったのである。「無智の民」には、それが死体を遺棄していくように見えた。そこで儒者棄場と称された。

儒教のお弔いでは死骸を遺棄していくのだろうか。わたしの知るかぎりでは、儒教では厚葬といって、棺の上にまた槨《かく》という外箱をかぶせ、これが身分によって何重にもなったりする。そして棺と槨の間にさまざまの豪華な副葬品を入れて手厚く葬るのである。一方、道教系の荘子はこれを嫌い、自分が死んだら野原に放り出して烏や鳶のついばむがままにさせ、螻蛄《けら》や蟻に食われるがままにさせるがいい、と弟子たちに命じている。してみると「無智の民」が目撃したのは儒葬ではなくて道葬のほうということになりそうだ。儒葬か道葬か。見慣れぬ異国風の葬儀は人目をそばだてる。いずれにせよお隣の護国寺とは対照的に簡素な葬儀だったらしいことだけは察しがつく。

そもそもが寛政年間のことだから、お古い話だ。今でも儒者棄場は現存しているだろうか。しているとすればどこに。しかしこのあたりの地理は江戸も明治も、つい最近の戦後も昭和三十四、五年頃も、あまり変わってないといえば変わってない。昭和三十四、五年当時大塚に住んでいた水上勉の初期作品『巣の絵』に、護国寺裏坂下町の迷路のような地理を微細に書いた一節がある。

「大塚仲町から、辻町を通って、国電大塚駅に至る都電通りは、坂下町の屋根を走る。町はきりたった崖に、東の空を区切られ、反対の西南側は豊島岡《としまがおか》といわれる皇室の御陵地と、真言宗本山護国寺の深い森が空をとざしていた。

森と崖との——其の中間を町は帯状になって北の方へのびていくわけだが、扇面をすぼめたような空は、例の巣鴨《すがも》拘置所のある、向原《むこうはら》の地点にまでいかないとひらけない。」

いずれにせよ崖地と森に挟まれた暗い町だった。前述のようにその頃わたしはこの町に住んでいた。勤め先の出版社が音羽にあり、歩いて通える便があったからだ。

崖に沿って片側ががくんと谷に落ちている道をうねうねたどって行くと、途中に福田蘭童《らんどう》の家があった。蘭童は尺八の名手、というより釣り随筆も登山随筆も、と諸芸百般に通じた粋人で、当時は往年の美女川崎弘子と一緒に暮らしていた。

蘭童さんのお宅には、仕事がらみで一、二度うかがったことがある。ささやかな一軒家を小粋に住みこなして、こちらと同年輩の息子がいるからと、なにかにつけて気安くして下さった。

「息子さんは何をなさっているのですか」

と訊くと、

「ジャズ、っていうのでもないねえ、今時の……ガラクタみたいな……」

後でわかったが、クレージー・キャッツの石橋エータローが息子さんだった。そういえば蘭童さんも夭折した明治の画家青木繁の落としだねだ。思えば、青木繁、福田蘭童、石橋エータローと、明治以来三代続いた芸術家一家だったわけだ。

当時のわたしの住まいは、坂下商店街から説明したほうがわかりやすい。商店街のほぼとっつきの急坂の細道を上り、また横丁に曲がりこんだところの木造アパート。二階から出入りする仕掛けで、一日中日の射さない階下には家主が住んでいた。今度、徘徊のついでに探してみたがさっぱり見当がつかない。四十年のあいだに、「大塚仲町から辻町を通って、国電大塚駅に至る都電通り」に簇生《そうせい》した高層マンション群のどこかの続きに呑みこまれてしまったのだろう。思えばすさまじい変貌ぶりだ。

自分の旧居はみつからなかったのに、儒者棄場はあっけないほどすぐにみつかった。護国寺の山門から富士見坂方向へ、護国寺幼稚園に続いて皇室御陵地の正門が立ち並ぶ。その門の先の目立たない小路を左へ曲がり、道なりにうねうね行くと吹上稲荷にぶつかる。するとその先のなんでもない町並みの脇に「大塚先儒墓所」の鉄門が見える。これが儒者棄場の入口だ。

大町桂月『東京遊行記』の「儒者棄場」には、「(豊島御陵の)前を東にゆき、坂の下より巣鴨監獄の方へ左折し、二町ばかり行けば、(中略)樹木の間、菅茅《かんち》の裡《うち》、墳墓、累々として相並べり。」

「坂の下」は大塚坂下町のことだが、いまはその町名の町はない。大塚五丁目と変わっている。巣鴨監獄は現在の池袋サンシャインシティ超高層ビル。監獄と坂下町のあいだに都電荒川線が走っていて、日ノ出町という停車場があったが、これもいまは東池袋四丁目と名前が変わっている。しかしその他の点ではいまも桂月のこの描写とほとんど変わりがないだろう。

錚々《そうそう》たる江戸儒者たちの墓がかなり広い草地に何の装飾もなく、いっそそっけないまでに点在していた。『駿台雑話』で有名な室鳩巣《むろきゆうそう》の墓がある。「寛政の三博士」と称された、柴野栗山《りつざん》、古賀精理《せいり》、尾藤二洲《にしゆう》の墓がある。この三博士の上にあって江戸の儒学を統御していたのが林述斎だった。三博士のなかでもとりわけ柴野栗山は、寛政の改革で老中松平定信に重用された漢学者だった。

ことほどさように、寛政から文化文政にかけては、漢学がもっとも隆盛した時代だった。とても儒者が棄てられるような世の中ではなかった。馬琴のような小説家が文筆一本で食っていくのは容易ではなかったが、儒者は門弟三千と称してすこぶる羽振りがよかった。役人になるには、儒学、それも朱子学が必修である。どんな工面をしても侍の子弟は漢学塾の月謝だけは都合したのである。

いわゆる「儒葬」は「当時漢学の隆盛なりしことを物語るもの也」と桂月。本場の儒葬を道葬と取りちがえるほどきまじめに真に受けるまでの、儒教崇拝という時代背景があってこその儒者棄場だから、時代が下り漢学熱もさほどのことがなくなれば、儒葬もすたる。いっそ廃される。いずれにせよ落ち目一方になっていく儒学関係者たちの墓はこれ以上増えることはない。

かなり広い敷地に草がぼうぼうと茂り、昼なお暗い草地のあちこちにパラパラと墳墓が立ち並んでいる現状もそのせいだろう。荒涼として、しかもどこか近代以前の墓地らしいゆとりがある。おそらくここは東京でいちばん贅沢な部類の墓地ではあるまいか。

そういえば荷風『断腸亭日乗』にも儒者棄場を訪ねる記事がある。昭和十二年三月二十六日。「晴れて風甚寒し。午後大塚坂下町儒者棄場を見る。往年荒涼たるさま今はなくなりて、日比谷公園の如くに改修せられたり。路傍に鐵の門を立て石の柱に先儒墓所と刻したり。境内に櫻を植えたるなど殊に不愉快なり。」

これで見ると、昭和十二年頃にすでに行われていた改修以前の儒者棄場はさらにははだしく荒涼としていたらしい。

護国寺から儒者棄場を訪ねての帰途は、巣鴨監獄を経て池袋駅というのがお定まりのコースだったようだ。大町桂月も儒者棄場の後は監獄の側を通った。そこは戦後、巣鴨拘置所またの名を巣鴨プリズンとなり、そしていままた池袋サンシャインシティへと変身したのは、どなたもご存じの通り。当方が護国寺裏にいた昭和三十年代には、池袋のネオン街からの帰り道は、長い長い拘置所の塀沿いにきて都電の踏切を渡ると、そこからが坂下町の商店街だった。街灯もろくにない暗い道だったが、それでも人家は続いていた。

ところが桂月が『東京遊行記』を書いていた明治三十九年（1906）頃には、「この監獄は、麦畑の中にありて、三町四方もあるべし。煉瓦の塀高く、真四角にとりまき、四隅に看守塔を設く。門より外には蟻の這い出づる穴もなかるべしと、塀に沿ひてめぐるに、後方に犬の小屋の如き糞溜三つ四つあり。幾百の罪人の、身は囚《とら》はれて、糞のみここより娑婆《しゃば》に出づるか。」

桂月、入ったものは出さない主義の金城鉄壁の監獄の排出口の、おそれいった臭気に鼻をつまんですごすごと立ち去った。いずれにせよ変われば変わるものだ。

桂月の東京遊行からほぼ三十年後、昭和初期のわたしの子供時分には、いまの池袋駅東口のネオン街は根津嘉一郎（実業家）の持ちものとかで「根津山」といい、ただ一面に雑草のはびこる原っぱだった。原っぱは戸山ヶ原の軍楽隊の演習場で、小学生たちが遊んでいて、ふと下を見ると完全軍装の兵隊さんがタコ壺の底にうずくまったりしていた。

その根津山から都電通りを南に渡った先が雑司ヶ谷墓地だ。忘れもしない。戦争中に墓地の手前に「池袋会館」という劇場が出来た。やがて戦火で焼亡したが、戦中も昭和十九年までは、ここで文楽や志ん生の噺をきいたり、レニ・リーフェンシュタールの『美の祭典』や『民族の祭典』を観たり、それもなくなると文化映画というごくつまらないシロモノを観せられたりしたものだ。

寄席や映画が終わるのが、さあ、八時頃だったろうか。外へ出ると雑司ヶ谷の森が真っ黒にうずくまり、それを背にして池袋東口ガードまで後ろからなにかに追いかけられているように一目散に走り帰った。途中に赤提灯が真っ暗闇のなかにそこだけポッリと光って見え、これは古沢岩美『美の放浪』にも出てくる沖縄出身の画家が経営していた泡盛店で、戦後はご亭主が亡くなって未亡人が経営者の、泡盛店改めコヤマ珈琲店として再出発した。

そして今。東口駅前は真っ暗闇どころかネオンと街灯でギンギラギン。闇のつけこむ余地は一ミリだにありはしない。あの頃は東口から西口へ抜けるガードに便所の灯りのような小さな電灯がひとつ赤目のように弱々しくまたたいているだけで、天井からぽたぽた水が滴り、その下にお薦《こも》さんが襤褸《ぼろ》のかたまりのようにうずくまっていた。そこを走り抜けるのがどんなに怖かったことか。

いまは闇の恐怖より白昼の恐怖だろう。ついこの間も真っ昼間から少年が無差別殺人をやらかしたのが池袋東口のこのあたり。何もかもが変わった。人の心も変わった。

それだけに、監獄から根津山から、周囲のすべてがさま変わりしてしまったなかで、護国寺から儒者棄場、雑司ヶ谷墓地、鬼子母神にかけて、ベルト状にえんえんと延びる死者の領域だけはほとんど変わりがないのが心強い。それが池袋の、どぎつく脂ぎったネオン街のすぐ裏手にはりついているのがまたおもしろい。色即是空。空即是色。諸行無常とはこのことか。

それはそうと、東京の墓地はなんとかビルラッシュの鉾先《ほこさき》を逃れられた、最後の、それこそ「市民の棄場」かもしれない。青山墓地、寛永寺の墓地、谷中墓地、染井墓地、雑司ヶ谷墓地——環状線内にもいくつかの大墓地があって、当方もそろそろネオン街よりこちらのほうに縁が近くなりつつあるせいか、墓地を歩くとしみじみ気持ちが落ち着いてくる。

この日は護国寺に始まって墓地ばかりをひろって歩いた。鬼子母神を経て、雑司ヶ谷墓地の泉鏡花のお墓にお詣りをして、それからまた荒川線で大塚に出て浅酌《せんしゃく》に及んだ。

26 大塚一つ目小町物語

いまの池袋を見ていると信じられないが、ざっと六十年前、わたしの子供の頃には大塚のほうが池袋よりひらけていた。池袋はどちらかといえばまだ郊外の学園都市だった。立教大学があり、豊島師範と鉄道学校と自由学園が落ちついたたたずまいで西口駅前に並んでいた。

それにくらべると大塚ははるかにひらけていた。百貨店があった。大塚駅の構内を包むようにして白木屋《しろきや》があり、池袋にあったわたしの生家でも、ちょっとよそゆきの買い物には白木屋に行った。

戦争が激化するうちに白木屋は売るものがなくなってから沖電気の軍需工場に変わり、それが爆撃で廃墟になると山手線の線路際の切通しの赤土がむき出しになった。戦争が終わると、そこに「角萬《かどまん》とは何ぞや」という大きな看板がかかった。角萬というのは、戦後の復員兵の結婚ラッシュでにぎわった結婚式場のことだ。

そういう看板が気にならない程度に焼跡が家々で埋まる頃、たまたまわたしは大塚からほど近い護国寺門前の出版社に勤めはじめた。だから昭和三十年代の大塚をよくほっつき歩いた。雑誌の企画アイデアをもらいに、『花の文化史』の詩人・エッセイスト春山行夫さんのお宅をお訪ねしたこともある。大塚駅西口から数分の、ご子息の医院の敷地内に別棟があり、日当たりの良い縁側で爪切りのコレクションを拝見しながらお話をうかがった。

春山行夫氏にかぎらず、大塚には文化人の住まいがすくなくない。わたしの知己の範囲でも画家の渡辺恂三や、数年前に物故した写真家の羽永光利は大塚生まれだ。でも大塚といって真っ先に思い浮かぶのは、先頃亡くなった詩人の田村隆一さんである。

田村さんの生家は、大塚駅前三業地の「鈴《すず》む良《ら》」という鳥料理屋。祖父が大正九年に一万円（現在の五千万円くらいか）を知人から借りて、広大な雑木林を買い鳥料理屋を開いた。ところへ三年後に関東大震災がぐらりときた。潰滅した下町花街の業者が新天地大塚に殺到してきた。雑木林のなかの鳥料理屋はアッというまに大塚三業地の中心になってしまう。同時に激動の昭和が始まった。

田村さんの『ぼくの交響楽《こうきょうがく》』というエッセイ集には、隆一少年の大塚時代の思い出がぎっしり詰まっている。鈴む良の近くには映画の撮影所が二つあった。大都映画と極東キネマ。いずれもチャンバラ映画専門で、野外シーンともなれば適当な空き地がごろごろしていた。ロケ地に事欠くと大塚の花街や「うち（鈴む良）の大広間」を使った。

そうして撮った映画を隆一少年はテイソー神社の境内にある「お山館」に観に行く。

テイソー神社とは、いまでも駅南口から荒川線の向こう側に見える天祖神社のことで、ここの神官が田村さんの名付け親だった。お山館の隣には寄席の「みやこ」があった。ある日、落語をきいていると、楽屋のほうでにわかにとっくみ合いの喧嘩が……。しかし何といっても圧巻中の圧巻は、力士外《そと》ヶ浜《はま》をめぐる騒動である。外ヶ浜は、青森県の外ヶ浜というところから田村さんのお祖父さんが連れてきて出《で》羽海《わのうみ》部屋に預けたお相撲さん。場所になると鈴む良が一族を挙げて応援するだけでなく、大塚花街全体が興奮に巻き込まれた。

相撲買いというのは、芸者買いよりも金も食えば業《ごう》も深い。まして外ヶ浜は「出ると負け」と相場が決まっていた。それだけに何かの拍子でまぐれに勝とうものなら町中を挙げて大騒ぎになった。

「ぼくがまだ、小学校に入るまえのことだ。母と二人で風呂に入っていると、だしぬけに、風呂場のガラスがガラッとあいて、祖父といっしょに両国から帰ってきた老松《おいまつ》という老妓が、座敷着を着たまま、ザンブと浴槽のなかにとびこんだ。外ヶ浜が大敵に勝った結果が、これである。」

いまでこそ暗渠になって地下に埋没しているが、その頃の大塚花街には道のまんなかに一筋の川が流れていた。谷端川《やばたがわ》といった。田村さん最後の詩集『帰ってきた旅人』にも谷端川が登場する。

ぼくの生家の前に
細い川が流れていて
その上流に
染物屋さんがあったから
日によって桃色になったり濃紺になったりして
六色の王様クレヨンみたいな川

（「月は無情というけれど」）

川には赤い橋がかかっていて小さな料亭があり、日暮れになるとジイさまどもが集まってきて、「酔いがまわるにつれてジイさまどものコーラスがはじまる。」

〽月は無情というけれど　コリャ……

ここで芸者たちの合いの手が盛大に入る。

〽梅《うめ》が枝《え》の手水鉢《ちょうずばち》、タタイてお金になるならば……

いまも旧三業地を歩くと黒塀をめぐらした料亭風の家があり、往年の面影を残しているてんぷら屋や寿司屋がある。三業通りから裏道をしばらく行くと、あたりにやや古風なたたずまいの家が増えてきて、やがて不忍通りの猫又坂《ねこまたざか》に出る。年を経た化け猫＝猫又ゆかりの坂なんて、怪談みたいでなにやら不気味な感じがしないでもないが、実際、江戸時代のこのあたりはいささか剣呑《けんのん》な土地柄だったようだ。

大塚坂下町在住の作家泡坂妻夫氏が古老からうかがった回顧談として、こんな話を披露しておられる。古老が住んでいるところは、いまは地下鉄新大塚駅のあたりの辻町だから谷端川からは崖上になるが、昔はその辻町あたりに牧場があって川が流れていたという。「(古老は)古い水車がかけられていた付近を歩くと、昼でも欝蒼としていて、芝居の殺し場を見るようだった、とよく話してくれた。」(『わたしの豊島紀行』)

猫又坂の猫に対して、犬塚の犬といえば語呂合わせめくが、そういえば大塚は、『南総里見八犬伝』(瀧澤馬琴)の勇士、犬塚信乃《しの》ゆかりの地だ。

信乃の父、大塚番作一戍《かずもり》は、足利持氏の近習として足利家滅亡と運命を共にするが、番作は深手を負って信州筑摩の温泉に傷を癒し、やがて故郷の武蔵国豊島郡菅菰《すがも》大塚に帰る。しかし信州に病を癒すうちに、大塚の大に濁点ひとつ振って姓を《犬塚》と更《あら》め、名も一戍が干支の戌《いぬ》に通じるのをよろこぶ。馬琴は、名はその性格を表すという名詮自性なる運命観の持主である。したがって『八犬伝』のストーリーは、何から何まで忠臣の性《さが》を持つ犬ずくめなのである。

案の定、大塚が舞台になって犬塚信乃なる女装の犬士が登場してくる。

さて、父番作がみまかると、叔母の亭主の破落戸《ごろつき》蟇六《ひきろく》が孤児になった犬塚信乃を引き取るようなふりをする。じつは蟇六の目当ては宝刀村雨《むらさめ》だった、というのがとりあえずその後の展開。

昼でも鬱蒼としていたというこの界隈、『八犬伝』の当時なら、蟇六のような破落戸が中山道往来の旅人を待ち伏せて追い剝ぎをはたらいたり、新刀試し切りの辻斬りが出そうな「芝居の殺し場」を思わせる土地だったというのは、いかにもありそうな話だ。

余談になるが、平成十三年十二月、歌舞伎公演（国立劇場）『三人吉三廓初買《さんにんきちさくるわのはつがい》』四幕目第二場「巣鴨在吉祥院裏手墓地の場」、和尚吉三（松本幸四郎）が犬の斑《ぶち》模様もあからさまな実の妹弟のおとせと十三郎を惨殺する殺し場に戦慄しての帰る際《さ》のことである。手元のパンフレットをめくっていると、「黙阿弥の見た幕末江戸の景観」と題して中川恵司氏がこんなことを書いておられるのが目に留まった。

『三人吉三』の「巣鴨在吉祥院」は通説では駒込吉祥院とされているが、中川氏の想定するところでは、日光御成海道に面した名刹吉祥院では晴れがましすぎて、陰惨な墓場の場にはふさわしくないというのである。では、「巣鴨在吉祥院」はどこにあるのだろうか。

「想定するとすれば、中山道沿いの町屋が切れるあたり、西に池袋村、新田堀之内村（現上池袋二丁目）、真ん中を谷端川が流れる昔の巣鴨本村。小石川大塚から王子へ抜ける道の途中で、人家ひとつない畑地が広がるいまの山手線大塚駅近くである。」

おみごと、といいたくなるような想定である。犬塚信乃の肌にあらわな斑《ぶち》犬の痣といい、兄妹相姦者である十三郎とおとせが犬の斑模様の肌着を着て犬のように末期の水を飲む場面といい、なぜか大塚には犬にまつわる説話がすくなくない。江戸人はもともと濁点ひとつで、大が犬に変わるような言葉遊びが得意だった。ほどちかい王子の名物「玉子」にしたってそうである。

だからといって、大塚がなにがなんでも犬に縁があるとは申せない。大塚という塚はずっと音羽寄りの跡見女学園にあったという説もあり、それだと地理的には辻町や蟇六のいた谷端川近辺と辻褄が合わなくなる。いずれにせよ幕末の江戸市外の荒廃を背景にした話である。大と犬、これだけの字面から市中と郡部の境の荒れ寺や無住寺に住み着いた野犬同様の破落戸や背徳者を指してしゃれる、語呂合わせ遊びだったのだろう。

もっとも、旧大塚三業地から谷端川沿いに不忍通りに向かって歩いていると、現にそういう地理的条件を満たすような場所にぶつかることがある。場所というより寺。どうも「巣鴨在吉祥院」のモデルはこれじゃないかと思わせるお寺さんが左手に見える。

東福寺という古い寺だ。山門前に石の道しるべが立っている。東北方面に「庚申塚へ」、真正面にはいささかギョッとする「巣鴨監獄へ」の刻字。「巣鴨監獄」というと、なにやら暗い残酷なイメージが迫ってくる感じだが、ここが戦後のA級戦犯デス・バイ・ハンギングの巣鴨プリズンを経て、サンシャインシティに変身したのはどなたもご存じの通り。馬琴や黙阿弥が殺し場として借りた景観は、いまや都内の一等地と化しつつあるのだ。

　しかし大塚はなにも追い剥ぎや辻斬りが出没する土地とばかりは限らない。前にも「川崎・大師河原の『水鳥《すいちょう》の祭』」の章でも述べたが、地黄坊樽次《ぢおうぼうたるつぐ》という大酒飲みの国学者は酒井雅楽頭《うたのかみ》の大塚下屋敷に寄寓していた。

　ちなみにほど近い池袋の祥雲寺に「酒徳院殿酔翁樽枕居士《しゅとくいんでんすいおうそんちんこじ》」という妙な戒名を刻んだ墓碑がある。地黄坊樽次の墓と見誤る人もいるが、こちらは樽次の弟子の三浦樽明《みうらそんめい》（「たるあけ」と読むとも）の墓だとわかっている。地黄坊樽次のほうの墓は小石川柳町にある。いずれにしても慶安の酒合戦の東方の主将、地黄坊樽次は大塚の住人だったのだ。

「ここに前代未聞の大上戸一人出来す。武州大塚に居住して六位の大酒官地黄坊樽次とぞ名のりける。」（『水鳥記』）

　類は友を呼ぶとやら。そういえば田村隆一さんも名だたる酒仙詩人だった。どうやら大塚、池袋界隈は昔から大酒飲みの産地だったとみえる。

　とまあ、冗談はさておき、ここで大塚駅前に戻る。と、南口駅前に「江戸一」ののれんがひるがえっている。このお店がまた田村さんと外ヶ浜にご縁があるとあって、大塚と酒飲みの因縁はどこまでも続く。「江戸一」は例の外ヶ浜関ゆかりの人が昭和二十一年に開いた銘酒居酒屋なのだ。

　田村さんには江戸一の女将中野フクさんと交わしたすてきな対談（『田村隆一対談集』

所収）がある。なかに現在の駅前ビル一階の店以前の、一戸建てだった江戸一を回顧している一節がある。新しい店はそれでも昔の原形をとどめていて、「簡素でゼイタクで品がいい。そのくせ日本酒の種類も五十以上」。しかし一九八六年収録のこの対談時には人手不足でもう昔のような応対ができなくなっていた。

「ただ一昔まえだと、のれんが午前九時に出て午後九時でのれんがひっこむ。ところが今じゃ人手不足で世間並の営業時間になったという」、と田村さん。その頃には朝から飲めたのだ。古き良き時代に間に合ってよかった。

さて今回の徘徊行には連れがいる。こちらは目下地方在住で、現在の大塚事情にはうとい。そこで大塚某画廊で写真展を開いて以来、すっかり大塚ファンになってしまったという女性写真家石内都《いしうちみやこ》さんにつきあってもらった。江戸一をのぞくともう満員。そこで江戸一の弟分という「きたやま」に案内してもらう。ここの主《あるじ》が夜な夜な江戸一に通い詰め、ついに家業のふとん屋をやめてまで開いたといういわくつきの銘酒割烹である。

そもそも大きな盛り場がある鉄道駅（たとえば現在の池袋）から一つ目の駅界隈は美人美酒の穴場と相場が決まっている。これを称して「一つ目小町」という。ひさしぶりに大塚一つ目小町との再会を堪能した。

27 池袋モンパルナス

池袋西口の祥雲寺《しょううんじ》坂下行きのバスは、東口へ抜けるガード際の屋根付き車庫から発着した。車庫の床の真ん中に鋼鉄製の大きな回転盤《ロータリー》がはめ込んである。車庫入りしたバスがこの上に乗っかると、盤は九十度グルッと回転して出庫態勢に変わる。これがおもしろくて、子供の頃、何台ものバスをやり過ごしては倦かずに見物していた。

戦中も昭和十八年頃の話である。バスはお尻からもくもく白煙を出す鉄窯を載せた木炭バスだ。これでよたよた祥雲寺坂から要町《かなめちょう》にかけての坂道を上り下りした。坂道を下りきると谷端川《やばたがわ》の川畔。といっても、真っ黒に汚れたドブ川だった。いまは暗渠化されてしゃれた遊歩道に生まれ変わったが、じめじめと暗い、異臭の鼻につく川端道だった。そこを過ぎて、当時は改正道路といった山手通りを横切ると、にわかに視界がひろびろと開ける。このあたりから千早町、要町、千川《せんかわ》、長崎と武蔵野の面影を残した林野が広がりはじめる。

そういえば、近所の沖縄からきた大学生のお兄さんに連れられて、このあたりの田舎道をまっすぐ西へ向かって歩いていた記憶がある。信じられないほど大きい夕日が西空を真っ赤に染めていた。鋳物工場のシルエットが黒く浮かび上がり、道の片側は麦畑が続く。大きな肥溜があって、そのかたわらで牛がモォーと啼いた。谷内六郎の絵にでもありそうな、そんな光景がいまも目に浮かぶ。

さて本日の目的は、千早町二丁目の熊谷守一《くまがいもりかず》美術館（旧熊谷邸）を訪ねること。ところが当方がたまたま池袋生まれということがあって、つい要らざる思い出話が先走った。どうせここまで来たのだ。ついでにもうすこし思い出話をしておきたい。

昨年（2001）十月、池袋西口の勤労福祉会館で作家の小沢信男さんやアーサー・ビナードさんとご一緒に池袋モンパルナスの話をする会（「池袋モンパルナス」の集い。小熊《おぐま》秀雄フォーラム）があった。一九三〇年代、池袋近郊、長崎村を中心とする田園地帯ににわかに画家・画学生向けのアトリエ村が生まれた。はじめに、すずめが丘アトリエ村、しばらくしてさくらが丘パルテノン、つつじが丘といったアトリエ村がバラバラにできる。それがやがて《池袋モンパルナス》の総称で一括されるようになる。

一説によれば、詩人の小熊秀雄が本場パリのモンパルナスとは雲泥の差があるところから、アイロニカルにつけた呼び名だという。小熊秀雄は「池袋モンパルナス」の歌を作って曲をつけさせた。曲名は「池袋風景」。

池袋モンパルナスに夜が来た

学生、無頼漢、芸術家が
町にでてくる
彼女のために
神経を使へ
あまり、太くもなく
細くもない
在り合せの神経を

たまたま当方が池袋生まれなので何かしら話すことがあるだろう、という主催者の思惑から引っ張り出されても、あいにくモンパルナスの花の盛りは子供の時分なのでくわしくは知らない。知っているのは戦中戦後の混乱のなかでアトリエ村が崩壊した後の焼跡ヤミ市時代のことだ。その後、池袋からも東京そのものからも離れ、他県に住んだりしたので、かれこれ十数年というもの池袋の顔を見ていない。

講演の当日、池袋西口に出て肝をつぶした。ここは外国だ。子供の頃の、回転盤で向きが変わるバスだの、目もくらむようなフルーツ・パフェを食べた東京パンの二階食堂だの、花屋だの、朝顔ラッパの蓄音機の竹針を買ったレコード店だののあった、短い駅前通りを突き当たって正面の豊島師範(学校)はむろん影も形もない。豊島師範から左手の目白側にかけては鉄道学校の長い塀がずっと続いていた。反対に、豊島師範を右折してバス通りをしばらく行くと、二俣交番（これはいまもある）を経て立教大学。西口駅前近くの目白寄りには自由学園と婦人之友社があり、要するに戦前の池袋西口は、いまとは似ても似つかない郊外の学園町だったのだ。

当時の面影はまるっきりない。それは当然として、一九四五年四月十三日大空襲の夜、その町並みが姿を消し、それからほどなくして迎えた敗戦と同時に出現したヤミ市の面影もない。であるからして一九三〇年代池袋生まれの人間にとって、ここは外国のどこかの町も同然なのだ。池袋モンパルナスの会ではそんな話をしてお茶を濁した。すこしヤミ市の話もした。

ちょうど同じ年二〇〇一年二月に練馬区立美術館で高山良策という画家の展覧会が開催された（「高山良策の世界展」）。彼はシュルレアリスム系の筋金入りの反体制画家、といってもご存じの方はすくないだろうが、大映の大魔神や円谷プロのペギラやカネゴンといった怪獣モデルの原作者といったら、ああそうか、とうなずかれる方は多いだろう。現に練馬区立美術館の展示場は現役の小学生たちと、いい齢《とし》をした元小学生で押すな押すなの盛況だった。

閑話休題。展覧会には高山良策が敗戦直後の一九四七年に描いた『池袋東口』という油絵も出品されていた。東口は今、西武デパートのある環状線の内側。まだヤミ市らしいヤミ市さえなかった敗戦直後の駅前風景だ。仮屋根を葺いただけの焼け落ちた駅舎、そこから電車を降りた人がぞろぞろ出てくる。靴磨きとサンドイッチマン、なにやらあやしげなものを売るアルバイト学生の屋台、赤旗を立てた共産党の演説会。真昼間なので、暗くなると出てくるはずの街娼だけはまだ姿を見せていない。それ以外は、たしかにわたしも目撃した一九四七年の池袋東口風景だ。

しかし池袋のヤミ市は、どちらかといえば西口のほうが規模が大きかった。というよりこちらのほうはいち早く旧豊島師範や鉄道学校の跡地を占拠して、飲み屋、雑炊屋、名ばかりのコーヒー店、やや遅れてラーメン店、ギョーザ店、と雑多な飲食店の押しひしめく、巨大なアジアのバザールのような一郭を形成していた。かろうじて立教大学構内すれすれの二俣交番すぐ手前まで、アメーバのようにヤミ市がひろがった。

ヤミ市の飲食店は活気にあふれていた。貧しさというのはにぎやかなものだ。東口駅前なら詩人の山之口貘《ばく》や川柳の川上三太郎、画家の山下菊二や哲学者の矢内原伊作が出入りしていたコヤマ珈琲店、日が暮れると山之口貘さんが移動する先の西口の沖縄料理店おもろ、なかば壊滅した池袋モンパルナス生き残りの画家たちがたむろしていた泡盛屋珊瑚《さんご》。新宿西口のジャンジャン横丁を焼け出されて池袋に移ってきた〝あさ〟には作家や芸術家、それらの卵連中が多かった。檀一雄、売り出し中の小説家富島健夫、佐々木基一、詩人の木島始、アメリカ文学翻訳家の橋本福夫、新進画家の平賀敬、まだ日大芸術科の映画青年だった足立正生……。

上記の高山良策も池袋モンパルナスの住人だったが、下戸なので飲み屋に出入りはしなかった。前衛画家の中村宏も下戸で、もっぱら屋台のおでん屋の立ち食い。泡盛屋の常連は、寺田政明、佐田勝、大野五郎（『歴程』の創立メンバーの一人で、詩集『ウルトラマリン』の詩人逸見猶吉こと大野四郎の弟）。高橋力彌、木内岬等々。それぞれに無類に人がよく、無類に酒癖が悪かった。

高校生にも出入りできる喫茶店は、象の仔、レンガ、コヤマくらいしかなかったが、中でも早々と消えてしまった喫茶店クロンボには、マンボズボンに真っ赤なセーターという、当時としてはスキャンダラスなスタイルのファッション画家、セッちゃんこと長沢節さんがよく珈琲を飲みにきていた。祥雲寺坂下の水道屋のせがれだったハナ肇もクロンボの常連だった。

話が長くなっていけない。この調子では今日中に池袋モンパルナスにたどり着けそうもない。もっとも三〇年代のアトリエ村の青春の話は、宇佐美承『池袋モンパルナス』はじめ、練馬区立美術館の「池袋モンパルナス」回顧展カタログなど関連文献を参照していただくとして、いまはとりあえず、モンパルナスの画家・画学生たちの中心にいた熊谷守一旧居跡の彼の美術館まで直行しよう。

熊谷守一といえば青木繁や和田三造と同期の美校（東京芸大）出身画家。まっしぐらに画壇にデビューせずに政府の樺太調査団に加わったり、故郷の岐阜で材木を川に浮かべて運ぶ日傭《ひよう》をしたりしながら、昭和七年、五十二歳でようやく千早町二丁目にアトリエを建てて定住。以後、九十七歳の高齢にいたるまで「へたも絵のうち」を標榜しながら現役の画業を続けた。

といっても、日がな一日庭に寝ころがって蟻ン子をながめるとか、奥さんと碁を囲むとか、ろくすっぽ絵を描こうともしない、すこぶるのどかな日々を過ごしていたらしい。

その旧居跡に三階建て鉄筋コンクリートの熊谷守一美術館がある。一階に守一ギャラリーと喫茶室。二階が現代作家に貸す個展会場。わたしも友人の画家の個展がある折など、ここへは何度か足を運んだことがある。

美術館のホールの壁面には、生垣がわりに鬱蒼と庭木をめぐらして、そのなかから真っ白な仙人ひげを生やした熊谷守一が顔を出しているポートレートが飾ってある。庭木が旧熊谷家の背景をなしている。いまも隣家がその面影を残しているという。美術館内部もこぢんまりと落ち着く空間だが、ここは戸外のたたずまいもいい。

そういえば山手通りをはさんで、ここから遠くないわたしの生家もこんな造りの家だった。もうひとつの池袋がまだ現役で生きているという気がした。

28 **池袋二業地の家**

池袋西口バス通りから北側に一本奥まって常磐《ときわ》通りがある。昔はこちらのほうがメイン・ストリートだった。新興キネマという映画館があり、郵便局があり、本屋、アイスキャンデー屋、昆虫採集用の試験管や注射器を売るお店があって、その通りを王子滝野川のほうへ行くといまは立体交差になった通称「大踏切」に突き当たる。これはいつまで待っても通れない開かずの踏切だった。

商店街は駅前のほうが後から開けたのだろう。バス通りと常磐通りのあいだに私鉄の郊外駅前風のちょっとした新興住宅地が建ちならび、立大出のハワイアン歌手灰田勝彦と兄晴彦の兄弟の家や、長唄のお師匠さん、一時は野球の川上哲治も住んでいたと聞いた。その裏手に落合病院。薔薇の生垣が続く病院裏の小径をさらに二俣交番のほうへ行くと、池袋モンパルナス関係者の思い出にはかならず語り草になる「第一喫茶横丁」なる飲食店街があった。アトリエ村の住人たちの喜怒哀楽の舞台だったのだ。

しかしわたしたち小学生は昼間しか通らないので、せまい横丁にひしめくお店が何のお店なのかはわからない。表側にはしもた家が建ちならんで、歓楽街の素顔をマスクのようにすっぽり隠しているし、それに戦前の小学生は夜間外出禁止だった。
もうひとつ小学生が立ち入れない区域があった。こちらは駅前と川越街道との中間点くらいにある一区画で、その名も池袋二業地。地元では「芸者町」で通っていた。二業地というのは待合と芸者置屋の二業でもっている土地。これに料理屋が一枚加わると三業地になる。池袋も戦後はたしか三業地に昇格したはずだが、大塚は早くから三業地を看板にしていた。

こちらも表通りは、しもた家、個人商店、質屋にぐるりを囲われるようにして、二業地の中枢部は外からは覗きにくい。もっともこちらの生家も目隠しになるしもた家の一軒だったから、二業地には同級生下級生もいて、一葉『たけくらべ』の男の子ぐらいには消息を知っていた。なんでも某々待合には天井から四方の壁まで鏡張りの猟奇的な密室があるんだそうだ、なんぞという他愛のない「秘密」ではあったけれども。

大正十二年の関東大震災で下町が丸焼けになった。すると池袋も駅からかなり離れたなにもない原っぱに、下町の色町専業者がどっと押し寄せてきた。生家は震災前に建ててあったので、寝耳に水だったらしい。父から二業地建設反対運動があったと聞いたことがある。神近《かみちか》市子と市川房枝が来て反対演説をブッたのだそうだ。その甲斐もなく二業地は成立してしまい、現にわが家の二階の勉強部屋では、待合でどんちゃん騒ぎをしているのが夜中まで耳についた。神風という相撲が入婿になった天龍という待合で、戦争中でも軍人と軍需産業業者がつるんで騒いでいた。

さて常磐通りに戻って、いま歩いているのは、常磐通りも仲通り商店街に下りかける途中の見当になる。右側に関野病院というかなり大きな病院が見える。戦前は子供相手にトンボ釣りの竹竿や鳥モチを売る駄菓子店があったところだ。ここを右折して東へとだらだら坂を下りると、坂を下りきった正面突き当たりに生家跡がある。

生家の建物そのものはとっくにない。一九四五年四月十三日夜に米軍の空襲で焼亡した。この前ここへ来たのは、さあ十五年ほど前だったか。そのときは二階建てのアパート風の建物が建っていて、階下は三軒に分割されて三味線屋と居酒屋と、もう一軒、何屋だかがならんでいた。

あらためて見ると、二階入口の内階段脇に、そのときは見落としていた「第二神谷荘」の看板がぶら下がっている。二階はアパートだったのだ。しかしいまは階下の三味線屋、居酒屋もふくめて人の住んでる気配がない。廃屋なのだ。

ことのついでに昔の隣家の前あたりに立ってみた。お隣は戦前の典型的な棟割長屋で、長屋門を入ると両側に三軒ずつならんだ長屋がある。正面に共同水道、表通りに面した角店が駄菓子店で、もうひとつの角には竹垣に朝顔などを這わせて、ヤトナと幇間《たいこもち》の夫婦がこぎれいに住みなしていた。

ヤトナというのは待合・料理屋に住み込みで雇われているのではなく、自宅から通いで出張する仲居さんのこと。大概が亭主持ちだった。ここの色白のヤトナはいつも手拭いの頰かむり。幇間のご亭主はステテコに腹巻きで通していた。その住まいが、モルタル塗り二階家にさま変わりしている、と思った瞬間、目の前の窓から甲高い広東語が聞こえてきた。

お次はもっとびっくりした。東北側の御嶽《みたけ》神社のほうの家から、一見してロシア人か東欧人と思しい娘たちがぞろぞろ湧いてきたのだ。少年も何人かいる。全部で二十人ぐらいはいるだろうか。出てきた家の裏口にはゴミの分別の仕方を書いた英語の紙看板が立てかけてある。

近頃は北欧バーとかロシア・サロンとかいう歓楽施設があって、額面通りの金髪碧眼のスカンディナヴィア娘やプラチナブロンドのロシア娘はあんまり見かけないかわりに、栗色の髪のハンガリー娘やルーマニア娘がいてもてなしてくれる、といううわさを聞いたことがある。その類《たぐい》なのだろうか。いずれにせよ、ここはもう土着の池袋人はもとより、顔見知りのご近所の人もとうにいなくなっているようだ。

通りすがりの人に聞くと、ここらはまもなく山手通りにつながる道路拡張工事がはじまるのだそうだ。生家はついにアスファルト道路の下に埋もれるのか。さすがに感傷的な気分にならざるをえない。日曜日毎に玄関前に古代楽器を持ち出して、同好の人たちと笙《しょう》や篳篥《ひちりき》の合奏会をやっていた恩田さんの家も、その裏の何とかいう子爵の屋敷も、朝日新聞記者だった庄崎さんのしゃれた洋館も、もう影も形もない。

戦前のこのあたりはまだ田園情緒が残っていた。空気が良いというので結核患者の保養地と考えられていたのか、目まで冒されて黒眼鏡をかけた末期結核患者によくお目にかかった。いくぶん小高くなった坂上の台地には、植木や盆栽を栽培している農家がまだ点々と散在し、罹病した黒眼鏡の娘さんが丹念に盆栽の手入れをしているのをよく見かけた。

そういえば生家の真向かいの朝日新聞記者の庄崎さんも結核で早世した。こちらが物心つく頃にはもう他界されていたので、どういう記者活動をしていたのかは知らない。だが、最近たまたま読んだ三角寛《みすみかん》『山窩《さんか》物語』のなかに庄崎記者が登場してきた。昭和二年に説教強盗という犯罪者が出現したことがある。強盗なのに、忍び込んでから戸締まりが不用心だなどと説教をするのである。説教強盗はどうやら一人ではなく、模倣犯もふくめて数人はいて、正体が明らかではなかった。

折から下落合の女流作家三宅やす子が説教強盗に襲われるという事件があった。このとき各紙一斉に説教強盗＝山窩（現在ではテンバという。山間部を移動して竹細工を生業とする人びと）説を書きたてた。しかし、当時の朝日の事件担当記者三角寛は山窩説に反対。キャップの庄崎記者と対立する。庄崎は夕刊のメ切りが近いのだから山窩説で通せ、といって帰ってしまう。今時でいえば仕事よりマイホーム大事のパパといった感じだが、あくまでも三角の目から見たプロフィールなので、本当のところはわからない。病軀《びょうく》をかばってあまり力まない仕事ぶりだっただけかもしれない。

その庄崎さんのような新聞記者、得体の知れない文士風、やはり近所にいた武井武雄のような画家、わが家みたいな勤め人、突然降ってわいた芸者町の人たち、長唄の師匠とその弟子、それに長屋の職人や職工さん——みんな関東大震災前後にどこかから入ってきた新来者である。

いま思い出してみると、池袋は昔から多民族多人種が雑居していた。ロシア人が絨毯やパンを売りにきたし、朝鮮半島（それはまだ南北に分裂していなかった）から来た同級生がいた。沖縄の子がいた。日本列島からも北海道、九州から来た家族が多かった。いまさら広東人やロシア人に目をむくには及ばないのである。

しかし戦後六十年はいたずらに過ぎてない。御嶽神社の前、春になると一面に菜の花が咲き乱れた大きな原っぱにはいまや区立図書館が建っている。子供の頃はそのあたりで学帽に鉛の錘《おもり》を吊るして蝙蝠《こうもり》を獲って遊んだものだ。

当時と変わっていないのは御嶽神社だけだ。昭和二十年四月十三日空襲の夜、神社の石垣にかけて二業地の桜並木が満開の下、真っ赤な火の玉がゴーッと転がり落ちてきた。その下を四歳の妹の手を引いて駆け抜けながら一瞬だけ目にした燃え上がる桜並木がどんなにきれいだったことか。

旧二業地の界隈を徘徊してみた。待合というより料理屋らしい店が二、三軒。舞踊稽古場を兼ねた検番は紙屋か何かのオフィス・ビルに変身し、一時は三百人からいたという芸妓の姿はどこにも見られなかった。周辺の八百屋や酒屋、果物屋のかつての小学同級生も転出したようだ。昔のお店が残っているので訊いてみると、店を管理しているのは、同級生の弟とか親戚とかだそうだ。流行おくれのスナック、廃屋、シャッターの下りている店――どこにでも見かけるようになった場末裏町だ。

常磐通りのほうへ戻った。小ホテル街と赤札堂を越して、常磐通りに出るちょっと手前に小さな寿司屋がある。㐂《き》せん寿司。戦前は仲通り商店街に近い栄湯という銭湯の隣にあった。風呂帰りによく父に連れていってもらった。戦後もしばらくして現在地に移った。ここらは戦後しばらく引揚者住宅の立ち並んでいた一郭だ。㐂せん寿司はこちらが学生の頃、昔のよしみで先代がかわいがってくれた。つまりツケがきいた。

そういえばここは母校の北園高校の教頭先生がご贔屓《ひいき》の店で、この先生の酒癖が悪くてしょっちゅうからまれた。先生は飲んべえのかたわら、サッカー協会の理事か何かでメキシコ・オリンピック時代のサッカー選手をよく連れてきていた。当時の寄せ書きを見ると、釜本邦茂とか川淵三郎とか、どこかで聞いたような名前が並んでいる。

ここにくればかろうじてまだ顔見知りに会える。池袋とのつながりも、このお店だけしかなくなってしまった。先代はもう鬼籍の人だ。二代目は小学校の下級生。それがいつのまにか三代目が下ごしらえなんぞするようになっている。ロシア人、中国人が住んでいるからと腰を抜かしていては始まらない。いまや茶髪の三代目の時代だ。

29 愛宕山「路地奥」再訪

芝愛宕山にはかれこれ四十年ほど前に住んでいた。

それも山の上である。

飯倉《いいくら》の坂を下りてきた都電が神谷町の交差点で切り通しに曲がりこむとゆるい坂道になって、パンタグラフがバシッと紫色の火花を散らす。そんな光景が見られた昭和三十年代のことだ。

切り通しの途中を左折すると愛宕山の上に出る三十段の階段があり、上り詰めると芝・青松寺《せいしょうじ》の末寺の墓地がある。その脇の小階段をまた上がると、おやこんなところに家があるのか、というような路地の一角に住んでいた。

西南側の真ん前に東京タワー、東と南の裏側にぎりぎりまで青松寺の墓地が迫っていて、都心なのに外部からめったに入りこむ人のいない隠れ里のような路地奥である。亡くなった詩人の田村隆一さんがいつか遊びに来られて、二階から隣の墓地をしげしげとながめてから、「おい、ここはお妾さんを囲っとく家だぞ」とのたもうた。

田村さん、さては荷風ファンと見える。荷風の『二人妻』の読者なら愛宕山あたりとくれば妾宅、とピンとくる。

「千代子が傘で指した時、何処の家かわからぬが突然格子戸のあく音と共に、洋服を着た男の後姿が狭い路地の行手に現はれた。玉子と千代子が人の姿よりも格子戸のあく音にびつくりして思はず後じさりした其の間に、洋服姿は路地から通ずる別の路地へと曲がつてしまつた。」

玉子の良人《おっと》の川橋院長が、愛宕下の妾宅に女優の亀子を囲っているのが露見する場面である。路地から路地へと蜘蛛の巣をめぐらしたような迷路——住人以外には、牛乳屋か豆腐屋しか入り込めない。なるほど妾宅にはもってこいの地形にはちがいない。そんな路地の蜘蛛の巣が愛宕山下はもとより西側の麻布にかけてずっと張りめぐらされていた。

ちなみに『二人妻』成立の大正十一年(1922)は、荷風が麻布市兵衛町の偏奇館《へんきかん》(大正九年五月竣工)に暮らしはじめて二年目、大震災の一年前のことだ。麻布市兵衛町はいまでこそ町名変更で六本木三丁目とやらに変わったが、飯倉の坂から下りてくる市電がほぼ直角にカーブする神谷町北側の道路を仙石山のほうに入った谷町の坂上の台地だった。荷風は銀座や浅草に散策に出るときには、飯倉一丁目か三河台町、そうでなければ箪笥《たんす》町か神谷町の市電停留所を利用した。麻布と愛宕下は桜田通りを隔てて南北に分かれるが、戦災前には似たような路地町が広がっていたのである。

荷風は震災後も残ったこのあたりの路地を徘徊して、かなりひんぱんに小説の舞台にしている。『ひかげの花』（昭和九年）の女主人公の下宿のありかは「芝櫻川町の裏道」とあり、以前間借りしていた家も近くにあって、彼女が「貯金している郵便局は麻布六本木の坂下にある谷町の局である」とあって、こちらはもう偏奇館の市兵衛町のすぐ坂下の町だ。

荷風自身も、谷町ではないが、その隣町の芝西ノ久保八幡町にお妾さんを囲っていた。今の地下鉄神谷町の交差点の一方の角の裏手に壺屋《つぼや》という菓子屋があった。そのまた裏の貸家を、お歌という女の妾宅に借り受けたのである。名づけて壺中庵《こちゅうあん》。

「西窪八幡宮の鳥居前、仙石山のふもとに、壺屋とよびて菓子ひさぐ老舗が土蔵に沿ひし路地のつき當り、無花果《いちじく》の一本門口に枝さしのべたる小家を借受け、年の頃廿一二の女一人圍ひ置きたるを、その主人自ら號して壺中庵とはよびなしけり。」

壺中庵のありかは友人知己にもひた隠しにし、好きな時に訪ねていっては「日は物干の三竿に上がりても、雨戸一枚、屛風六曲のかげには、不斷の宵闇ありて、盡きせぬ戯れのやりつゞけも、誰憚らぬ此のかくれ家こそ、實に世上の人の窺ひ知らざる壺中の天地なれと、獨り喜悅の笑みをもらす主人は、……。」（『断腸亭日乗』）

ちぇっ、いい加減にしやがれ、といいたいところだが、そういってしまうとそれこそ思う壺にはまる。案の定、このあと壺中庵に壮士まがいの男どもが押しかけてきて、「いい加減にせい」まがいの科白《せりふ》を吐きながら小金をせびりとる場面が出てくる。時局柄とかなんとかいう難癖だろう。しかし妾といっても、このときの荷風には正妻がいないので、今風にいえば愛人だ。大きなお世話であった。

理屈の上ではその通りでも、感情的には嫉妬と羨望のあまり思わず涎の垂れそうなセカンドハウス。対するにこちらは戦後にわか造りの木造アパートの二階六畳二畳。それでも一間きりの独身アパートからやっと昇格した二間付きだった。

愛宕山にはじめて仮寓したのは昭和三十六年。六〇年安保騒動の片がつき、そろそろ東京オリンピックにかけて列島改造がはじまる直前のことだ。高度成長時代のトバ口にさしかかっていた。ということは、東京も戦災で焼け残った界隈には、荷風が戦前に書いた町並みがまだかなりの程度残っていたということだ。

愛宕下も虎ノ門よりの西久保巴町《ともえちょう》には刀剣骨董商や和楽器店などが立ち並び、裏通りには古い寺町があった。天徳寺があり、杉田玄白の墓のある猿寺（栄閑院）があった。愛宕山の元ラジオ放送局（現NHK放送博物館）の真下を通るトンネルを抜ける手前が『二人妻』に出てくる路地の迷路で、あたりから三味線の音や常磐津・長唄の節回しがよく聞こえてきた。これも震災後、下町を焼け出された歌舞伎役者や歌舞音曲のお師匠さんがこのあたりに住み着いたからだと聞いたおぼえがある。

さて、困った。今回のお目当ては、愛宕山付近の徘徊である。そうなるとこれは昭和三十六年からおよそ十数年間毎日歩いていた道をなぞって歩くことになる。それなら目をつむっていても歩いて行ける。それだけに町の現在が見えてこない。記憶のなかの路地から路地へと迷路伝いにさまようちに、過去の町から出られなくなってしまう。記憶のなかの町から出たくなくなる。だから現在目の前に見えている町が見えない。いや、見たくない。

話には聞いていた。一番近かった銭湯の亀ノ湯の向かい、よく安全カミソリや石鹸を買いにいった雑貨屋の二階に間借りしていたおばさんが、地上げがらみの脅迫事件で暴力団員に殺されたこと。神谷町の地下鉄を上がったところの小体《こてい》な喫茶店「村」はとっくになくなり、桜田通りのそば屋「巴町砂場」もビルに入っちまったこと。愛宕山の上の、あんたが住んでいた家もビル会社に買われちまったとかで、あそこはもう幽霊しか住んでないよ。消息通の友人がそう教えてくれた。

現場に来てみると聞きしにまさる変貌ぶりだ。表通りにはビルが林立し、青松寺の西、慈恵医大の前に巨大な円柱状の建造物が二本、ドーンと空を突き上げている。一本は愛宕グリーンヒルズ（事務所棟）、もう一本のほうは愛宕フォレストタワーなる高層住宅なのだそうだ。

「山上より東南はるかに芝浦の眺望、遠くは房総の山ほのかにして、海上の風景なゝめならず。」

愛宕山上からの景観を述べた『江戸砂子』の往時はもはや偲《しの》ぶべくもない。マンモスビルの出現によって、すくなくとも高所からの眺望という意味では、愛宕山は無用の長物になり果てたのである。

マンモスビルがにょきにょき生えはじめたおかげか、周囲のそれなりに貫禄のあった昔ながらのビル、洋館が目立たなくなっていた。たとえば芝高校前のオランダ大使館のコロニアル様式の白亜の洋館。インドネシア人のデモ隊がここに抗議にきて、よく機動隊に追い散らされてわが家のあたりの迷路まで逃げこんできたものだ。

とっくに消滅した建物もある。御成門近くの紅葉館《こうようかん》。ここは硯友《けんゆう》社の文士連のごひいきの料亭として名高く、巌谷《いわや》小波《さざなみ》が同館の女中に失恋して『金色夜叉』のモデルにされ、自らも後に『金色夜叉の真相』を書くきっかけになる明治の名所だった。わたしが住んでいた頃にはその面影はなく、外壁を館名通り紅葉色にペンキで塗りたてた、いささか趣味の悪いコンクリート五、六階建てのホテルになっていた。

当時の紅葉館はたしか宝塚の東京公演の折の宿舎として利用されていたのではなかったか。春日野八千代、天津乙女の姿を見かけたことがあり、どうかすると彼女たちを一目見んものと押しかけたヅカ・ファンが舗道いっぱいに立ちはだかっていた。それでも当時のファンはいまほど傍若無人ではなく、こちらのような門外漢がスター女優が歩いているのをともかく目撃できるだけのゆとりはあった。

マンモスビルに対抗しようというのではないが、久しぶりに東京タワーに上がってみた。ここの展望台からは、ほぼ真下にあるわが家が室内まで丸見えだった。いまはどうかな。望遠鏡を覗く。レンズの円形のフレームのやや東側奥に愛宕神社の黒ずんだ森、手前に逆三角形の青松寺の墓地が白っぽく映る。と、墓地との境のところに見覚えのある二階家が目にとまった。ややッ。あれはかつてのわが家ではないか。まだ消えてなかったのだ。まさか夢ではあるまいな。

タワーを下りて愛宕山に上った。三十段の階段を上り、上りきると左手のほうで路地が行き止まりになる。路地へ行き着くまでの細道には花が咲き乱れて、誰かが道の手入れをしている気配があった。まだ誰か住んでいる人がいるのかしら。細道の奥の小階段をのぼる。ここだ。何軒かの古家が立ちならんでいる。どの家も無人の空き家だ。軒先に蜘蛛の巣が張っている。人の気配はまるでない。

耳元に往時の騒音がよみがえる。うじゃうじゃいる子供たちの声。ガス自殺未遂のホステスに救急車を手配する叫び声。連れ込んだ客と口論する女の悲鳴。新橋銀座が近いので、住人はホステス、小料理屋の女将、テキヤといった面々なのだ。その声、声、声がバタッと止まると、耳元にさやぐのは蜘蛛の巣だらけの空き家に吹きすさぶ風の音ばかり。

と、なにかが動いた。猫だ。また動くものの気配。無人と思った家の窓から女がこちらをのぞいている。その顔に大木さんというテキヤが、「ひろってきた」という感じで連れてきた少女の面影がおもむろに浮かび上がる。たしか、お千代さんといったな。大木さんにいじめられるのか、彼女はしょっちゅう泣きはらした目をしていた。

あれから四十年以上の時間が経過した。往年の少女は、もう還暦を過ぎたのではないか。あいさつついでに話をした。大木さんはとうに亡くなって、お千代さんはいまは猫と二人暮らしなのだそうだ。泣きはらしたような目は相変わらずだが、これはいじめられるからではなく、もともと目の弱い体質であるらしい。

「目が悪くてねえ。よく見えないんだよ。でも、あんたのことは憶えてるよ。みんな死んじゃった。誰もいないよ。」

帰り際にふとふり向くと、お千代さんが猫と顔を見合わせている。なんだかお千代さんと猫が、くくくッと含み笑いしたような気がした。

30 新橋アンダーグラウンド

住まい最寄のJR駅（真鶴）から快速アクティーで新橋駅まで一時間二十分。愛宕山から離れ住んだ三十年前を思えば、あっという間に着いてしまう。

改札口を出るとニュー新橋ビルとSL広場。三十年前にはなかった。駅前はいきなり海水湯なる銭湯で、鯉のいる小体《こてい》な池と黒塀ごしの松の木のある庭つきの風流な造作。小さいほうの浴槽にはコーヒー色の正真正銘の温泉が湧いていて、愛宕山に住んでいた当時は自転車で入浴にきた。それがいまはコンビニのファミリーマートがはいる貸しビルだ。

それでも新橋界隈にはまだ大正ナツメロの気分が残っている。虎ノ門に向かう外堀通りには、いまは定食チェーン店になった元マイアミ（喫茶店）と元志乃多寿司《しのだずし》のビル、並びの新橋モダン食堂の建物から鍵屋の堀商店まで古風なビルがまだ現役だ。真向かいの銀座ライオン新橋店は二階までが古風な煉瓦造りで、そこから上が継ぎ足しの新建築である。汐留《しおどめ》口はゆりかもめ線で面目を一新したが、烏森《からすもり》口は東京のど真ん中にありながらまだそれとなく古色に装われている。

ところで戦後もしばらく前まで、銀座八丁目の外れには汐留川という川が流れていて、新橋駅汐留口の真ん前あたりに土橋《どばし》という橋が架かっていた。いまは消えた。名前だけはわずかに高速道路入口の標識に残ったが、もとは「銀座ナイン」ショッピングセンターの地下に埋没した汐留川に架かる橋だった。昭和二十年代には土橋から新橋駅構内が目の前にまるごと見えた。

何故そんなにくわしいかというと、昭和二十二年頃、まだ焼跡だらけの銀座・新橋の境目に当たる土橋の上で、中学生の小生は露天屋台を出してピーナッツ、ライター・オイルなどを商っていたからだ。

汐留川は浜離宮のほうからくるとここが行き止まりなので、だから汐を堰《せ》く汐留なのである。そこに土橋が架かっていて、別名を汐留橋ともいった。

「外濠の水、汐留川に注ぐその落口《おとしぐち》に架せり。江戸砂子に、土橋、幸ばしの御堀へほどまりの所、元来これを汐とめはしという。」(『新撰東京名所図会《ずえ》』)

とあるように元汐留橋こと土橋が行き止まりなので、戦後のその頃の隅田川観光船は土橋が発着地だった。丸焼けになった銀座・新橋からは戦中戦後の何年にも及んで生活排水が出なかった。だから汐留川は深山幽谷《ゆうこく》のように川底まで澄みわたり、赤フンの男の子たちが観光船の上から飛び込んだり泳いだりしていた。それよりも群れをなしたハゼや白魚が水中に見えていたっけ。

山本笑月『明治世相百話』の「永代下流の白魚船」にこんな文章がある。「その頃といっても明治二十年前後までは永代附近から佃沖にかけて澤山の白魚船、思ひ思ひに陣取って、船より大きな四つ手網、時々引き揚げる網の姿も面白く……」まったく浮世絵の情調そのものだったというが、「それもおひおひ白魚が上がらなくなって」、「大川の白魚などは今では夢。」

その「今」というのが『明治世相百話』発行年の昭和十一年のことだから、昭和二十二年の土橋の白魚群生水景は昭和前期を飛び越して明治初年の永代下流のあたりまで舞い戻ってしまったわけだ。

ついでにいっておこう。銀座は昔から銀座八丁で、銀座九丁目と言う所番地は建前の上ではないはず。ところが高速道路下のショッピングセンターの入口には《GINZA 9 NINE》の看板が出ている。これが埋め立てられた汐留川の名残だ。川面が露出していた頃は川岸に水上生活者のダルマ船が碇泊していた。その人たちの住所をたわむれに九丁目といったのだろう。

ちなみに戦後の汐留川が深山幽谷といったが、明治の東京市民はそれが当たり前のように、土橋あたりの物見遊山を四季折々に楽しんでいたらしい。篠田鉱造『明治百話』には「土橋の（鉄道の）高架線に沿うお濠には、いっぱいに蓮が青蓋《せいがい》を張って、紅白の華が麗しく、明治十四年頃には、私たちは木挽町《こびきちょう》の住宅から、朝風に吹かれ、いい心持ちで蓮の華見物としゃれたものでした。」とある。

そうはいっても、そういつまでも汐留が風流だったわけではない。戦後は土橋から線路ひとつ越えた烏森口で、戦後戦争がドンパチ始まった。ヤミ市の利権をめぐる、組員対「第三国人」の戦いだ。わたしが土橋に屋台を出していた昭和二十二年にはあらかたケリがついていたが、なかでも昭和二十一年の関東松田組対台湾省民の抗争は音に聞こえた。その頃は通りすがりのなんでもない喫茶店に入っても、壁に生々しい弾痕が食い入っていたものだ。

その名残はもうない、といいたいところだが、じつはいまも歴然と存在している。ニュー新橋ビルや新橋駅前ビルの地下に降りてみるといい。いかにも地権がこみ入っていそうな飲食店・小店舗がヤミ市の間割りそのままに地下にもぐり込んでいるのを目の当たりにするはずだ。ヤミ市育ちにはこれがこたえられない。迷路のように入り組んだショバ割り。それがほぼそっくり残っている。新橋ヤミ市は戦後のアンダーグラウンドだっただけでなく、いまも地下街として現役のアンダーグラウンドなのだ。

ひさしぶりにニュー新橋ビルの二階三階をひやかした。大型の喫茶店があって、早退けの中年初老サラリーマンが三々五々テーブルを囲んでいる。おどろいたのはコカコーラを注文する客が多いこと。戦後のギブミー・チューインガム的雰囲気がなにがなしあたりに漂う。ウェイトレスに美人が多いのは美人喫茶の名残か。

喫茶店、スナックのほかは足裏マッサージのお店がやたらに目につく。どうやらお父さんたち、お疲れさまなのだ。二、三階はしかしかなりシャッター街化していて、なんとなくうらぶれた感じ。これだ。この新橋駅前のど真ん中にある場末の感じがこたえられなくて、初老の紳士たちが美人喫茶に通いつめるのではないか。

新橋—横浜間に陸《おか》蒸気が開通したのが明治五年（1872）。このときは汐留に新橋停車場があった。大正三年（1914）、東京駅竣工とともに首都の玄関口は東京駅に移り、明治四十二年に完成した烏森駅が新橋駅に、新橋停車場は貨物の汐留駅になった。以後、つい最近まで汐留駅一帯は鉄道関係者以外は立ち入り禁止の広大な貨物操車場だったのである。新橋全体が、東京駅、有楽町、銀座の表に対して、裏というにおいがするのは永年にわたって貨物駅だった過去のせいだろう。

飲食店・歓楽街の客も表側は霞ケ関・虎ノ門のホワイトカラーが流れてきても、ちょっと裏に入れば、鉄道労働者、物流業者、荷揚げ労働者、トラック運転手がお得意だ。立飲み屋、ごみごみした中小の大衆酒場が多い。荷風が戦時中に来ていた三河屋、升本本店の立飲みワンカップの部、加賀屋、三州屋。

とこうする間にも時代は移り、肉体労働者の代わりにアルコールをたしなまないデジタル人間が登場するに及んで、駅前風景はすっかり世代交代した。いつのまにか、駅そば、マクドナルド、コーヒー・チェーン店、牛丼屋が駅前を埋めつくした。

それでも地上のヤミ市の面影もまだ残っている。烏森神社の横丁の寿司屋蛇《じゃ》の新《しん》のあるあたりや、烏森から芝神明町にかけての新橋二、三丁目。ここにはいまだに戦後のにおいがする。蛇の新の二階にはピカソのポルノ画の本物があるというので有名だった。岡本太郎や流行作家が飲みにきていた。かつては烏森神社の真ん前に露店の焼鳥屋がずらり。

ニュー新橋ビルから烏森通りにかけての界隈にはいまだに戦後のにおいがする。中華料理店、韓国料理店、インドネシアラヤ、それに進駐軍放出物資のキャンデーや化粧品を密売していた間口の狭い小物店。そこを芝公園に向かって歩いていて、よもやあるまいと思っていた古ビルが健在なのにおどろいた。インドネシアラヤの筋向かい、観音開きのガラス扉に水谷歯科医院とある石壁ビルだ。

まだあったのか。扉から木の階段がいきなり二階に通じていて、上がりきったとっつきが当時寄稿していた『映画芸術』の編集室である。愛宕山の自宅から原稿を持ち込んでは小川徹編集長に原稿料を前借した。それから外へ出て、すぐ先の角を曲がると、まだ木造三階建てだった徳間書店（というより『アサヒ芸能』）から吉行淳之介さんがひょっこり出てきたりした。

六、七〇年代の新橋にはアジアのバザール感覚が日常的に露出していた。いまはなくなったかというとそうでもない。都営浅草線に京成電車が乗り入れて新橋―成田間が結ばれた。それに浜松町―羽田間のモノレール。終着の空港からアジア行き国際線につながる。ゆりかもめ沿線のビルラッシュを見て、上海・広州そっくりだという人がいる。超高層ビル入居者も華僑が多いと聞く。

ことほどさように相変わらず新橋はじかに台湾、香港、シンガポール、東南アジアにつながる出入口なのだ。お客さんは正面玄関の成田、羽田、東京駅から入ってくるが、貨物駅だった物流センターの新橋は物が動いて、それにつれて人間が左右される。ビル地下街の雑然たるショバ割りだけでなく、町そのものが混沌と猥雑が悪びれずに同居しているアンダーグラウンドなのである。

その証拠に、つい最近も都営浅草線の改札口に下りていく広階段の右手に飲み屋街が出現した。やはり地上からそのまま下りてきた細かい間割りの飲み屋ラビリンス。他のJR駅だったらこれだけのスペースをコマ割りになどしないだろう。きれいに広く大手に貸す。そうはしないで、かつての土橋際のわたしの屋台のように、相変わらずゴミゴミ細かく地割りしているところがいかにも新橋らしいではないか。

それでいて古臭い小間物屋の町ではなくアジア的バザールの活気がある。つい目と鼻の先に花の銀座が見えていながら、そちらとははっきり一線を画して、陸蒸気開通以来の雑然たる国際感覚が身についているのである。

といって新宿のようにそれがこれ見よがしにギラついておらず、日常にとけ込んで、東京にいながら三分の一くらいアジアにいるような気分がいたって好々《ハオハオ》なのだ。

付録

東京三十の街 徘徊の手引き

（文＝西田成夫／写真＝三好弘一 ほか）

1 碑文谷の蓮華往生

東急東横線の学芸大学駅（旧碑文谷駅）で降りる。商店街を東へ1分ほど歩き、右に折れて一路南下する。目黒通りを渡ってなお直進し、圓融寺（目黒区碑文谷1－22－22）に到着。駅から20分の行程だった。勇壮な「碑文谷の仁王」、苔むした墓地を拝観する。この静かな寺で、蓮華往生という宗教イベントが行われたとは、にわかには信じがたい。次は、西へ歩くこと9分。「すずめのお宿公園」（目黒区碑文谷3－9）へ。竹林と茅葺き民家を見る。竹藪と野菜畑と田が広がっていた碑文谷村が、東横線開通後、中流住宅地に変わった歴史が、徐々に呑み込めてくる。環7に出て車を拾い、12分ほどで祐天寺（目黒区中目黒5－24－53）。古い建築や古木に江戸の香りがする。「怪談累ヶ淵」の累の怨霊を調伏した祐天上人の高徳にあやかるなら、累塚、大絵馬、上人廟墓、百万遍供養塔に祈りを捧げたい。帰りは、6分ほど歩いた祐天寺駅に出て東横線に乗る。

圓融寺の仁王門。奥に釈迦堂。
江戸近郊屈指の名刹。

「すずめのお宿公園」の竹林。

『江戸名所図会』のうち「碑文谷法華寺」。左に二（仁）王門、中央に本堂、その後に榎。右下に茅葺きの民家集落が描かれる。

2 目黒の近藤富士

武蔵野台地をえぐって目黒川が流れ、それに平行して山手通りが走る。その両側が崖地で、いくつもの坂道がつけられている。そのひとつが別所坂である。東急東横線の中目黒駅下車。東へ向かうと目黒学院の校舎があり、その先を左折すると、道幅が狭い、一見して古道とわかる胸突き八丁の坂がある。これを上ると新富士の案内板とKDD研究所（近藤重蔵別邸跡。目黒区中目黒2－1－23）が現れる。案内によると、新富士の近くに富士講信者が作った地下式遺構があり、ご神体の大日如来が見つかった。熊野や伊勢のような聖地に乏しい新興都市＝江戸の人々は富士山をあがめた。山手通りで車を拾い目黒不動尊（目黒区下目黒3－20－26）へ。門前商店街をひやかし、お不動様を拝み、古石碑群と対面する。再び車で中目黒へ戻る。種さん好みの古風な居酒屋「ばん」に入って、モツ焼きとビールで、小旅行の疲れを癒す。

目黒不動尊の独鈷の滝には、不動明王が祀られている。

案内板。〝新富士〟と新富士遺跡。

広重『名所江戸百景』の内「目黒新富士」。下谷、魚栄版。三田村の別所坂上鎗ヶ崎にあった築山富士。本物の富士も見えるという趣向。

3 品川逍遥

京浜急行で品川から1駅。北品川駅で降りて旧東海道へ出ると、そこは賑やかで庶民的な商店街だ。その昔、遊女を抱えた店がずらりと並んでいた頃の色香はまるでない。「土蔵相模」跡はコンビニだ。お寺と横丁がやたらと多い。路地散策者にとっては、谷中・根津・京島に並ぶ聖地だ。海辺の宿場を偲ぶため、舟溜りは必見だ。途中でタクシーを使い、東海禅寺（品川区北品川3－11－9）、その墓地の沢庵の墓、海晏寺（品川区南品川5－16－22）をめぐろう。また旧東海道の商店街へ戻り、青物横丁の品川寺（ほんせんじ。品川区南品川3－5－17）で、江戸六地蔵のひとつに数えられる大地蔵を拝んだら、北品川の方へ引き返す。老舗の鰻屋＝荒井家（品川区北品川1－22－4）で、ゆっくりと蒲焼を味わう。街の写真を撮る人なら、この地に通えば、コンテスト入賞作がものにできるだろう。それくらい絵になる景色、人物が多い。

旧東海道は今や商店街に変貌。庶民の街になっている。

舟溜りに江戸湾の香り。

4 **川崎・大師河原の「水鳥の祭」**

巨大なJR川崎駅を出て、駅前通りを直進、DPE店の角を左に曲がって旧東海道に入る。東へ向かう沿道には古刹がある。茶飯と蜀山人で有名な宿、万年屋跡（川崎市川崎区本町13）の説明板を過ぎてすぐが多摩川。散策者は大きい六郷橋の騒音を聞きながら、かつての六郷の渡しを偲ぶ。東へ3分、大師線港町駅から乗車、2つ目の川崎大師駅で下車。老舗が多い表参道から縁起物・土産物店が多い門前町を遊行し、お大師さま（川崎区大師町4－48）に厄除けを祈る。川崎市民、川崎の企業の信仰が篤く、いつも賑わっているお寺だ。お次は、西へ歩いて7分の若宮八幡宮（川崎区大師駅前2－13－16）へ。素朴な性信仰の金山神社にも詣でたい。「水鳥の祭」は、毎年10月の第3日曜に開催される。この神社のそばの商店街は、下町情緒満点で歩き甲斐がある。最後に、川崎駅前飲食店街で景気よく呑む諸兄の仲間に加わる。

真言宗の古刹、川崎大師平間寺。厄除けのご利益はあらたか。

4ヶ所の舞台で口上を披露し、大盃を呑み干す時代絵巻が「水鳥の祭」。

5 森ヶ崎鉱泉探訪記

品川から京浜急行各駅停車に乗る。14分で平和島駅。駅前から森ヶ崎行きのバスに乗り、前の浦で下車。中小の工場が多い町を東へ歩くと狭い海に出る。かつての文士散策の浜辺も水処理場に大変貌し、高速道路（羽田線）が空中に架かる。これはこれで乾いた詩情がある。東京労災病院の斜め前の大森寺（大田区大森南5－1－2）で「鉱泉湧出の石碑」を見て、森ヶ崎本通り（旧温泉旅館街）のひなびた情緒にしばし身を浸す。前の浦から平和島駅に戻り、京急で西へ2ツ目の梅屋敷駅で降りる。広重も描き、明治天皇が愛した梅屋敷は、梅林のある公園（大田区蒲田3－25）になっている。ここから西へぶらぶら18分ほど歩いたところに辰巳天然温泉（大田区西蒲田1－16－14）が湧く。名前は立派だが、ふつうの銭湯だから料金は400円。松竹の下町蒲田人情喜劇に渥美清が活躍していたのを回想しながら、赤黒い湯に浸かる。

森ヶ崎の裏道と銭湯の煙突。今は労働者住宅の町。

梅屋敷公園の梅の木と池と子供。

6 人形町路地漫歩

地下鉄の日比谷線か、都営浅草線の人形町駅下車。地上に出たら旧花街の匂いを求めて路地から横丁と徘徊する。荷風散人の頃と違って住宅は少数となり、圧倒的に飲食店が多い。それも1階が多く、精々地下か2階。つまり、人形町は立体化を免れた平らな町で中高年の食通にとても優しい町なのだ。旨そうな洋食屋が目立つ。日本橋小（旧東華小。中央区日本橋人形町1－1）と蠣殻町穀物商品取引所のレトロ建築を見て、次は、水天宮（中央区日本橋蠣殻町2－4－1）に詣でる。安産と子育ての若夫婦の参詣が多く、面白い絵馬が見られる。さらに、旧浜町川のグリーンベルト経由で甘酒横丁を歩き回る。鯛焼きの柳屋、三味線屋、つづら屋、酒亭、蕎麦屋など戦前の雰囲気をとどめる老舗が多い。夜は、老舗の玉ひで（中央区日本橋人形町1－17－10）に入り、お座敷で、シャモ鍋をつつく。人形町の店はほとんど予約制だ。

料理屋と飲食店のあいだに、細い路地が多い町だ。

水天宮の神域は２階にある。赤子とお宮参りの家族。

7 上野山・寺と公園

JR上野公園口は、待ち合わせの人々でいつも賑やか。一番多いのは修学旅行の中高生で、次は中高年の美術館愛好者。中国人のグループも多い。さて、上野山・上野公園をぶらりと回ろう。科学博物館に入れば、かのフーコーの振子が相変わらずゆったりと振れている。展示内容も良いが、この建築の味がよくて通う人も多い。両大師堂は天海（慈眼大師）、良源（慈恵大師）を祀る。ここの旧寛永寺表門には上野戦争の弾痕が残る。子院が並ぶ先に寛永寺墓地があり、焼失を免れた壮麗な勅額門にびっくりする。根本中堂から国際子ども図書館（元は多くの文化人が通った国立上野図書館）をのぞいて、お次は、東照宮へ。金ぴかの装飾は流石と唸る。石灯籠・青銅灯籠も実に立派なこと。洋館レストランとして明治初期から続く精養軒で洋食を頂いて、山下へ下りれば、見世物の伝統を継ぐ落語の鈴本演芸場ががんばっている。

上野山は寛永寺の境内だった。根本中堂と散策者。

昭和６年開設の国立科学博物館。東京の子供の憧れの的。

8

墨堤綺談

東武浅草駅から3つ目の東向島駅の旧称は「玉ノ井」。娼家の面影が残る路地奥に足が向きそうなのを自制して、西へ歩く。6分ほどで向島百花園（墨田区東向島3－18－3）に着く。カメラ、句帳、スケッチブック持参の趣味人の姿が目立つ。山野草、園芸植物が丹念に植え込まれている。柵内は立ち入り禁止だ。ここは江戸人の背丈に合わせて設計されているから、われわれの背が伸びたように感じられる。茶店でゆっくりしよう。駅へ戻り、電車に3分乗って業平橋駅で降りる。古風な旧小梅町（現向島1丁目）を西に歩くと隅田公園。抜けると墨堤・桜並木に隅田川だ。せっかくだから、弘福寺（墨田区向島5－3－2）、長命寺（同5－4－4）の石碑を存分に鑑賞しよう。夕暮れの桜と向島のきれいどころを眺めて一杯やった後は、吾妻橋を渡って浅草へ。下町の味「どぜう」といくか。飯田屋（台東区西浅草3－3－2）。

春のうららの隅田川と墨堤。座るより歩くのが良い。

向島百花園ののどかな眺め。

9 深川南北漫歩

深川を南へ北へ。深川の有名人といえば鶴屋南北（四世）。そこで「深川南北漫歩」と洒落込もう。門前仲町駅から南へ徒歩2分の黒船稲荷（江東区牡丹1－12－9）は、四世鶴屋南北の住居跡。周囲は岡場所（非公認の遊女屋街）だった。洲崎神社（江東区木場6－13－13）に詣で、ボロボロの津波警告の古碑を見る。洲崎川跡の緑道を東へ行くと、洲崎橋の跡がある。遊客遊女で賑わった洲崎弁天町も東陽1丁目と名が変わり、平穏な土地になった。次は、江東区役所を経由して横十間川親水公園へ。四谷怪談の「お岩、小平戸板返し」の現場＝隠亡堀がここだ。上をまたぐ橋は、お岩さんにちなむ岩井橋。横十間川と小名木川との交叉地点には、Xの形に橋が架けられ、地元民が自転車でスイスイ渡っている。ここから東へ。深川江戸資料館に寄って、復元された江戸の町並みをさまよい、「門仲」の労働者向き居酒屋でちょいと一杯。

洲崎に残る遊郭特有の擬洋風建築。現在は商店になっている。

隠亡堀は今の横十間川岩井橋あたり。

10
永代橋と深川八幡

地下鉄の門前仲町駅で降りてすぐの富岡八幡宮（深川八幡。江東区富岡1－20－3）へ。参道左手に豪華な大神輿が展観されている。なにせ、ここの祭礼は江戸屈指の大祭。盛大に水を掛けることで有名だ。横綱力士碑を見て、裏側へ出て仙台堀川、平久川界隈を徘徊し、木場の材木商の匂いをかぐ。新木場に大方が移った後でも、なお材木屋はある。次は、深川芭蕉紀行といこう。万年橋は、欄干に亀をぶら下げた名所絵（広重『江戸名所百景』）でおなじみ。そのそばの小規模の芭蕉庵史蹟（芭蕉稲荷神社。江東区常盤1－3）に詣で、展望庭園に上がれば隅田川が一望の下。川に沿って南下すれば、かの永代橋が現れる。行きつ戻りつして、青くライトアップされるのを見たい。夜は提灯をつけた屋形船が行きかう。徘徊の仕上げは、やはり深川繁華街の門前仲町で。酒場の魚三、不動前の深川丼の店、天ぷらの富水など名店多し。

お祭りと縁日の町が深川だ。深川不動の縁日風景。

木橋から鉄橋へ、さらに強い鋼橋へ。重要橋梁、永代橋の現在の夜景。

11 本所両国子供の世界

JR浅草橋駅で下車。人形問屋、玩具店が集まる駅周辺から神田川にもやう船を見て、粋な姿の柳橋をわたると隅田川。俄然、車が集中する両国橋を渡った南に小公園がある。ここには水路があって、「片葉の芦」が生い茂っていた。その先に回向院(墨田区両国2-8-10)がある。寺院より、墓場のほうが見ごたえがあり、義賊の鼠小僧次郎吉の墓(実は明治の建立)、明暦大火横死者供養塔などがある。旧国技館は、両国シティ・コアビルという再開発ビルに変わったが、シアターX(カイ)という小劇場が見世物広小路の伝統を保っている。その東には、本所松坂町吉良邸跡、両国小学校、時津風部屋、両国公園、駄菓子屋が集まっていて、子供が群れ遊ぶ午後4時頃には〝両国の本質〟が垣間見える。両国高校のそばの江東橋まで行って、引き返せば、ふぐのひょうたん、ちゃんこの川崎、獣肉のもゝんじやが招く。

右は下町の駄菓子屋。左は、勝海舟屋敷跡の両国公園。

回向院の鼠小僧次郎吉の墓。

『江戸名所花暦』のうち「百花園」。情景描写が見事だ。ご隠居と小僧、旦那と美妓と女将、坊さん、２人連れの町人。（282～283頁参照）

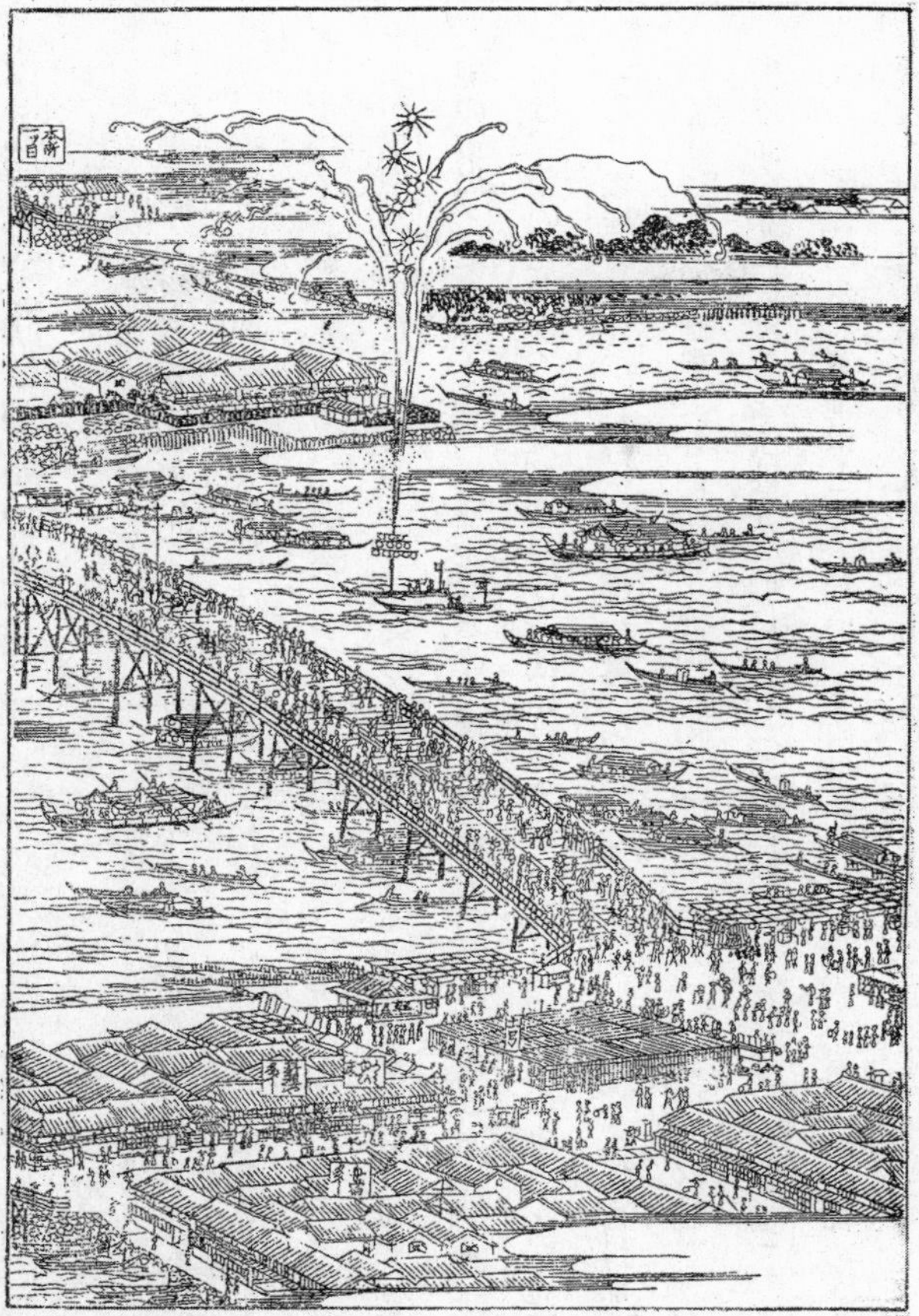

『江戸名所図会』のうち「両国橋」。花火がポンと上がる。
手前が吉川町・米沢町の広小路。橋向こうが現在の本所両国。船の描写が細密だ。(288〜289頁参照)

12 亀戸天神社と柳島妙見

秋葉原から総武線各駅停車で4つ目の亀戸駅下車。駅前商店街を北へたどり、豆屋の角を左へ曲がる。天神様にちなむ饅頭・煎餅の店も現れて参詣ムードが盛り上がる。駅から15分で天神社（江東区亀戸3-6-1）に到着。初詣と合格祈願が集中する1月が最も賑わう。絵馬をチェックすると、東京下町、総武線の沿線の市川・船橋・千葉、南埼玉などの受験生の必死の祈りが書かれている。その次は、藤の花が咲く5月が賑わう。池にはその名の通り、多数の亀さんが寛いでいる。参拝の後は、石碑や神牛像や露店などをぶらつく。「亀戸といえば船橋屋のくず餅」の甘味処で休憩。横十間川に沿って北上するコースは、区画整理済の街で面白味に欠ける。法性寺・柳島妙見（墨田区業平5-7-7）は高層マンションの1階にある。墓地はとても狭い。下町散歩派は、欲求不満解消のため、十間橋通りを北進して京島の人情商店街へ行く。

亀戸天神社の社殿と多数の絵馬。祭神は菅原道真公だ。

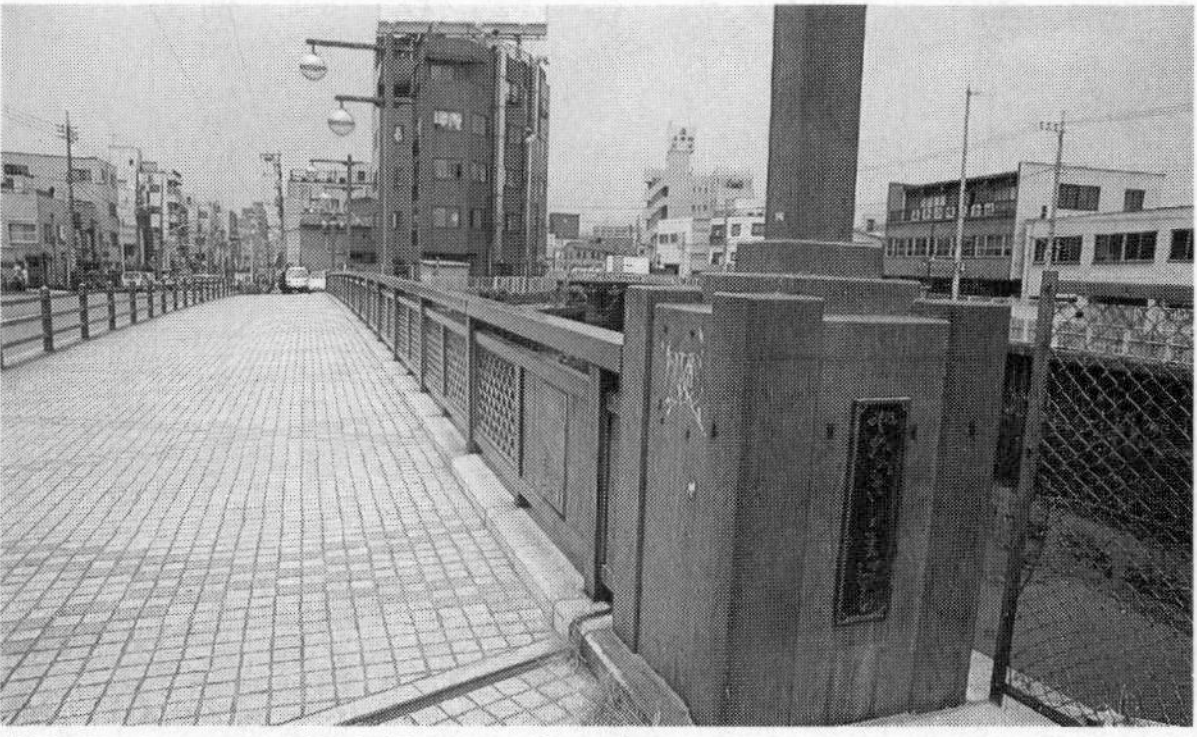

横十間川にかかる柳島橋。川に船の姿はない。

13 **築地明石町と清方**

このコース、建築散歩も兼ねるから、出発は地下鉄日比谷線築地駅前の築地本願寺（中央区築地3－15－1）。古代インド様式の外観・内部をとっくりと拝観した後、築地川を埋め立てた公園（地下が高速道路）を歩き、清方や芝木好子の面影を偲ぶ。次いで、明石町の地の象徴、聖路加国際病院（中央区明石町9－1）の荘厳な礼拝堂を拝観する（信者の礼拝がない午後のみ許可）。「慶応義塾開塾ノ碑」「蘭学事始ノ碑」を見て、東へ歩けば、超高層のセントルークスタワー（中央区明石町8）がそびえ立つ。居留地の「築地ホテル」の後を継ぐホテルもある。ロビーを抜けると目の前が隅田川と島々。屋形船・水上バスを見ながら遊歩道を川沿いに3分歩き、町に戻れば、鉄砲洲稲荷神社（湊稲荷・中央区湊1－6－7）がある。江戸っ子・東京っ子に親しまれてきた古社だ。帰りは、地下鉄新富町を目指して古風な町を西へ歩く。

セントルークスタワー前の公園から、隅田川・佃島・月島を望む。

明治34年開設の聖路加国際病院。その象徴が旧館の礼拝堂。

14 根津権現裏と谷中

根津は、向田邦子の戦前ドラマに出てきそうななつかしい町だ。地下鉄千代田線根津駅から3分の上海楼（文京区根津1－20－7）からスタート。神社に行く前に「びっくり階段」「異人坂」、レトロな「根津教会」を回ろう。つつじや銀杏が美しい根津神社（文京区根津1－28－9）は、近所の人々の憩いの場でもある。その裏、日本医科大病院の真中を貫いて北へ向かう細道が「藪下通り」だ。荷風が歩いた崖道は、古木が多い静かな道だ。眼下に町並みが広がる。鷗外記念本郷図書館（文京区千駄木1－23－4）で遺品・書籍に感心した後は、北進して旧高村光雲邸の前を通って、須藤公園へ出る。団子坂下の老舗、菊見煎餅の前で江戸川乱歩の名作をしのび、染物の丁子屋方面へ路地徘徊し、夜店通り商店街を北へ。途中、おかずを買う主婦で賑わう谷中銀座に身を投じ、下町文化人の巣、あかしやでお銚子を空ける。

お屋敷、森林公園の間を縫う崖の中腹をいく藪下通り。

根津の古風な和風旅館、上海楼。

15 柴又帝釈天と新宿

京成柴又駅から帝釈天（葛飾区柴又7－10－3）への道をたどると、ほのぼのとした気分になる。下町の空気が敵愾心・競争心を消すからだ。寅さん映画でおなじみの門前町には、草団子の高木屋老舗（葛飾区柴又7－7－4）や鰻料理の川千家などがあり、人なつっこいおばさんが世話してくれる。お参りをして、内部拝観（名園・南天の床柱・法華経説話彫刻）を堪能したら、裏手の江戸川堤に出て川風に吹かれる。矢切の渡しに乗って涼んだら、柴又駅へ戻り、タネさん好みの新宿へ向かう。北西に25分ほどだ。葛飾図書館（葛飾区新宿3－7－1）で郷土史を学び、鉤の手に曲がった宿場跡を歩き、用水跡を横断し、小さい中川橋をわたる。直進10分で亀有駅前商店街入口にいたる。亀有でもいいが立石の呑み屋が恋しい。バスで京成高砂駅、電車で立石駅と移動。下町屈指の安さが魅力の大林酒場（葛飾区立石4－25－11）へ。

寅さんがいた帝釈天の門前町。善男善女でいつでも繁盛。

新宿の渡しがあった中川の流れ。

16

北千住往来

北千住駅西口から西へ徒歩2分。旧日光街道は長い長い庶民的な商店街になっている。老舗、激安店、飲食店、一般商店がまじって、高度成長期のように繁盛している。街道を南へちょいと行きスーパーの角を曲がると都税事務所（足立区千住1－30－8）。鷗外の橘井堂医院跡だ。千寿小学校*（千住1－25－1）前のめがね屋あたりに、酒合戦の「中六」があった。その向かいが問屋場跡。通り（旧千住堀）を渡ると高札場跡。埋立の前には千住小橋があった。さらにすすむと青果・川魚の旧問屋街。門口に昔の屋号の札が下がる。Uターンして、駅前通りを越え北へ向かうと、伝馬屋敷、絵馬屋、団子屋の「かどや」（千住5－5－10）、梅の湯、路地小路がある。ここらがもっとも千住らしい。さらに北進すると名倉接骨院の屋敷がある。土手を登れば荒川放水路に〝下町の太陽〟が沈む。駅前に戻って、酒肴が旨く威勢のいい居酒屋の暖簾をくぐる。

＊統廃合で千住宮元町へ移転

旧日光街道に面した団子屋。なつかしの筆文字看板！

路地また路地の町北千住。都市探検者の心を甘くくすぐる。

17 浅草六区

地下鉄浅草駅から雷門へ。遠方から来た人々は、必ず提灯をバックに写真を撮る。では、門をくぐって仲見世漫遊といこう。珍品から定番品まで和風江戸物の数々が勢揃いして、外国人や女の子が品定めに夢中だ。人形焼・煎餅の実演に人が寄る。伝法院通りに寄り道して、古物を冷やかし、おたぬきさま（台東区浅草2－3－1）に詣でて、江戸前の天麩羅や蕎麦で腹拵え。仲見世に戻って宝蔵門をくぐり観音様におまいりしたら、西の六区興行街へ向かおう。木馬亭（浅草2－7－5）で浪曲を聴いたら、そこらをブラブラ。ジャンパーが板についたおじさん、東武線の沿線から芝居を見に来たおばさん、ギャンブラーなどで、独特の雰囲気が形成されている。演芸場の周りでは落語家を見かける。六区のすぐ隣が飲食店街。赤垣（浅草1－23－3）で旨い鮪と銘酒に舌鼓。次いで文士・落語家が通う「かいば屋」（浅草3－14－5）へ。

おのぼりさん、外国人、修学旅行生。仲見世は今日も賑やかだ。

大衆演劇の大勝館前の役者と客。

18

吉原紅燈今昔

地下鉄日比谷線三ノ輪駅で下車。東南の土手通りを10分歩いて馬肉屋の中江（台東区日本堤1－9－2）に到着。よくぞ戦災を免れたと感心するなつかしい建築を愛でながら馬肉の刺身と桜鍋を頂く。吉原ソープランド地帯に足を踏み入れると、昼間から黒背広の呼び込みがカラスのように群がる。「無料女性紹介所」も数軒。つきまとわれるのがイヤだから、早々に吉原弁財天（台東区千束3－22－3）の境内に入る。ここには山路閑古撰文の「花の吉原名残りの碑」、震災のときに焼死した遊女の霊を弔う供養塔がある。酉の市で有名な鷲神社、一葉旧宅跡に寄ってから、一葉記念館*へ。草稿、写真、遺品、旧宅模型、肖像画、吉原遊郭地図など丹念に蒐集された展示品で一葉とその生きた時代に思いをはせる。町中の寺＝竜泉寺をのぞき、大通りを南下すること10分。江戸東京関係書の宝庫、台東区立中央図書館（台東区西浅草3－25－16）へ。

*西浅草3－25－16へ移転

見返り柳の向かいに桜鍋の老舗。馬肉は精力がつく。

『たけくらべ』に登場する鷲神社。

『江戸名所花暦』の内、新吉原。「西行もまだ見ぬ花の廓哉　醒齋」
花の遊女に満開の花。男なら誰でも鼻の下を伸ばす。

『江戸名所図会』のうち板橋驛。右が《板橋》と石神井川。人と馬と物売りと料理屋で賑わう宿場の情景。(316〜317頁参照)

19 立石の要石、仲見世

都営浅草線・京成押上線を乗り継いで、京成立石駅に降りる。ここは葛飾区だ。おかず横丁に飲み屋街。豆腐屋も多く、リサイクルショップも元気。妖気漂う旧赤線の跡も残る。いわゆるディープな下町で、庶民の飾り気のない暮らしが息づいている。そんな町を東へ10分歩くと、小公園（葛飾区立石8−37−1）があって、出臍のような「立石」が、砂場から顔をのぞかせている。これが鹿島神宮の要石とつながっていると思うと、「第2次関東大震災で命が助かりますように」と祈らずにはいられない。謎の石棒が出た熊野神社に詣で、中川の土手に出る。いつでもたっぷりとした川水が流れている。ここらで古代人が暮らしていた。駅前に戻ると、揚げ立てコロッケとモツ焼き、鰻の匂い。お行儀悪く街角でコロッケと缶ビールを楽しんだ後は、酒徒が通う「宇ちだ」（立石1−18−8）にもぐりこみ、「梅割り」のチューを。

食品の店を中心にした、仲見世通り。惣菜の匂いが食欲をそそる。

根が深くて広い立石は、砂の中にある。石の柵の手前に鳥居がある。

20 中野の象小屋犬屋敷

人口密度が高い中野区中野駅周辺は、通勤・通学、買い物、飲食の人々でいつも混雑している。ここらで11万頭の野犬が吠えた元禄時代も今は昔。丸井の裏の小丘が、かつての桃園・お狩場だ。昭和40年代の建物が多い旧道を経て、南へ歩くと青梅街道へ出る。タクシーで一っ走りして神田川にかかる「淀橋」へ。あたりは一面の原野だったと『江戸近郊道しるべ』にあり、木の小橋が架かっていたはずだが、今は無機的な石と鉄の橋。水路はコンクリート。そこに江戸の幻影を見るのが、都市散策者の心意気か……。近くの成願寺(中野区本町2－26－6)で中野長者伝説に浸り、そのすぐ北側の「朝日ケ丘公園」に象小屋を偲ぶ。住宅街を北へ7分歩き、古刹の宝仙寺(中野区中央2－33－3)を訪れ江戸の石造文化財・墓碑に親しむ。帰りは、中野駅北口の一大飲食店街へ出て、妍を競うラーメン屋を無視して、断固、蕎麦を手繰る。

神田川にかかる淀橋（手前）。別名、姿不見の橋。
橋下が殺人の現場だ。

中野長者ゆかりの成願寺と由緒書。エキゾチックなお寺だ。

21 神楽坂の仇討ち

戦前の繁華街神楽坂は、いまや学生の遊び場・主婦向けショッピング街に大変貌。飯田橋駅牛込口から、神楽坂を上ると毘沙門天がある。これが神楽坂界隈の〝へそ〟。その向かいの郵便局一帯が行元寺の境内だった。商店街から南西へ坂を上がると光照寺（新宿区袋町15）。牛込城の跡にできた古刹で、大名や狂歌師の墓がある。そのすこし先にお琴の宮城道雄記念館（新宿区中町35）があり、向かいが中町公園になっている。古地図と照らし合わせると、この公園あたりに大田南畝の小さな家があったことがわかる。ふたたび毘沙門天前へ出て、通りを渡って、花街の路地を徘徊する。夜ともなれば、隠れ家的な粋な料理屋が食通で賑わう。現在の行元寺（品川区西五反田4－9－10）へは、飯田橋駅から東急目黒線乗り入れの地下鉄南北線で26分、不動前駅下車。南西へ約3分歩く。よくよく注意してないと見過ごす寺らしくない構え。

行元寺に残る南畝「隠語の碑」。神楽坂から西五反田に移転。

花街神楽坂の、粋筋が歩く路地。

22 伝通院と「外科医」の池

地下鉄丸ノ内線、後楽園駅の隣が礫川公園。ここを抜けて富坂を上ること8分で伝通院（文京区小石川3－14－6）。古刹は大通りから引っ込んでいると有難味が増す。そこで専用参道を行く。仏様を拝んでから、墓参りをする。卵形、塔型、石碑型などさまざまな墓がある中で、徳川家の女性たちのそれは一段と際立つ。小説やドラマでおなじみの千姫様（天樹院）や家康生母のお大の方の墓は実に立派な造りで、参詣者は仰ぎ見る恰好になる。そこから北へ坂を降りながら、礫を含む崖の断面を見る。印刷所・製本所・路地が多い低地を抜けると小石川植物園（文京区白山3－7－1）だ。急な坂を我慢して上ると後は楽に周遊できる。ゆっくり植物観察をしながら回れば1時間半はかかる。日本庭園は必見だ。次は、播磨坂を上り、地下鉄車庫の下を潜り抜け、切支丹屋敷跡を見て、複雑な地形の小日向を徘徊して、茗荷谷駅に。

小石川植物園・日本庭園の池。和服美人に似つかわしい。

伝通院の墓地。これは佐藤春夫の墓。左隣に幕末の清河八郎が眠る。

23

中山道板橋宿

巣鴨駅前から板橋宿まで旧中山道を歩く。山手線巣鴨駅から徒歩2分、おばあちゃんの原宿こと地蔵通り商店街が旧中山道。これをまっすぐ北西へ進む。健康赤パンツ・塩大福・袋物などの店を抜けると庚申塚。ここからは庚申塚商店街。さらに進むとレトロな滝野川銀座。昔風の和菓子屋や米屋が目につく。板橋駅手前で近藤勇の墓に詣でる。幕末にはこの地区に勇を処刑した板橋刑場があった。駅そばの踏切を渡ると板橋駅前本通り商店街。大通りを渡ると人出が多い仲宿商店街。なおも直進して石神井川に架かる《板橋》を渡り、縁切り榎でゴール。巣鴨駅前からざっと2・7㎞。ぶらぶら徘徊して2時間弱。5つの商店街をはしごするという珍コースで、もはや色街を通ることはなかった。寺や老舗や古いお屋敷・アパートが入り混じった仲宿歩きに時間をかけて、蕎麦を手繰って帰りは都営三田線板橋区役所前駅へ。

旧中山道が板橋駅北の踏切を渡る。高層マンションが完成した。

板橋宿の商店街。道は旧中山道。

24 飛鳥山の花見、王子の狐

上野を出てさいたま市へ向かう京浜東北線は、左に崖を見ながら走る。王子駅で降りて崖の上に上ると飛鳥山公園だ。近所の人々の絶好の休憩場で、児童遊園も完備している。北区飛鳥山博物館で人形芝居を堪能し、美しく詳しい展示をじっくり拝見。駅に戻って音無親水公園の水辺に下りる。江戸時代から続く老舗料理屋の扇屋の前を過ぎ、線路に沿って北西へ。王子稲荷（北区岸町1－12－26）に詣でる。柴田是真の額絵、格天井、狐穴など見所が多い。その先の名主の滝公園（北区岸町1－15）は、王子名物の滝と自然が残っていて北区のオアシスだ。但し、滝は循環式。せっかくだから、王子駅北口も徘徊して、装束稲荷（北区王子2－30－14）で跡継ぎの榎と対面。鉄道線路による分断がなかった江戸の頃は、榎から稲荷まで一直線に田舎道が通じていた。山田屋（北区王子1－19）はつまみが230円均一の気さくな居酒屋だ。

２月の初午の日、王子稲荷は満員だ。名物の凧市も立つ。

初夏の飛鳥山は散策の人で賑わう。

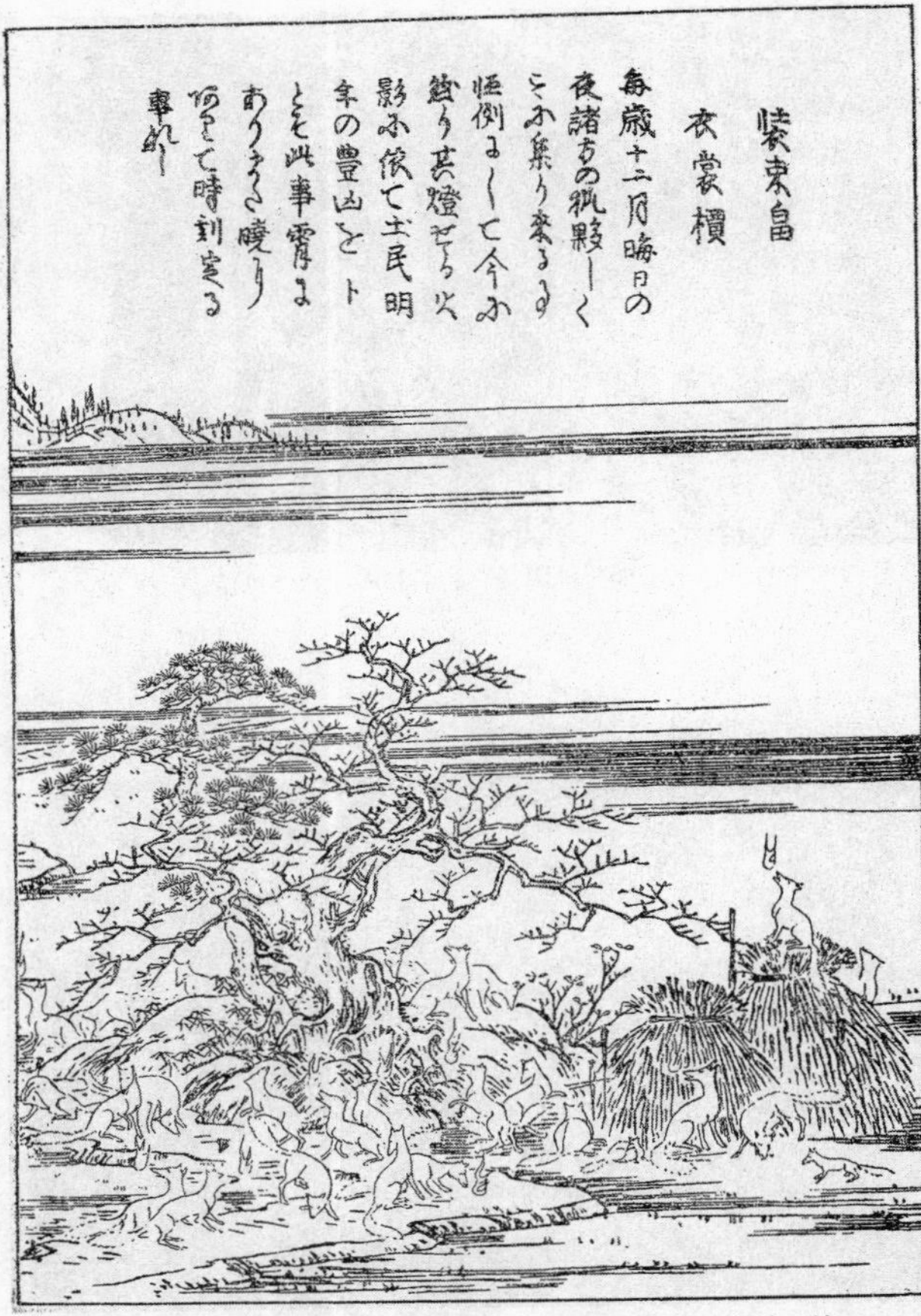

『江戸名所図会』より「装束畠・衣裳榎」。この絵でも、広重の絵でも狐が群れをなしている。江戸屈指の狐の名所だ。

『水鳥記』の酒合戦の模様を描いた挿絵。大盃になみなみと注いだ酒を、飲み干すところ。肴もある。(326～327頁参照)

25

大塚坂下町儒者棄場

地下鉄有楽町線護国寺駅北口を出るとすぐ境内。元禄時代の本堂が無料で拝観できる。三十三身像の中には綱吉生母・桂昌院の毛髪が納められている。大物たちが眠る立派な墓地を見て山を下り、豊島ヶ岡の裾を回ると大塚先儒墓所（文京区大塚5－23－1）。そばの吹上稲荷にお賽銭を上げ、墓所扉の鍵を借りて詣でる。若き水上勉氏やタネさんが徘徊した町には、すがれた味わいがあり、人々は物静かだ。急坂を北西に上った春日通りの先の向原駅から都電に乗り、3つ目で降りれば鬼子母神前駅。駅前の鰻・焼き鳥の繁盛店にびっくり。鬼子母神（豊島区雑司ヶ谷3－15－20）に詣でたら、徒歩で雑司ヶ谷墓地（豊島区南池袋4－25－1）へ。鏡花や荷風や大川橋蔵の墓石の向こうには、サンシャインシティの巨体がそびえ立つ。都電に再乗車して、酒徒と酒亭が多い大塚駅前の盛り場へ。精進落としにチクと一杯。

大塚先儒墓所のうらさびしい眺め。訪れる人も少ない。

木造家屋、モルタルアパート、低層ビルが立て込む坂下町風景。

26 大塚一つ目小町物語

大塚駅南口を出ると、目の前を都電が走っている。それ以外は平凡な風景だが、雑多な人が集まる町だけに、一人一人の顔に味があるようだ。線路に沿って東へ進むとウネウネ曲がったおかしな道がある。お察しの通り川筋なのだ。地下を谷端川が流れている。昔は、川面に紅燈が映り艶があったここら一帯もさびれた。でも〝江戸料理のなべ家〟など数軒の料亭はある。芸者は流石に絶滅したようだ。古刹の東福寺（豊島区南大塚1－26－10）を拝観した後、ウネウネの「三業通り」と裏道を下れば古い家や社宅が目立つ。不忍通りにぶつかった地点が「猫又坂」。やはり辻斬りがでそうな陰気な風情がある。駅前に戻り、田村隆一先生ゆかりの天祖神社（南大塚3－49－1）を訪れれば、戦災に耐えた夫婦銀杏が健在だ。周囲の商店街の活気の中にしばし身を置いた後は、「江戸一」（南大塚2－45－4）で、美酒と季節の佳肴にありつく。

大塚駅南口は天祖神社を囲んで、活気ある商店街が広がる。

三業地の先の丘に立つ東福寺。周辺に、牧場が多かったため家畜供養塔がある。

27 **池袋モンパルナス**

池袋西口に広がったアナーキーなヤミ市解放区も遠い昔。巨大なビルも建って、西口はターミナル都市化を続ける。そこを抜けて南下すると勤労福祉会館で7階が区立郷土資料館（豊島区西池袋2－37－4）。ヤミ市と池袋モンパルナスの情景がしっかり再現されている。赤レンガの立教大学から、江戸川乱歩邸（西池袋5－15）の前を通って大通り（要町通り）に出た左側が祥雲寺（池袋3－1－6）。明治39年に小石川から移ってきた古寺である。なにより『水鳥記』にこだわる夕ネさんとしては、酒合戦に参加した大酒呑みの三浦樽明の戒名入りの石碑を愛惜してやまない。辞世が2首刻まれている。寺のすぐ西の湿地帯にアトリエ群があったが、今は治水万全で谷端緑道が通じている。田畑変じた住宅街を西へ歩き、熊谷守一美術館（豊島区千早2－27－6）で美術鑑賞。喫茶室で休んでから地下鉄有楽町線の千川駅へ。

豊島区立郷土資料館の目玉は、池袋駅前の戦後のヤミ市。

熊谷守一美術館の展示風景。

28 池袋二業地の家

池袋西口の南側は文教ゾーン。北は歓楽街で外国人の姿が大幅に増加し、ケータイで○×語を振りまいている。そのヘソ＝ロサ会館の前を通って常磐通りに出る。これを西へたどると、道幅は狭まりごく庶民的な商店街になる。関野病院の角を右折した突き当りが著者の生家跡。かつての原っぱには区立池袋図書館（豊島区池袋3－29－10）が立つ。御嶽神社は戦災を感じさせず神さびている。旧二業地あたり、待合の後身らしき料理屋とさびれた店を見て、戦前から続く銭湯、栄湯の前を通って仲通り商店街を徘徊する。この界隈に新道が通じると古いものがすべて瓦解するのだろうか。せっかく小さい店が並びサザエさんが現れそうな、昭和30年代の雰囲気があるのに……。駅のほうへ戻って、㐂せん寿司（池袋2－36－5）へ入る。落ち着いて旨い寿司が堪能できる雰囲気は長年かかって築いたもの。江戸前だ。

黒板塀に往時の面影を残す一郭。芸者の姿はもうない。

種村家がなじんだ御嶽神社。

29 愛宕山「路地奥」再訪

増上寺、東京タワー、愛宕山と江戸趣味の観光地を歴訪しよう。都営三田線御成門駅で降り、芝公園を歩けば、北の空を裂いて2棟の超高層ビルが光っている。南下して、広大な増上寺に詣で、東京タワー(紅葉館跡。港区芝公園4-2-8)に上る。ビルが乱立する〝ごった煮〟のような展望に〝瓦の海は遠くなり〟。超高層ビル2棟、青松寺(港区愛宕2-4-7)とその墓地を経由して、愛宕山の男坂(86段)を登る。馬でここを登り下りしたのが講談「寛永三馬術」の曲垣平九郎。山上に愛宕神社(港区愛宕1-5-3)、池、茶店と揃い江戸情緒を満喫できる。その裏側一帯は、寺と仕舞屋が混じりあった一種艶っぽい町。古い住民が多いに相違ない。虎ノ門3-20と21の間の路地を入っていくとかつてタネさんが住んだ路地奥と行き止まりの塀。その向うが青松寺の墓地だ。帰りは北へ徒歩20分。新橋で食欲を満たそうか。

愛宕山の路地奥と好対照を成す、42階建ての超高層ビル。

寺と仕舞屋。荷風好みの愛宕下の街。

30
新橋アンダーグラウンド

歩く距離は短いが、江戸・明治の歴史が濃縮されている新橋地区。かつてヤミ市と縄張り争いで殺伐としていた駅前は、活気のあるＳＬ広場に変貌。外堀通りの古風なビルを眺め、ガードをくぐり土橋跡へ。川の跡がショッピングセンターで、その上に高速道路が乗る構造である。この一帯は華美な芸者町だった。ちょいと東へ行くと新橋跡だ。凝ったデザインの親柱の前は記念撮影に絶好だ。汐留の空にニョッキリ建った超高層ビル群を仰いでから、新橋駅前ビルの地下にもぐる。「たんぽぽ」「おふくろ」「こはる」「りぼん」などなつかしい名前の呑み屋街は、まるで小津安二郎の世界。暗いガード下を抜けた西地区は地上の飲食店街だ。店数は膨大で、ネオンの明かりが派手だ。烏森神社（港区新橋２－９）の横丁を徘徊、最後はおでんの老舗「お多幸」（港区新橋１－４－２）で熱燗をチビチビ。小上がりもあって粋な店だ。

新橋駅前ビルの地下に呑み屋横丁が、今も健在。昭和20年代が匂う。

昔は芝口橋。その後新橋となった。埋立で親柱のみ残る。

東京三十の街　徘徊地図

十五 柴又と新宿
十六 北千住
十九 立石
十八 吉原
八 墨堤
十七 浅草六区
七 上野山
十二 亀戸天神社 妙見堂
十一 本所両国
六 人形町
十 永代橋と深川八幡
九 深川の洲崎
十三 築地明石町
四 川崎大師河原
金町
亀有
JR常磐線
綾瀬
柴又
北千住
青砥
立石
立石
中川
京成本線
小岩
江戸川
JR総武線
百花園
東向島
日暮里
新小岩
浅草
上野
押上
隅田川
新中川
平井
荒川
秋葉原
浅草橋
両国
亀戸
人形町
日本橋
築地
門前仲町
地下鉄東西線
木場
東陽町
南砂町
浦安
JR京葉線
新木場
蒲田
京浜急行線
京急蒲田
JR京浜東北線
モノレール
羽田空港
天空橋
多摩川
川崎
川崎大師
京急川崎

成増
東武東上線
二十三 板橋宿
二十四 飛鳥山・王子
王子
豊島園
板橋
西武池袋線
二十七 池袋モンパルナス
二十八 池袋
二十五 大塚坂下町
大塚
二十六 大塚
二十二 伝通院
十四 根津・谷中
池袋
護国寺
植物園
JR中央線
中野
二十一 神楽坂
飯田橋
二十 中野
新中野
新宿
皇居
東京
京王線
JR山手線
三十 新橋
神谷町
新橋
下高井戸
渋谷
二十九 愛宕山
浜松町
小田急線
二 近藤富士
恵比寿
中目黒
三軒茶屋
祐天寺
新玉川線
目黒
五反田
学芸大学
東急東横線
目黒不動尊
不動前
品川
三 品川宿
一 碑文谷
自由が丘
大井町
旗の台
田園調布
JR京浜東北線
京浜急行線
武蔵小杉
五 森ヶ崎
モノレール
多摩川
梅屋敷
蒲田

あとがき

元来が引越し好きである。東京のなかだけで十回目までぐらいは覚えているが、正確な数は忘れた。町中を、それもまだよく知らない町中をうろつくのが好きなのである。それでも三十年程前に茅ヶ崎、大磯を経て湯河原に定着してからは動かなくなった。そして永年住んだ東京は仕事がてら通り過ぎるだけの土地になってひさしい。

そこへたまたま二〇〇一年九月から「サライ」のお誘いがあって、ひさしぶりの東京徘徊に乗り出した。四半世紀ほど留守にしていた東京はすっかりさま変わりしている。本文中にもしばしば嘆息したが、まるで外国を歩いているよう。めずらしい発見もあり、驚きも幻滅もありで、前後二年に及ぶ三十回の連載をたのしんだ。

しかし連載が終わってみるとなんだか物足りない。一回四百字六、七枚の原稿枚数では毎度書き足りない思いがしていたのである。そこで暇にまかせてすこしずつ書き加えているうちに次第にそちらの作業にはまり込み、気がついたときには初稿の四倍くらいにふくれ上がっていた。その結果である本書は、だから事実上の書き下ろしに近い。

東京徘徊にもいろいろある。最新情報満載の東京案内もそれはそれでおもしろかろうが、アスファルトを一枚めくると隠れていた地層が次々に姿を現して、なんでもない町が過去に幾重にも重層したふしぎな土地に見えてくることがある。探せばまだ、ポストモダン臭一色になった東京にも江戸や明治の名残が汚れた残雪のように顔をのぞかせているのである。

そしてそちらのほうにつきあいはじめると、どうしても着古したシャツのぬくもりがある場末裏町徘徊に傾きがちで、今を盛りの赤坂六本木、新宿渋谷は迂回する結果になる。なんとも偏屈な東京徘徊で申し訳ない。

ご覧のように偏屈な東京徘徊ながら、たまたま戦前、戦中、戦後を生きて、いままたポストモダン東京を赤毛布《アカゲット》漫遊記的にうろついている身には、いささか面当てじみたその偏屈を通すのがこたえられないのである。いたずらに馬齢をけみした徘徊老人の特権は、東京という空間の旅が幼少年時の過去にさかのぼる時間の旅でもあることで、無目的にうろつきながらも、それと知らぬ間に失われた時を求める旅になっているのであれば当人としてはよろこばしい。

「サライ」連載時には東直子編集長をはじめとするスタッフの厚いお世話になった。永年留守にしていた東京事情をガイドしてくれる水先案内人には、旧知のフリー編集者西田成夫さんにお願いした。巻末に西田成夫編になるガイドブックが付されているので、新東京名所見物案内としてご利用されたい。

単行本編集に際しては、『東海道書遊五十三次』に引き続き、朝日新聞社文芸編集部の大槻慎二さんのお世話になった。それに装丁の間村俊一さん、ありがとう。

二〇〇三年十月

種村季弘

解説

西田成夫

種村さんが「森ヶ崎鉱泉」と言う。手持ちの東京本・地図帳にあたった後、大田図書館まで出かける。参考文献を渉猟してコピーをとる。大森の古本屋で『大田文学地図』を発掘、購入。バスで森ヶ崎へ行きめぼしい建物、横丁、史跡をロケハン。ウオーキングコースを決める。赤黒く濁った鉱泉はもはや現地にはないので、西蒲田の辰巳天然温泉に狙いを定め、定休日を調べる。帰宅後、本とコピーを種村さん宛に郵送する。

そして四月某日、快晴。種村さんと三好弘一カメラマンと私の三人組は、京浜急行平和島駅〜森ヶ崎〜梅屋敷〜温泉と取材に回り、最後は梅屋敷駅前の居酒屋で浅酌に及ぶ。

雑誌『サライ』に連載中、私はざっとこんな具合に助手をつとめた。単行本化にあたっては、追加原稿分の校閲・校訂に何度も図書館に通った。

過ぐる昔。一九七三〜七四年にかけて、種村さんの連載担当者であった私は毎月愛宕山のお宅へ原稿をいただきに通った。四百字三枚の原稿を有難く頂いた後は、新橋や月島へ連れて行かれ飲み屋でご高説拝聴となる。東大卒で難解な思想を語る謹厳実直無口な学者先生と思いきや、これが洒脱で人なつっこい東京っ子でべらんめえ。人気作家の棚卸し、出版界諸事情、下町の魅力、人格は風土で決まるという持論、前衛美術家の数々の奇行など立て板に水。世界政治情勢分析が十八番で、アメリカをこき下ろし、中国の激しい政変を予言するが、眉唾物の話も混じる。

種村さんの弁舌と著書によって、私はものの考え方、見方、企画力を学び、象徴主義、マニエリスム（幻想的技巧的な芸術）、西欧神秘思想などの知的宇宙に踏み込むことができた。この時、私が二十七、八歳で種村さんが四十、四十一歳であった。

この後、おつきあいは時に深く時に浅く続き、二〇〇一年から「東京《奇想》徘徊録」の連載担当となると、六十九歳の先生への恩返しとばかり気張ってみた。私も東京に生まれ育ち、東京散歩が趣味であるからお誂え向きであったといえようか。ルートの選定・ロケハンもさることながら、ネタ本の収集に力を注いだ。「亀戸」「板橋」に出てくる『随筆／東京』（昭和二十六年）は、私の書棚から引っ張り出してお送りしたもので、神田の古書店で三百円だった。種村さんご注文の『岩本素白全集』は、インターネットで調べた早稲田の古書店に買い付けに走った。

昭和二十年代の匂いがする裏町人情酒場を好み、日本酒を愛した種村さん。美しく老いて仙境に達すると期待されていた種村さんは二〇〇四年の八月に逝去された。七十一歳であった。

（平成十八年五月）

二十年後の徘徊

東京アンチ・デオドラント

森まゆみ

朝早く、種村季弘さんから電話がかかってきたことがある。旧友が突然亡くなったという。「最後に一緒にいたのは森さんだと。何かご存じないか」という件だった。むろん知るよしもない。その後、数度お目にかかる機会があった。

種村さんと言えば、ドイツ文学の枠にはとどまらない博引旁証《はくいんぼうしょう》の学者で、当時三十代だった私には畏敬すべき人だった。ほぼ二十歳年上。それだけでもかないっこない。初めてお会いしたときすでに、写真で見る黒い長めの髪の精悍《せいかん》な学者ではなく、短く刈ったごま塩頭、穏やかな市井《しせい》の賢人に見えた。

種村さんは昭和八年、池袋生まれ、敗戦が十二歳。通った北園高校は屈指の自由な校風の都立高校で、我が甥や姪も卒業している。東京大学を出て就職先がなく、研究者になる前に護国寺辺りで週刊誌のルポライターをしていた。そういう履歴は本書の文中に垣間見える。健脚のタネさんが(同年のご友人たちがそう呼ぶので失礼ながら)、東京のあちこちを歩き回る。当時は湯河原にお住まいだったが、その道を遠しとせず、東京に現れ、いつものごとく漫遊で、途中、銭湯にも立ち寄ったに違いないし、帰りにはいつも一杯引っかけた。そこが魅力。

地図で見ると、東京の東半分がやや多い感じ。都心より周縁部が多いような。都心の権力中枢にはあまり近づきたくない。周縁部がいちばん戦前が残っている。空間（スペース）と場所（プレイス）は違う。これはプレイス、場所である。

一つの土地に、通時的な時代の層が見えてくる。江戸の随筆紀行文にも通じているタネさんだ。それに昭和初期、彼の幼少期の思い出が加わる。戦争直後の町、学生時代に歩いた町、仕事をした町、隠れ住んだ町。そしていまの町。引用される本は一九八〇年代に東京の地誌を調べはじめた私はかなり持っており、それらをめくり直す楽しみもある。

その時層が重ねられると、あらら、えもいわれぬ、あやしくもうつくしい東京が現出する。市街地再開発や超高層街区などの街ではない。あくまで地べたにひっそりと住む人々の「町」である。嫌なものは消しゴムで消せばいい。

本書は「サライ」の取材時からだと二十年以上が経ってしまった。取材は九〇年代初頭にバブルがはじけたあとの東京ということになる。それは私がちょうど文京区と台東区の間で地域雑誌「谷中・根津・千駄木」を編集して十五年ほどが経った頃だった。

バブル期には、中曽根民活（民間活力導入）で「山手線内は六階建て以下は禁止」、空き地は高層に変えろ、川の手、海の手、地下も開発せよ、と騒いで地価が三倍にも上がった。大デベロッパー、大ゼネコンが用途地域の変更を申し立てて高層マンションや商業ビルを建て、大企業にとってうまみのない路地の奥には、中小デベロッパーが入り込んで、ミニ開発の建売住宅を作りつづけた。スプロール現象という言葉がよく使われた。すっかり変わった東京に呆然としながら、種村さんはできるだけ変わらないところを歩き続けた。

あれから時間がたち今回、同じ所をできるだけ私も歩いてみた。

目黒（1、2章）は南北線・三田線の延伸で便利で人気の町になり、マンション林立中。落語『目黒のさんま』は遠い昔の話。江戸の「蓮華往生」伝説に触れているが、美男僧侶が大奥の女中を拐《かどわ》かした「延命院事件」は日暮里延命院の話。日蓮宗の不受不施派を弾圧するための幕府のでっち上げではなかったか、という新説が面白い。駒込にもお富士さんがいまもある。目黒の近藤富士は昭和三十年代に壊されたとか。

品川（3）は言わずと知れた東海道の宿場町。東海道を下ってきた勤王の志士たちはここで遊び、芸者や遊女にかくまわれ、それは川島雄三監督『幕末太陽傳』になった。土《ど》映画の元になったのが落語の『品川心中』と『居残り佐平次』。舞台は有名な遊郭、土蔵相模《ぞうさがみ》。史跡案内板を探しながら、旧東海道を歩いてみた。人だかりのする八百屋さんは安くて品《しな》がいい。いつからですか、というとおばさんが「百五十年前からよ」といった。

昔、新内《しんない》の岡本文弥《ぶんや》師匠から、「品川駅のホームは本当に波が洗っていたんですよ」と聞いたことがある。その証拠が二〇一九年発掘された高輪築堤《たかなわちくてい》の遺構だ。なんでも穴守稲荷辺りに蟹《かに》を食べさせる料亭があったのだそうで。品川は新幹線の駅ができ、もと海はいまや芝浦の超高層ビル街。潮風が東京の中に吹き込むのを遮断する「東京ウォール」となっている。

川崎（4）は昔は「日本のピッツバーグ」といわれた。戦後、重厚長大産業をテコにした高度成長の立役者で、煙突がもくもく煙を噴く町だった。しかしタネさんはそこを通り越して川崎大師に、大師河原の酒飲み合戦を取材に行く。何度か出てくる「六郷川」、これは関東大震災の際、「朝鮮人が大挙して六郷をわたって首都を襲う」というデマがあった、その現場。横浜、川崎には荷揚げ人足や工場で働く半島の人々が多かったこともあろう。六郷の渡しあとに行ってみると明治天皇渡御の碑もあった。十七歳の天皇は東京入りのさい、この川を輿《こし》にのって渡ったのだった。

森ヶ崎（5）の鉱泉宿のへんは運送業の根拠地になっていた。田んぼの中にあった牧歌的な温泉街の俤《おもかげ》は皆無。江戸湾に沿って赤黒く濁った鉱泉が出る。このうち浅草観音温泉も閉場、池の端六龍鉱泉や鷗外荘も閉じた。遠くでは養老温泉や御宿《おんじゅく》の温泉もいくつか閉まった。明治天皇が愛して九回も訪れたという梅屋敷跡は京急と主要道路に挟まれて悲惨なことに。
人形町（6）は日本橋の「はずし町」。盛り場の隣が「一つ目小町」で美人が多いというのは種村説。池袋の隣の大塚、新宿の隣の新大久保、渋谷の隣の原宿、上野の隣の鶯谷《うぐいすだに》。ラブホやソープもあることが多い。「玉ひで」には昼間、長い行列ができているから、私は「小春軒」や「芳味亭」のほうに。夜は……そんな、懐が寒くて。
上野（7）の国立科学博物館にフーコーの振り子はいまもあるが、プラネタリウムがあったとは知らなんだ。「少年たちはその人工の星空に熱く頰をそめながら博物館通いをしたものだ」。私の頃はプラネタリウムといえば渋谷の東急でしたね。上野の科学博物館は貧乏なシングルマザーの私にとっても救世主。日曜ごとに子供三人を連れて行けば半日過ごせた。こちらはベンチで本を読んでいればいい。
将軍様の菩提寺で、徳川家の弥栄《いやさか》を祈る祈禱寺でもあった寛永寺は、維新後、公園になり、かずかずの博覧会も行われた。今でも年間一千万人以上来ている大観光地なのに、その後インバウンド政策で、皇太子（現上皇）ご成婚記念の噴水は縮小され、イベント広場ばかりが白々しく日に照り映え、巨大なスタバができている。
墨堤（8）は隅田川の東側の土手。昔、文人佐原鞠塢《きくう》が百花園を開き、桜勧進をして桜の名所となった。今は首都高がその上を通っている。向島には成島柳北《りゅうほく》みたいな幕臣も多く住み、世をすねた出世欲のない人が多かった。この辺は向島育ち、東大ボート部だった半藤一利さんに案内していただいた思い出がある。

深川（9）の洲崎遊郭は明治二十一年六月三十日に根津から引っ越し。そのときにうっかり車に乗った坊やが洲崎まで連れて行かれたと聞く。その後、根津から来たと言うとモテたとか。名前を引き継いだ大八幡楼《おおやわたろう》の庭先に天然ガスが噴き出したとは初めて知った。昭和三十三年の売春防止法以降、廃れるが、二十年ほど前までは、それらしきタイル張りの家などがあった。この辺の風俗は芝木好子原作の映画『洲崎パラダイス　赤信号』がおすすめ。

永代橋（10）は震災復興で架け替えられ、二〇〇七年に清洲橋《きよす》とともに重要文化財に指定。三遊亭圓朝の名作『怪談牡丹灯籠』は、圓朝がここにあった飯島邸で聞いたのが元だという。舞台は谷中三崎《さんさき》からお露とお供のお米が灯籠を持って赴く根津は清水谷の美男の浪人萩原新三郎の元へ。その下駄の音がカラーンコローンというのだけど、幽霊って足があったっけ。

本所両国（11）では本所生まれの芥川龍之介を引いて「江戸二百年の文明に疲れた生活上の落伍者が比較的大勢住んでいた町」という。両国駅は今も昔の建物で、二階にあったビアホールはいまはない。改札口に大きな力士の看板が掛かっている。国技館があるからだが、相撲部屋の方は地価高騰もあって郊外へ越している部屋も。回向院は犬猫鳥のペットから魚の供養まで出来るようになった。帰りにはちゃんこを食べよう。私は古い造りの「ちゃんこ川﨑」に行きました。

亀戸天神（12）というと、藤と太鼓橋と「船橋屋」のくず餅と相場は決まっているが、いつか中華料理の店に入ったら、薄焼き卵で巻いた春巻きがおいしかった。あれはまだあるかしらん。柳島は同潤会アパートがあって、その建て替えに立ち会った。ここから中国文学者奥野信太郎の話に飛ぶ。彼の母方の祖父が軍医橋本綱常、森鷗外の上司だった。ついでにいうと、綱常の身内に安政の大獄で殺された橋本左内がおり、谷中三崎には「橋本左内の土地」というのがあってそこに縁戚である奥野信太郎先生が住んでいたと、古老に聞いたことがある。

築地明石町（13）は隅田川沿いの超高層ビルの町に。聖路加《せいろか》病院も一部は超高層に。かつての外国人居留地の俤はない。鏑木清方《かぶらききよかた》の切手にもなった名画「築地明石町」の長く黒い羽織を着た美人、モデルは江木万世《ませ》。「万世の娘妙子はやがて東京商大助教授夫人として渡欧」と種村さんがかいているが、二人の間の娘がのちにフランスで女優となる谷洋子である。津田塾を出て御茶の水女子大附属高校の英語の先生をしていたが、フランスに渡り、アジア系の役を演じ、パリで死去。

根津権現裏と谷中（14）に出てくる旅館上海楼《シャンハイろう》はマンションに、鷗外記念本郷図書館は、図書館を分離して鷗外記念館に。根津の曙ハウスは「金の星社」の斎藤佐次郎が建てた文化住宅だが、これもない。そういえば『根津権現裏』の藤澤清造を再発見した西村賢太（「苦役列車」で芥川賞）さんは藤澤の故郷七尾に藤澤の墓を建て、ついでに自分もそこに墓を建てて、割と早く亡くなられたが、二〇二四年元日の能登半島地震で藤澤、西村両先生の墓が倒れたというニュースを見た。

さて谷中の初音湯も消えました。残るは三崎坂の朝日湯のみ。残念。ここに出てくるすずらん通りの「あかしや」、長らくあいているのを見たことないなあ。ほぼ五十年前、私が朝倉彫塑館のアルバイトだった頃には、金のない美大生や受験生がたむろする一膳飯屋だった。

柴又帝釈天（15）。渥美清さん亡き後、新作はなくとも「寅さん」の人気は不滅。銅像もあれば記念館もある。我が祖父は学生時代ボート部で、柴又で上がっては「川甚」に行ったらしいが、その川魚の老舗は消えた。矢切の渡しは演歌ばかりが有名だけれど、用もなく渡った先は市川国府台《こうのだい》で伊藤左千夫の『野菊の墓』の舞台。色白のはかなげな少年をイメージしていたが、写真で見る伊藤左千夫はごつい牛飼いなのであった。

北千住（16）も激変した町。立ち飲み屋と銭湯の多かった庶民の町はマンション街になっている。それでも居酒屋「大はし」は健在、「かどやの槍かけ団子」も。土手に上がれば広々とした荒川の鉄橋に電車が通り過ぎる。

浅草（17）はさすが、老舗がしぶとく残っている。それでもわが母が養女のお披露目をしたという「草津亭」が閉じ、コロナの最中、仲見世の裏の「ちんや」が閉店して浅草っ子を嘆かせた。それぞれ別の場所で再開したようだが。仲見世へ行くと「好奇心のレベルが子供なみ」になるのは本当。いいおっさんおばさんが仲見世に行くと、ゼンマイ仕掛けのおもちゃを買ったり、安物の刀や、ちょんまげの鬘《かつら》を買いたがる。ああ、なんでも高くなったことよ。ドイツ文学者池内紀《おさむ》さんと行った「松風」はなくなり、谷中の作家、小沢信男さんと行った「赤垣」は健在。でも、飲み仲間のほうが亡くなってしまっては、さびしい。

吉原（18）に繰り込む前に精を付けるところが土手の「中江」、桜鍋と書いて「けとばし」とよむ。ここの「中江」で隅田川のボートレースのあと、台東稲門会（ワセダの校友会）をやったこともあった。すぐそばの天ぷら、「土手の伊勢屋」さんも代替わりだけど相変わらずご繁盛。遊郭で遊ぶ男はいいけれど、遊ばれる女はかわいそう。籠の鳥だった彼女たちは、関東大震災の時も、遣り手婆や牛太郎に監視され、吉原公園に逃げた数十人が池に飛び込んで溺死した。『たけくらべ』を書いた樋口一葉の記念館は五千円札となったのをきっかけに真っ白いビルで再建されている。

立石（19）はうちからは蔵前で乗り換えて四十分。ここも区役所が相乗りで庁舎とマンションの合築を含む駅前再開発が進行中。昔の色町の臭い漂うフィリピンパブなどラビリンスは一掃されつつある。鶏半羽揚げて「時価」（といっても五百九十円とか）と貼ってあった「鳥房」も建て替えだそうな。再開発反対運動の青年たちは戦術を変えて、人々の記憶を残す聞き書き雑誌「みんなの立石物語」を創刊。

中野（20）に象小屋、犬屋敷があったとは。タイに似たような話がある。珍しい象を献上された王様がやがて飽き、家来に下げ渡し、家来も食料にほとほと困る。高価な公共建築がやがてお荷物になるのを「ホワイト・エレファント」という。二〇二一年東京オリンピックの新国立競技場などさながらその典型かも。陸上では八万人スタジアムを埋め切れないし、サッカーやラグビーでは陸上のトラックが邪魔して見にくい。持て余されている。中野では芸名にもなった中野サンプラザが再開発。電車からも見えるユニークな建物は日建設計の林昌二の設計。一九七三年開業。

神楽坂（21）も近頃は人気でオーバーツーリズムぎみ。マンションが増え、三業地は衰退。それでもピンコロ石の路地は残っている。ホン書き旅館「和可菜」は建物はあるけど人けがない。空き地に面し、柳の木が植わっていた居酒屋は「伊勢藤」ではないかしらん。あそこのおばさんは怖かった。誰もが一回は叱られた経験を持つ。私も、あとから来た客のために、席を詰めてあげたら「窮屈は嫌いです」とビシ。神楽坂にはフランスの高校リセもかつてあり、リヨン料理やクレープの店も。イタリア料理はベネチア料理、トスカナ料理と細分化。大田南畝の旧宅跡には掲示があって助かった。隣に肉まんの店。ここは「御徒町」。町名も残る。

伝通院（22）はお大の方や千姫だけでなく、幕末に清河八郎や僧侶ら勤王の志士がつどったところ、門前に「指圧の心は母心」の浪越徳治郎《なみこしとくじろう》の浪越学園がある。茗荷谷駅はきれいに建て替わったが、拓殖大学、筑波大附属、跡見学園、お茶の水女子大、窪町小学校と明るくて静かな町はそのまま。茗渓《めいけい》会館と大塚女子アパート、大塚三丁目交差点の消防の望楼が復興レトロ建築だったが、すべてない。小石川植物園も時が止まったようだ。播磨《はりま》坂の桜は見事で花見時分は混雑している。

板橋宿（23）は大好き。巣鴨から歩いて「ときわ食堂」で昼から安く酒を飲み、またはファイト餃子を食べ、都電に乗るもよし。西巣鴨には稲荷湯がリノベで残っている。ありがたや。板橋宿では「板五米店《いたごこめてん》」という百年を超えるお米屋さんも上手にリノベされておいしい弁当おむすびに列ができている。地蔵通りには塩大福、ヤツメウナギ、「榮太樓《えいたろう》」の飴、お買い物も楽しいが、懐メロ限定のカラオケ、酵素風呂、足裏マッサージなどの体験もいいだろう。怖い店はありません。

王子飛鳥山（24）も歩くのに楽しい町。渋沢栄一が二〇二一年、大河ドラマの主人公になって、紙の博物館、北区飛鳥山博物館、渋沢史料館が注目された。公園内には渋沢ゆかりの青淵《せいえん》文庫などもある。桜は見事。昔あった回転展望見晴台はない。そして駅に近い飲み屋街も消えた。音無川沿いは子供連れが水遊びするには絶好。名主《なぬし》の滝公園に行けば夏は滝を浴びることも出来る。さて、屈指の名居酒屋「山田屋」はそろそろ改装終わったかな。

大塚坂下町（25）はタネさんにとってはセンチメンタルジャーニーらしい。護国寺の光文社の女性誌ライターをしていた頃かしら、そこに住んでいた。儒者棄場《じゅしゃすてば》、なんてさみしい名前。大塚先儒墓所のこと。

その昔、私は谷の反対側の丘の上の学校で、授業は上の空で校庭の向こう、護国寺と豊島ヶ岡御陵の森が夕日に映えるのを見ていた。丹下健三の東京カテドラル聖マリア大聖堂に雲の間から一筋の光が差すとステンレスの教会がかがやき、もしかして神はいるのかもと思った。

大塚（26）は、江戸料理の「なべや」は閉店。名居酒屋「江戸一」と「きたやま」は健在。破落戸はならずもの、とかごろつきと読むらしい。昔通った大塚名画座はいつまであったのか。今はコメダ珈琲店にあがる階段は元のままのような。都電が駅前を走っているのがなつかしい。トラムの通る駅、ミラノとかル・マンを思い出す。そういえば大塚駅前、北口の前辺りが巣鴨平民社の跡と知る人は少ない。

池袋（27、28）。池袋の東口に大きな壁のような西武があって西口に東武というのがいまだに飲み込めない。堤清二氏がパルコ、美術館、書店と繰り広げた百貨店の文化戦略の時代は過ぎ、ヨドバシカメラに身売りがさびしい。西口から歩く自由学園のフランク・ロイド・ライトの建物は重要文化財に。ところが北口はロサ会館を中心に風俗系の不夜城、そこに池袋中華街がディープ中華ファンを集めている。

池袋モンパルナスは小熊秀雄の詩からとられたが、当時を知る画家は「モンパルナスとは言わなかった。さくらが丘パルテノンとは言いましたけどね」という。谷中辺りの貧乏なアーティストたちが集団移動したアトリエ村だ。椎名町、東長崎、この辺の商店街は健在。

愛宕山（29）の路地奥にもタネさんは住んだことがあり、その家は奇《く》しくも残っていたというが、最近は森ビルの再開発が進行中で、見上げるのも怖いような超高層ばかり。

新橋（30）は鉄道発祥の地。中国料理の聖地だった新橋も、今残っているのは「新橋亭」くらいか。新橋は不屈のおやじ城、ニュー新橋ビル内の小さな居酒屋にはいつまでも残って欲しい。

東京オリンピックが終わったら地価が暴落するという予想を裏切り、地価は上がりつづけ、二三区内の新築マンションの平均価格は一億を超えたという。デベロッパーは夫婦共働きのパワーカップルにペアローンとか称して夫婦共にローンを組ませるが、これじゃ離婚の自由もない。東京原住民はいわゆるジェントリフィケーションで、地域から追い出されていく。腕っこきのおやじのいる個人店はなくなり、あとはチェーン店が入る。コンビニやスーパーが酒を売るようになって酒屋は軒並み廃業。

新しくできた超高層ビルは緑化もばっちり、広々していてこじゃれて清潔だが、だけど何か面白くない。いても落ち着かない。なぜだろう。だれかが「東京はデオドラントされちゃった」という。そうなのだ、東京の持っていた臭い、体臭が消えてしまった。殺菌消毒されてしまった。味も手触りも消えている。あるいはクレンジングである。農業史学者藤原辰史《たつし》さんに「クレンジングというとお化粧落としを想起するが、ナチスなどの民族浄化も意味します」と聞いた。

先日、立石見学に行って喫茶店にはいった。ガラスケースの中のクリームソーダは埃をかぶっており、店内には犬も猫もいて、トイレに立つのに餌の皿をけとばしそうになった。トイレは和式。うわあ、なんてごちゃごちゃなんだ、とあきれながら、うれしくて笑いがこみ上げてきた。何でもありは寛容だ。その日は例の「宇ち多」が満員で、若い衆二人と三大居酒屋とされる「ミツワ」で、焼きとんやうなぎ串でハイボール。はしごしてもう一軒「ゑびすや食堂」、ここでは焼酎がグラスで出てきて、それを自分で氷の入った大きなコップにいれ、瓶のソーダを注ぐ。あら、不思議、あふれそうなのにピタリと口で止まる。アサリの卵とじ、ほうれん草のおひたし、どじょうの柳川などで飲むが、カウンターに一杯だったおじさんたちは八時頃にはすうっと退《ひ》けていった。あしたがある。明日も働かなくちゃ。こういう町が好きだ。会計は、れれれ、三人で飲んで二三〇〇円。よし、私が奢るよ、といえる。

最後にタネさんの生家を訪ねてまた池袋に。北口を出て繁華街を抜け、トキワ通りには韓国風のホテルあり、東京語文学院なる日本語学校がある。もうこの辺から聞こえてくるのは中国語のみ。アラブ系の人もいる。その先の関野病院を右折して突き当たったところが旧池袋三丁目二十九－十。タネさんの生家跡。なんと出来たばかりの高級マンションになっていた。この辺、二業地で歌舞音曲が聞こえていたはずなのに。「当時と変わっていないのは御嶽《みたけ》神社だけだ」というその神社はそのままあった。剣道なのか、長い布袋を抱えた女学生が社務所に消えていく。「その庄崎さんのような新聞記者、得体の知れない文士風、やはり近所にいた武井武雄のような画家、わが家みたいな勤め人、突然降ってわいた芸者町の人たち、長唄の師匠とその弟子、それに長屋の職人や職工さん――みんな関東大震災前後にどこかから入ってきた新来者である」

そうなのだ。東京は何度か大きく変化している。関東大震災で日本橋区、京橋区、深川区、本所区、浅草区、神田区などはほとんど焼けた。そこから山手線の外側に移動した。着の身着のまま逃げ、肩を寄せ合って住んだ。古い町、山手線内の谷中のばあさんたちは、これらを「新開地」とよんでいた。いわゆる当時のニュータウンですね。その辺がいちばん戦前が残っている。しかし、そここそが木密《もくみつ》の市街地になり、次の震災ではいちばん危ないと指摘する地震学者もいる。歴史的建造物や地域の暮らしを残す事と、この耐震性の問題は長らく私を悩ませてきた。

一九四五年の米軍の空襲で、タネさんの家は焼けた。うちの父は芝白金《しろかね》で、母は浅草で焼けた。一九八六年頃からはじまったバブル経済は第三の破壊と言ってよい。そしていま、二〇二〇オリンピック後はもう、開発するところもなくなり、どこもかしこも超高層に建て替えるか、明治神宮外苑、日比谷公園のように、手を付けられないはずの公園にまで再開発の魔手をのばす。

おそらくタネさんは八〇~九〇年代、バブル経済でビル化の進む東京になじめず、時にビルを視界から消し、小所低所にうつむいて町を歩き続けた。大男や詐欺師、ばくち打ちに娼婦、悪魔や怪物もいそうな所を探して。その「引かれ者の小唄」を歌ったのが本書。私はそっちの東京の方が好きだ。

（二〇二四年一月）

江戸《えど》東京《とうきょう》《奇想《きそう》》徘徊記《はいかいき》　新装版《しんそうばん》　朝日文庫

2024年３月30日　第１刷発行

著　　者　種村《たねむら》季弘《すえひろ》

発 行 者　宇都宮健太朗
発 行 所　朝日新聞出版
〒104-8011　東京都中央区築地5-3-2
電話　03-5541-8832（編集）
03-5540-7793（販売）
印刷製本　大日本印刷株式会社

ISBN978-4-02-262091-0